Inhalt

Polly Young-Eisendrath
Der Kuß der Froschkönigin

Therapie mit Paaren

Aus dem Englischen von
Maria Buchwald

Deutscher Taschenbuch Verlag

Deutsche Erstausgabe
September 1998
Deutscher Taschenbuch Verlag GmbH & Co. KG,
München
© 1984 Polly Young-Eisendrath
Titel der kanadischen Originalausgabe:
Hags and Heroes. A Feminist Approach to
Jungian Psychotherapy with Couples
Inner City Books, Toronto, Kanada 1984
ISBN 0-919123-17-1
© der deutschsprachigen Ausgabe:
1998 Deutscher Taschenbuch Verlag GmbH & Co. KG,
München
Umschlagkonzept: Balk & Brumshagen
Umschlagfoto: © Lajos Keresztes
Gesetzt aus der Garamond 10/12·
Satz: KCS, Buchholz/Hamburg
Druck und Bindung: C. H. Beck'sche Buchdruckerei,
Nördlingen
Gedruckt auf säurefreiem, chlorfrei gebleichtem Papier
Printed in Germany · ISBN 3-423-35147-0

Siebtes Kapitel

Lebendigkeit durch Verbundenheit

Danksagung

Mein wichtigster Mitarbeiter und Partner bei diesem Projekt war Ed Epstein, der zugleich auch mein Ko-Therapeut ist. Ed und ich stießen auf die mittelalterliche Geschichte von Sir Gawain und Lady Ragnell und arbeiteten ihre Bedeutung in erkenntnisrelevanter und praktischer Hinsicht für heutige Paare heraus. Wir haben gemeinsam mit vielen Paaren herauszufinden versucht, was man tun kann, um in heterosexuellen Liebesbeziehungen erneut Vertrauen und Gemeinschaftssinn aufleben zu lassen. Einen Großteil von dem, was hier steht, haben wir von diesen Paaren gelernt, und für uns selbst waren die Therapiestunden immer wieder heilsam. Wir beide sind unseren Klienten dafür dankbar, daß sie uns zutrauten, eine Vision davon zu haben, wie man »aus dem Wald herausfindet«: aus dem Gefühl der Verzweiflung und Entfremdung.

Einen weiteren wesentlichen Beitrag leistete Connie Sekaros durch ihr sorgfältiges Kürzen und Überarbeiten meines Textes. Ihre Kenntnis der jungianischen Psychologie und ihre organisatorischen Fähigkeiten haben sich bei der Schlußfassung des Buches als sehr hilfreich erwiesen.

Meine guten Freunde am Pendle Hill Quaker Study Center sorgten während der vielen Tage, in denen ich zuweilen zwölf bis fünfzehn Stunden lang an diesem Manuskript arbeitete, für eine geistig anspruchsvolle, anregende Atmosphäre. Pendle Hill erwies sich als ein Ort, an dem sich meine Einfallskraft auf wundervolle Weise entfalten konnte, und oft kam sie erst in dem Augenblick zum Tragen, wenn ich mein dortiges Arbeitszimmer betrat.

Meine Kinder haben es geduldig ertragen, daß ich mich jahrelang sehr stark auf meine beruflichen Tätigkeiten konzentrierte. Überdies haben sie mich immer wieder dazu veranlaßt, über meine eigenen Vorstellungen und Gedanken hinauszusehen.

Ich könnte vielen Freunden für ihre Ideen und ihre Anleitung danken, aber besonders zwei möchte ich hier erwähnen: Florence Wiedemann hat ganze Stunden damit zugebracht, mit mir über den Beitrag zu diskutieren, den die jungianische Psychologie für den Feminismus und der Feminismus für die jungianische Psychologie geleistet hat. Demaris Wehr hat mir durch ihre Kritik an einigen Vorstellungen Jungs, die im Widerspruch zu feministischen Idealen stehen, vieles offenbart und mir gleichzeitig wichtige Anregungen gegeben. Flo und Dee waren vorbildlich – sie waren gute Freundinnen, wenn ich mehr Ermutigung und Unterstützung als Argumente und Kommentare brauchte.

Natürlich liegt mir besonders am Herzen, was die große jungianische Gemeinde zu diesem Buch meint. Ich hoffe, sie wird mir mitteilen, inwieweit sie das, was ich hier niedergeschrieben habe, als nutzvoll erachtet, und ob sie meinen Idealismus teilt.

Erstes Kapitel

Der Nutzen von Geschichten
in der Psychotherapie

*Ein Mensch ist erst dann frei, seine Fähig-
keiten für die Dinge einzusetzen, die er als
dauerhafte Rechtfertigung für sein Leben
ansieht, wenn er sowohl in biologischer wie
in kultureller Hinsicht eine Liebesbeziehung
eingegangen ist.*[1]

Den Kontext dieses Buches bildet eine Geschichte – eine
Geschichte über Stärke und Schwäche, über Schwärmerei
und Konflikt. Sie entstammt den Sagen von den berühmten Rittern der Tafelrunde, aber sie handelt nicht von
Kampf, Drachen oder Krieg. Es ist die Geschichte von Sir
Gawain und Lady Ragnell. Obwohl es in ihr um Herausforderung und Auseinandersetzung geht, hat sie nichts mit
Zerstörung oder Eroberung zu tun. Sie ist ein heroisches
Abenteuer, eine mittelalterliche Romanze, eine Erzählung
von den Ängsten und Gefahren, die man erlebt, wenn man
sich auf das Wagnis einer menschlichen Beziehung einläßt,
insbesondere der Beziehung zwischen den Geschlechtern.
Unsere Aufgaben sind es, die Autonomie des anderen
genauso zu achten, als wäre es unsere eigene, und in derselben Weise für die Erfüllung der Bedürfnisse des Partners zu sorgen.

Unsere Geschichte schildert ein besonderes Problem
im menschlichen Leben: das Problem des »Urvertrauens«
in intimen Beziehungen zwischen Frauen und Männern.
Die Geschichte erfüllt ihren Zweck, wenn sie uns an-

11

regt und unterhält, so wie sie die Zuhörer im 15. Jahrhundert durch ihren Humor und ihre Eleganz ergötzte.

Als jungianische Psychotherapeutin bin ich mit der Zeit dazu übergegangen, Geschichten zu verwenden, und zwar in ganz ähnlicher Weise, wie sie von Menschen aus allen Gesellschaftsschichten – sowohl in Hochkulturen als auch in primitiven Kulturen – jahrtausendelang verwendet wurden. Ich verwende Geschichten, um zu begreifen, was ich mit dem Verstand nicht erfassen kann. Wenn mir jemand in einer psychotherapeutischen oder psychoanalytischen Sitzung seine persönliche Lebensgeschichte erzählt, bemühe ich mich, sie in Zusammenhang mit anderen, allgemein bekannten Geschichten zu stellen, die ich so lieben gelernt habe. Von alters her benutzte man Legenden, Sagen und Märchen, um Menschen in Dingen zu unterrichten, die entscheidend für das reibungslose Funktionieren des Lebens in menschlichen Gemeinschaften waren. Wenn ich Geschichten verwende, so tue ich es mit genau diesem Ziel.

Da Geschichten typische Konfigurationen vom menschlichen Zusammenleben darstellen, bieten sie eine Anleitung, die uns hilft, unseren Weg durch Krisen und Übergänge des menschlichen Lebenszyklus zu finden. Es sind dies die Geburt, die Eltern-Kind-Beziehung, der Übergang vom jugendlichen zum Erwachsenenalter, die Beziehung zwischen Erwachsenen und die nach und nach eintretenden persönlichen Verluste im Laufe des Älterwerdens. All das sind kritische Perioden in der persönlichen Entwicklung. Bei diesen Übergängen finden die Desintegration und Reintegration der Persönlichkeit statt. In jeder längeren Lebensphase muß ein Mensch zu neuer persönlicher Sinngebung, Empathie und Motivation finden, damit er sich weiterentwickeln kann. Die wichtigsten Aufgaben, die einen Paradigmenwechsel erforderlich machen – um den Begriff von Thomas S. Kuhn zu verwenden, der sich auf die Struktur der wissenschaftlichen Denkrevolutionen bezieht –, wurden schon immer als gefährlich eingestuft.[2] Die Menschen müssen sich miteinander und im Kontext einer sozialen Gruppe verbunden fühlen, um ihre Lebensübergänge ohne große Probleme zu durchlaufen und einen Sinn darin zu sehen.

Die Geschichte von Sir Gawain und Lady Ragnell, die in verschiedenen Versionen in der englischen Literatur des 15. und 16. Jahrhunderts festgehalten wurde, ist eine Geschichte, die mein Ko-Therapeut und ich verwenden, um mit Paaren zu arbeiten, deren Beziehungen in punkto Urvertrauen oder Zuneigung gescheitert sind. Diese Krise tritt gewöhnlich im mittleren Alter, ungefähr um das fünfunddreißigste Lebensjahr herum, auf. Ihre Merkmale sind Verzweiflung, Hoffnungslosigkeit, Groll, Langeweile und Bitterkeit (eine schwelende, stetige Wunde). Beide Partner sprechen von einem Gefühl der gegenseitigen Entfremdung; beide fühlen sich an eine Beziehung gebunden, die keine Befriedigung mehr zu geben scheint, sondern nur noch aus Pflicht und Dienst am anderen besteht.

Die Partner haben bereits versucht, mit ihren Unzufriedenheiten fertigzuwerden, indem sie auf irgendeine Weise ihr Leben »draußen in den Wäldern« verbrachten oder nur noch wenig miteinander zu tun hatten. Beispielsweise spricht eine Frau vielleicht nicht mehr mit ihrem Mann oder ihren Kindern, wohingegen der Mann eine Freundin hat oder ganz allgemein Frauenbekanntschaften sucht und sich seiner Rolle als Partner und Familienvater enthoben fühlt. Beide Partner leben tagaus, tagein in einer konfliktgeladenen Beziehung und sind zwar der Meinung, daß ihre Ehegelübde sie aneinanderbinden, wünschen aber im Grunde ihres Herzens, sich zu trennen.

Die Geschichte von Sir Gawain und Lady Ragnell bietet ein Musterbeispiel dafür, wie eine Frau auf den Verlust von Urvertrauen reagiert. Urvertrauen bedeutet hier das Gefühl für die »Kontinuität des Seins« in Beziehungen (um D. W. Winnicotts Begriff zu verwenden) sowie die Erfahrung, sich auf einen anderen Menschen verlassen zu können. Ohne dieses Urvertrauen können die primären emotionalen Bedürfnisse innerhalb des interpersonalen Feldes der Beziehung nicht befriedigt werden.[3] Urvertrauen ist hier gleichbedeutend mit Verbundenheit und bezieht sich vor allem auf John Bowlbys Konzepte von Verbundenheit und Verlust in menschlichen Beziehungen.[4]

Die Liebe des Kleinkindes für einen Elternteil ist das erste interpersonale Feld, in dem die Archetypen der Großen Mutter und der Schrecklichen Mutter als typische menschliche Erfahrungen aktiviert werden. Im folgenden Kapitel werde ich ausführlich erklären, wie ich diese von Jung stammenden Konzepte von Archetyp und Komplex verwende. Für unsere Zwecke, bei denen es um die Implikationen des Urvertrauens geht, benötigen wir nur die Bilder von der Großen und der Schrecklichen Mutter, von der fürsorgenden Göttin und der gefürchteten Hexe. Um es genauer zu sagen: Wenn eine Frau sich in einer Beziehung, die von Urvertrauen zu einem Mann geprägt ist, kontinuierlich »gehalten« oder wirklich angenommen fühlt, so erlebt sie sich selbst als handelnde »Person«. Wir sind »Personen«, wenn wir uns selbst als Urheber unseres eigenen Lebens (oder »nutzbringend« für das anderer Menschen) erfahren und für unsere Mühe entlohnt oder geachtet werden. Dann fühlen wir uns als wertvolle Mitglieder der menschlichen Gemeinschaft, die von ihren Partnern als ernstzunehmend, eigenständig und wertvoll erachtet werden.

Das Bild der Großen Mutter als Autorität und Ernährerin ist die positive emotionale Erfahrung, durch die ein Mensch weiß, daß seine Liebe »gut« ist. In interpersonaler Hinsicht ist es die Erfahrung, vom anderen geliebt, gehalten und genährt zu werden und sich selbst als »gut« zu erleben. Wir alle brauchen Große-Mutter-Erfahrungen, um zu spüren, daß unsere Fürsorge als freigebig erlebt wird und eine machtvolle, positive Wirkung besitzt. Das Bild von der Schrecklichen Mutter als grausame Göttin oder Hexe ist die negative und erdrückende emotionale Erfahrung, daß die eigene Liebe etwas »Schlechtes« ist und man sich selbst als häßlich, unzureichend, erdrückend und zerstörerisch fühlt.

Sowohl die negativen wie die positiven Liebeserfahrungen sind mit Stärke und Macht verbunden; beide sind in einer Beziehung notwendig, aber keine sollte dauerhaft zur beherrschenden Identitätsform werden. Was auch für andere archetypische Seinszustände gilt, sind die Große Mutter und die Schreckliche Mutter vorübergehende Identitätserfahrungen, die »größer« als ein Mensch sind.

Die Geschichte von Sir Gawain und Lady Ragnell erfaßt auf einleuchtende, praktische Weise das Problem, das entsteht, wenn sich jemand mit der Hexe oder der Schrecklichen Mutter identifiziert. Die Hexe, die Nörglerin oder die häßliche Alte tritt in der psychotherapeutischen Literatur häufig in Erscheinung – als dominierende, erdrückende Mutter, die das Familienleben auf Kosten aller ständig kontrollieren muß.

Anhand dieser Geschichte lernen wir allmählich, die Hexe zu respektieren und uns in ihr Dilemma hineinzuversetzen. Wir begreifen, daß wir immer dann, wenn in einer Beziehung das Urvertrauen zerbrochen ist, wenn alle rationalen Lösungen fehlgeschlagen sind und beide Partner sich voneinander entfremdet haben, auf die Hexe hören sollten. Nur sie weiß die Antwort, die das Vertrauen in der Beziehung wiederherstellen wird.

Es kann nicht rational erklärt werden, warum diese Geschichte uns soviel zu geben vermag. Diejenigen, die im Laufe ihrer Kindheit und Jugend nur Geschichten zu ihrem eigenen Vergnügen gelesen haben, werden sich erstaunt fragen, wie es kommt, daß diese eine mit solchem Ernst auf heutige Paarbeziehungen angewendet werden kann und so zeitgemäß ist, obwohl sie doch mindestens fünfhundert Jahre alt ist.

Es ist gut möglich, daß der Ehevertrag, der in seiner noch heute gültigen Form auf das Mittelalter zurückgeht, uns mit einer so lang zurückliegenden Zeit verbindet. Ebenso möglich ist, daß die Geschichte auf einer so fundamentalen menschlichen Ebene aussagekräftig ist, daß sie trotz des mehrhundertjährigen Abstandes, der zwischen der damaligen Kultur und unserer heutigen liegt, immer noch aktuell ist. Sie stellt ein ausgezeichnetes Objektiv dar, durch welches man das erkennen kann, was die Jungianer als »Abwertung des Weiblichen« bezeichnen.

Ehe wir unsere Aufmerksamkeit Sir Gawain und Lady Ragnell zuwenden, möchte ich im folgenden einige jungianische und feministische Auffassungen vorstellen, die den notwendigen Rahmen für meine Lesart und Deutung der Geschichte bilden.

Die Bedeutung des archetypischen Weiblichen

Für unsere Zwecke hier ist das *archetypische Weibliche* der Bereich für Beziehungen und für die Betreuung anderer. Es verkörpert die Sphäre, in der innerhalb einer Gruppe für das Leben von Mensch und Natur gesorgt wird. Mit anderen Worten, es betrifft das Knüpfen von Kontakten, die Verbundenheit und das Engagement für Menschen, Dinge und Ideen. Sein Gegenstück, das *archetypische Männliche,* verkörpert die Domäne, die durch das Wahren von Distanz und von Abgrenzungen gekennzeichnet ist. Das Männliche steht hier für das, was sich von Natur und Menschen löst und entfernt und sich aggressiv verhält – wofür als Grund der Überlebenstrieb angegeben wird. Das Männliche umfaßt das Trennen, das Kriegführen und das Grenzensetzen sowie das Analysieren von Menschen, Dingen und Ideen. Ihm geht es nicht darum, sich mit ihnen zu verbinden – im Gegenteil. Die folgende Feststellung von Peggy Sanday, einer Anthropologin, die geschlechtsbedingte Differenzen in mehr als einhundertundfünfzig Stammesgesellschaften und westlichen Gesellschaften untersuchte, verdeutlicht diese Unterschiede im Hinblick auf menschliche Beziehungen und Kultur:

»Man ist erstaunt, in welchem Maße die Geschlechter sich an eine recht grundlegende Begriffssymmetrie anpassen, die in den primären Geschlechtsdifferenzen wurzelt. Frauen gebären und ziehen Kinder auf; Männer töten und stellen Waffen her. Männer stellen ihre erlegte Beute (sei es ein Tier, ein menschlicher Kopf oder ein Skalp) mit demselben Stolz zur Schau, mit dem Frauen ihr Neugeborenes herumzeigen. Wenn Geburt und Tod zu den Notwendigkeiten der Existenz gehören, dann tragen Männer und Frauen gleichermaßen, aber auf unterschiedliche Weise zur Beständigkeit des Lebens und damit der Kultur bei.«[5]

Da Anthropologen ernsthafte Zweifel daran haben, ob diese archetypischen Themen der »primären Geschlechtsunterschiede« tatsächlich überall auf der Welt nach denselben Geschlechtskriterien (das heißt weiblich für Frauen und männlich für Männer) klassifiziert werden, nehme ich nicht an, daß Frauen und Männer diese archetypischen Domänen einfach anhand ihrer Geschlechteridentitäten verkörpern. Vielmehr bin ich allmählich zu der Erkenntnis gelangt, daß beide Sphären potentiell beiden Geschlechtern – sowohl was die Identität als auch was die Handlungszwecke anbelangt – zugänglich sein können.

Unsere eigene Geschichte hilft uns zu verstehen, was in intimen Beziehungen geschieht, wenn die alltägliche Aufgabe, die mit der Betreuung anderer zusammenhängt – also Organisieren des Haushalts, Kindererziehung, Pflegen der emotionalen Kontakte, Lindern und Heilen von Wunden – nicht gewürdigt, sondern abgewertet wird. Wenn Frauen und Männer – bewußt oder unbewußt – diese Aktivitäten abwerten, fallen sie in jene Gewohnheits- und Beziehungsmuster, die in der jungianischen Begriffswelt mit dem *negativen Mutterkomplex* in Zusammenhang gebracht werden. Dieser Komplex beinhaltet Verhaltensweisen, Gedanken, Bilder und Gefühle, durch die man sich dem Geben und Nehmen, von dem die intime Beziehung gekennzeichnet ist, entzieht. Der negative Mutterkomplex ist also mit der Abwertung des Weiblichen in sich selbst verbunden und zielt darauf ab, es aus dem eigenen Tätigkeitsfeld zu verbannen.

In unserer heutigen Gesellschaft neigen Männer dazu, das Weibliche bei sich selbst und bei den Frauen abzuwerten. Viele weibliche Eigenschaften gelten in der traditionellen männlichen Geschlechtsidentität als »Schwächen«. Folglich bemühen sich Männer nach Kräften, sich von den Frauen und allen Belangen, die mit Fürsorge und Betreuung zusammenhängen, abzugrenzen, um die eigene Identität nicht zu verlieren. Die Soziologin Nancy Chodorow führt dieses Abwerten des Weiblichen darauf zurück, daß in unserer Kultur Kinder fast ausschließlich von Frauen aufgezogen werden:

»Der Umstand, daß die Mutterrolle praktisch überall auf der Welt auf die gleiche Weise ausgelebt wird, hat sowohl Auswirkungen auf die Entwicklung der männlichen und weiblichen Persönlichkeit als auch auf den jeweiligen Status der Geschlechter [...]. Solange Frauen erst durch ihre Kinder eine Existenzberechtigung haben und Männer nicht wirklich zur Sozialisation beitragen und sich mit leicht zugänglichen Rollenmodellen begnügen, werden Frauen weiterhin Söhne erziehen, deren Identität davon abhängt, daß sie die Weiblichkeit innerhalb und außerhalb ihrer selbst abwerten.«[6]

Da die meisten Menschen in ihren ersten Lebensjahren hauptsächlich von Frauen betreut werden, kommt der weiblichen Autorität viel Macht zu. Männer grenzen sich von Frauen nicht nur auf rationale oder objektive Weise ab; vielmehr leiden sie oft unter dem, was Karen Horney »Furcht vor Frauen« nannte, und fühlen sich genötigt, das Weibliche (in sich selbst und in ihrer Umwelt) zu bekämpfen, um ihre eigene Identität als machtvoll zu erfahren.

Frauen dagegen müssen sich sowohl mit den herabgesetzten »minderwertigen« Aspekten des Weiblichen als auch mit den machtvollen Projektionen auf die weibliche Autorität identifizieren. Sie fühlen sich gleichzeitig zu schwach und zu mächtig in ihrer Mutterschaft und in ihrer Autorität. Besitzt eine Frau nur wenig Urvertrauen und werden ihre weiblichen Anteile in hohem Maße abgewertet, dann neigt sie dazu, sich praktisch ganz und gar mit den negativen und minderwertigen Kräften der Hexe, der Zauberin oder der Schrecklichen Mutter zu identifizieren.

Die männliche Geschlechtsidentität in unserer Gesellschaft beruht gewöhnlich auf den Fähigkeiten, Distanz zu wahren: Männer streben danach, rational, unabhängig, objektiv und prinzipientreu zu sein. Wenn wir Frauen Männer kritisieren, bezeichnen wir sie oft als zu reserviert;

wir empfinden sie als kühl, distanziert, gefühllos und hart. Männer arbeiten im allgemeinen außer Haus; ihr Arbeitsplatz befindet sich weit weg von Heim und Familie, und häufig haben Frauen und die emotionale Welt der Gefühle darin keinerlei Platz. Männer werden nur selten als zu fürsorglich, übermäßig nachgiebig oder allzu umsorgend bezeichnet. Selbst wenn wir die Männer kritisieren, dann nie in diesem Zusammenhang.

Männer müssen das Weibliche viel entschiedener und heftiger aus ihrer Identität verbannen als umgekehrt Frauen das Männliche. Tatsächlich können Frauen sich mit allen Aspekten des männlichen Daseins identifizieren (und tun dies auch ohne weiteres) – angefangen von der äußeren Erscheinung, wie dem Tragen von langen Hosen und Krawatten, bis hin zur Übernahme bestimmter Rollen (volle Verantwortung für ihre Kinder oder Führungspositionen). Männer können nicht so leicht dasselbe mit den Aspekten des Weiblichen tun: Sie können weder Kleider noch Röcke, noch weiblichen Schmuck tragen, ohne sich sonderbar zu fühlen – selbst in »aufgeklärten« Kreisen der Gesellschaft. Männer richten ihre Intelligenz nicht gern auf komplexe Haushaltspflichten wie Putzen und Gesundheitsfürsorge für die Familie.

Die männliche Dominanz, wenn es darum geht, Entscheidungen zu treffen, und in Statuspositionen fördert den Ausschluß des Weiblichen aus der männlichen Geschlechtsidentität. Solange die weibliche Macht in unserer Gesellschaft auf Fürsorge, emotionale Belange und den Bereich der Beziehungen beschränkt bleibt und in punkto Status, Entscheidungsbefugnis und finanzieller und symbolischer Belohnung keinen Niederschlag findet, werden die Menschen nicht frei dafür sein, auf gesundem Wege eine menschliche Identität zu entwickeln.

Gegenwärtig identifizieren sich sowohl Mädchen wie

Jungen mit den »überlegenen« männlichen Attributen und Aktivitäten, da diese allgemein für objektiv, vernünftig, machtvoll, analytisch und stark gehalten werden. Doch um als weiblich zu gelten, sind Mädchen gezwungen, sich mit Eigenschaften wie Einfühlsamkeit, Abhängigkeit und Emotionalität zu identifizieren. Ihre Identifizierung mit »unterlegenen« weiblichen Fähigkeiten geht, psychologisch betrachtet, oft auf Kosten des Selbstwertgefühls, da diese Eigenschaften in unserer Gesellschaft mit Schwäche assoziiert werden.

Sowohl Männer wie Frauen vertrauen in unserer modernen Gesellschaft in erster Linie auf die Vernunft, verherrlichen die Objektivität und bringen der Wissenschaft großen Respekt entgegen.

Viele Probleme und Gefahren unserer Kultur können daher vor dem Hintergrund dieses Ideals – von einer männlichen Identität und der entsprechenden Abwertung des Weiblichen – verstanden werden. Denken wir einmal an unsere Neigung, mit fremden Menschen zu streiten und ihnen gegenüber aggressiv zu sein; wir zeigen zwar nur ungern ganz unverhohlen, daß wir verletzt oder traurig sind, legen aber in aller Öffentlichkeit und ohne Scham Aggression und Dominanz an den Tag. Beliebte männliche Kinohelden sind kühle Selbstbeobachter, die sich immer mit einer plausiblen rationalen Erklärung absichern, selbst wenn die Erklärung eine neurotische Rationalisierung ist. Wir haben – wenn überhaupt – nur wenige brauchbare Rollenmodelle für Männer, die die Aufgaben einer Frau und Mutter erfüllen. Überdies fragen wir selten, warum das so ist, sondern akzeptieren ganz einfach die Tatsache, daß nur Frauen die männliche *und* die weibliche Rolle übernehmen können. Da unsere Gesellschaft ihr öffentliches Vertrauen primär den »kalten, harten Fakten« der Wissenschaft schenkt, haben wir es lange versäumt, den vielen kenntnisreichen Stimmen zu lauschen, die aus anderen Kulturen zu uns dringen, und hatten kein Ohr für die Stimmen der Erde, der Tiere und der Naturelemente.

Unsere Männer fühlen sich in ihren Rollen als Partner und Familienväter oft orientierungslos und sind nicht selten außerstande, auf ihre Frauen und Kinder einzugehen. In der Paarpsychotherapie haben mein Ko-Therapeut und ich beobachtet, daß viele Männer unfähig sind, verständnisvoll oder einfühlsam auf einfache emotionale Botschaften zu hören. Statt dessen schweifen sie zu ihren eigenen Gedanken und Verteidigungsargumenten ab und weigern sich, irgend etwas anderes als ihre rationale, folgerichtige Darstellung von dem, »was geschehen ist« oder »was getan werden kann«, zu akzeptieren.

Nun sind wir so weit, uns der Geschichte von Sir Gawain und Lady Ragnell zuzuwenden, die die Frage aufwirft: »Was wollen Frauen wirklich?« Diese Frage liefert uns – mehr als jede andere – eine Anleitung zur Therapie mit Paaren, die in ihrer Beziehung grundlegende Zuneigung und Vertrauen verloren haben. Zudem ist es eine Frage, die zur Befreiung und Neubewertung des Weiblichen innerhalb unseres eigenen Lebens und des anderer Männer und Frauen führen kann, denn sie bringt uns zum Kern unseres Menschseins, zur entscheidenden Voraussetzung für eine vertraute, intime Beziehung. Unsere Probleme in unserem Familienalltag, unsere Verschwendung von menschlichen, tierischen oder anderen natürlichen Ressourcen, unsere Verzweiflung darüber, wie mit Menschen in anderen Gesellschaften umgegangen wird, und unsere Unterdrückung unserer eigenen Partner und Freunde spiegeln wider, wie sehr wir die alltägliche Fürsorge abwerten.

In unserer heutigen Zeit, wo von der Liebe zu unseren Mitmenschen oft nicht mehr viel zu spüren ist, wollen wir doch einmal sehen, was wir aus einer alten Volkssage lernen können.

Gawain und Lady Ragnell: Was wollen Frauen wirklich?[7]

Eines Tages befindet sich König Arthur im Norden des Landes auf der Jagd im Inglewood Forest, wo er einen weißen Hirsch verfolgt, bis er ihn mit einem Pfeil verletzt. Als er auf das Tier zugeht, um seine Beute aufzusammeln, stürzt ein baumlanger, kraftstrotzender Mann aus dem Wald – und auf ihn zu. Er sagt, er heiße »Sir Gromer Somer Jour«, bedrängt Arthur und droht, ihn mit seiner Axt zu erschlagen. Erschüttert und verwirrt antwortet Arthur, daß er unbewaffnet sei, worauf Sir Gromer ihm zwölf Monate Zeit gibt, in denen er ein bestimmtes Rätsel lösen oder an dieselbe Stelle zurückkehren muß, um seinen Todesstoß zu empfangen. Nach dieser Begegnung ist König Arthur vollkommen niedergeschlagen, da er sich in keiner Weise erklären kann, was es mit diesem Rätsel auf sich hat.

Als er wieder im Schloß angelangt ist, vermag von allen Rittern der Tafelrunde nur Sir Gawain Licht in den abenteuerlichen Vorfall zu bringen, den der König soeben erlebt hat. Widerwillig beschreibt Arthur die Einzelheiten seiner verwirrenden Begegnung; mit großer Bestürzung erzählt er am Ende seiner Schilderung von dem Rätsel, das ihm Sir Gromer aufgegeben hat. Gromer hat von Arthur gefordert, für die Frage »Was ist es, das die Frauen mehr als alles andere auf der Welt wünschen?« die richtige Antwort zu finden.

Sowohl Gawain als auch Arthur vermuten, daß diese Frage eine Falle ist, da sie so absurd scheint. Doch Gawain ist optimistisch, und er meint: »Immerhin haben wir ein volles Jahr, um Antworten aus dem ganzen Königreich zu sammeln. Sicherlich wird irgend jemand die richtige kennen.« Arthur ist davon weniger überzeugt.

Ein ganzes Jahr lang sind Arthur und seine Gefährten damit beschäftigt, die Antworten zu sammeln und aufzuzeichnen, die ihnen ein großer, unterschiedlich strukturierter, ausgewählter Teil der Bevölkerung des Königreichs auf die gestellte Frage gegeben hat. Schließlich treffen sie sich wieder und vergleichen ihre Aufzeichnungen. Gawain ist sicher, daß sich eine der Antworten als die richtige erweisen wird. Arthur zweifelt daran und ist beunruhigt, da er insgeheim der Meinung ist, daß man auf eine so lächerliche Frage gar keine Antwort finden kann. Als nur noch wenige Tage bis zum Ende der Frist fehlen, geht er wiederum in den Inglewood Forest, nicht weit von der Stelle, wo er vor nun fast einem Jahr den Hirsch angeschossen hatte.

Da humpelt eine häßliche alte Hexe, die sich selbst als »Lady Ragnell« vorstellt, auf ihn zu. Sie spricht Arthur an und behauptet, sie *wisse*, daß er die richtige Antwort auf das Rätsel nicht kenne. Arthur ist erstaunt über ihre Einmischung in seine Angelegenheiten und erwidert, er verstehe nicht, was sie das eigentlich anginge. »Wie unverschämt diese Frau doch ist!« geht ihm durch den Kopf. Doch Ragnell spricht weiter und macht dem König eine vertrauliche Mitteilung, die ihn verblüfft. Sie beharrt darauf, daß nur *sie* die richtige Antwort geben könne, da sie die Stiefschwester von Sir Gromer sei und über die Information verfüge, die Arthur nicht besitze.

Da Arthur keine der Antworten, die er gesammelt hat, wirklich überzeugt hat, verspricht er ihr nun, daß er ihr Land, Gold oder Schmuck schenken werde, wenn sie ihm die richtige Antwort gebe. Ragnell lehnt seine materiellen

Belohnungen ab; sie erwidert: »Was sollte ich mit Gold oder Schmuck anfangen?« und erklärt, daß nur eines für sie annehmbar sei: »Wenn dein Neffe Gawain bereit ist, mich zu heiraten, werde ich dir die richtige Antwort nennen. Das ist meine Bedingung.« Arthur sagt, daß es nicht an ihm sei, ihr Gawain zu geben, da Gawain ein freier Mann sei. Ragnell antwortet, daß sie von Arthur nicht fordere, ihr Gawain zu geben; sie bitte ihn nur, Gawain ihren Antrag zu unterbreiten und abzuwarten, wie Gawain aus freien Stücken entscheide.

Obwohl Arthur erklärt, er könne seinen Neffen nicht auf eine solche Weise in Verlegenheit bringen, reitet er sofort danach zum Schloß zurück und macht ihm von dem Antrag Mitteilung. Als Gawain sieht, daß sein Onkel verzweifelt ist und fast vor ihm am Boden kriecht, erfaßt ihn Mitleid mit dem armen König, und er gelobt, daß er den Teufel selbst ehelichen würde, wenn er damit das Leben des Königs retten könnte. Gemeinsam gehen sie zu Ragnell zurück, und Gawain versichert ihr, er werde sie heiraten, wenn die Antwort, die sie ihnen gäbe, das Leben des Königs rette.

Am festgesetzten Tag reiten Arthur und Gawain feierlich zum Wald hinaus, um den monströsen Sir Gromer zu treffen. Mit gezücktem Schwert und funkelnden Augen hört Gromer, wie Arthur die Antworten vorliest, die die beiden Männer bei ihrer Suche gesammelt haben. Keine von ihnen ist die richtige, und gerade, als Gromer sich anschickt, sein Schwert auf den Kopf des Königs niedersausen zu lassen, stößt Arthur die Antwort hervor, die Ragnell ihm gegeben hat: »Was Frauen mehr als alles andere auf der Welt wünschen, ist die Macht der Souveränität, ist das Recht, über ihr eigenes Leben zu bestimmen!«

Auf diese Worte hin prallt Gromer zurück, stößt haßerfüllte Äußerungen über Ragnell hervor und schreit, daß es Arthur nie gelungen wäre, die Antwort selbst zu finden.

Arthur, Gawain und Lady Ragnell reiten schweigend zum Schloß zurück. Einzig Ragnell ist in guter Stimmung. Bald darauf findet die prunkvolle Hochzeit statt, zu der alle Schloßbewohner geladen sind. Alle fühlen sich unbehaglich und befangen und machen abfällige Bemerkungen über die Häßlichkeit und die schlechten Manieren der Braut. Doch Ragnell bleibt von alldem offenkundig unberührt; sie ißt mit großem Appetit und scheint sich zu amüsieren.

Am späten Abend, in der Hochzeitskammer, sagt Ragnell zu Gawain, sie honoriere es sehr, wie er mit ihr umgegangen sei. »Du hast mich mit Würde behandelt«, sagt sie. »Weder hast du Abscheu gezeigt, noch hast du dich wegen deines Schicksals selbst bedauert. Komm nun, und gib mir einen Kuß.«

Gawain tritt auf sie zu und küßt sie auf den Mund – und oh Wunder! Da steht eine liebliche, anmutige Frau mit schönen grauen Augen vor ihm. Sie dreht sich einmal um sich selbst und fragt ihn: »Hast du mich lieber in dieser, meiner wahren Gestalt, oder ziehst du mein früheres Äußeres vor?« »Natürlich will ich dich lieber in dieser Gestalt, ich meine, was … was für eine wunderschöne Frau bist du!« stammelt Gawain. Dann wird ihm die Situation bewußt, und er ruft: »Was für eine Hexerei ist hier eigentlich im Gange? Was geht hier vor?«

Lady Ragnell erklärt ihm, daß ihr Bruder sie verflucht habe, da sie die Kühnheit besessen habe, sich seinen Befehlen zu widersetzen. Dem Fluch zufolge mußte sie solange die Erscheinung einer häßlichen alten Frau annehmen, bis der größte Ritter ganz Britanniens einwilligte, sie zu heiraten. Arthurs Fehler, den er machte, als er im Inglewood Forest jagte (dem Land, das Arthur Gawain geschenkt hatte, das von Rechts wegen jedoch Sir Gromer gehörte), war für sie die erste Gelegenheit, mit dem König in Kontakt zu treten und zu versuchen, Sir Gromers rachsüchtigen Bann zu brechen.

Überglücklich stürzt Gawain auf seine Braut zu und ruft: »Du hast es geschafft! Du hast dich selbst vom bösen Zauber deines Bruders befreit, und jetzt bist du meine schöne Braut!«

»Warte!« unterbricht ihn Ragnell. »Ich muß dir sagen, daß nur ein Teil des Bannes gebrochen ist. Du mußt nun eine Wahl treffen, mein Freund: Ich kann entweder in dieser, meiner wahren Gestalt tagsüber im Schloß erscheinen und meine andere Gestalt des Nachts in unserem Schlafzimmer annehmen – oder ich kann während der Nacht, in unserem Bett, meine wahre Gestalt annehmen und meine frühere, häßliche tagsüber im Schloß. Beides kannst du nicht haben. Denk gut nach, ehe du dich entscheidest.«

Gawain verstummt und grübelt über den Zweck dieser Frage, aber nicht lange. »Es ist deine Entscheidung, Ragnell, denn es betrifft dein Leben. Nur du kannst den Entschluß fassen«, lautet seine Antwort.

Bei diesen Worten beginnt Ragnell vor Freude und Glück zu strahlen. Sie sagt: »Mein lieber Gawain, du hast richtig geantwortet, denn nun ist der Bann endgültig gebrochen. Die letzte Bedingung war, daß ich erst dann in meine wahre Gestalt zurückkehren könne, wenn ich die Braut des größten Ritters geworden wäre und er mir aus freien Stücken die Souveränität über mein eigenes Leben gegeben habe. Jetzt besitze ich die Freiheit, sowohl bei Tag als auch bei Nacht schön zu sein.«

So begann die Ehe von Sir Gawain und Lady Ragnell.

Die Herausforderung zur Veränderung

Einige der amüsanten und aufschlußreichen Komponenten dieser wunderbaren Geschichte sind für die heutige Leserschaft nur schwer verständlich. Beispielsweise war die Figur der Hexe und ihr besonderes Wesen den Zuhörern des 15. Jahrhunderts wahrscheinlich wohlbekannt. Die Hexe ist eine »abscheuliche Frau« – aufsehenerregend häßlich und erschütternd. Sie ist auf magische Weise mächtig, was es ihr ermöglicht, sich des Nachts auf den Rücken von Männern und Kindern zu setzen und auf ihnen zu reiten, bis sie am Morgen vollkommen erschöpft oder tot sind. Gewöhnlich ist sie ungeheuer dick, eher breit als groß, mit Warzen und anderen abstoßenden Auswüchsen bedeckt, und sie trägt auf dem Kopf verfilzte Zotteln, die zuweilen als »grünes, unkrautartiges Haar« beschrieben werden. Ihre Erscheinung und ihre Handlungen sind nicht so ernst zu nehmen – tatsächlich sind ihre Handlungen oft schalkhaft – wie ihre magische Kraft. Sie ist imstande, einem Menschen, der sie auf die Lippen küßt, die Seele aus dem Leib zu saugen, und allein schon wenn man ihr direkt in die Augen schaut, setzt man sich der Gefahr aus, seine Seele zu verlieren. Angesichts dieser Merkmale können wir uns vorstellen, wieviel Heldenmut es Gawain kostete, als er Lady Ragnell, ohne zu zögern, umarmte und küßte. Wäre sie eine richtige Hexe gewesen, so hätte ihr Kuß ihm den Tod bringen können.

Zum Schluß sei noch anzumerken, daß eine Hexe keine echten Tränen weint. Sie tut nur so, als weine sie, wohingegen sie ihren Schmerz durch maliziöses Lachen oder Verachtung zum Ausdruck bringt. Offensichtlich kann niemand eine Hexe umarmen, wenn er nicht eine Menge

Mut besitzt, und Gawain erweist sich als wahrer Held, als er das Leben seines Onkels rettet.

Auch Gawain und Arthur waren aus vielen Geschichten und Balladen wohlbekannt. So wie die meisten von uns James Bond und Woody Allen als Figuren der gegenwärtigen amerikanischen Kultur kennen, wußten die Zuhörer des 15. Jahrhunderts, wer Arthur und Gawain waren. Arthur galt als rationaler Held; er war ein starker und stolzer König, wenn auch zuweilen übermäßig vorsichtig. In dieser Geschichte – wie auch in einigen anderen – wirkt Arthur ein wenig wie ein sorgenvoller, altersschwacher Mann. Manchmal ist es seine Aufgabe, die komische Figur des alten Patriarchen zu spielen, der im Hintergrund bleibt, während er die jüngeren Ritter ermutigt, »hinauszugehen und zu kämpfen«. Die Beziehung zu seinem Neffen Gawain bedeutet ihm sehr viel, und er schätzt Gawains Tugenden höher als seine eigenen ein.

Gawain verkörpert – als kollektives Bild – einige der höfischen Ritterideale des Mittelalters. Bei seiner berühmten Begegnung mit dem Grünen Ritter zum Beispiel bleibt Gawain mutig und höflich, aufmerksam gegenüber den Gefühlen von Frauen und unerschütterlich in seinen Treuepflichten; er zeigt nur selten Schwäche oder Verletzbarkeit (beispielsweise, wenn er vor dem Schlag des Grünen Ritters zurückzuckt oder wenn er einige »Verführungsgaben« von der Frau des Grünen Ritters annimmt). Die Verbindung aus emotionaler Verletzbarkeit und ritterlichem Mut war eine Mischung, die besonders beim höfischen Liebhaber anzutreffen war. Mehr als in den späteren Perioden der englischen Kultur feierte das Mittelalter die Beziehung zwischen Mann und Frau – sowohl im kirchlichen als auch im weltlichen Zusammenhang – als »Herz« der menschlichen Kultur.[8] Gawain stellt einen anerkannten Typus des mittelalterlichen Helden dar (wobei er vielleicht Woody Allen nähersteht als James Bond), aber er unterscheidet sich von allen unseren heutigen, vorwiegend vernunftbestimmten männlichen Figuren. Er kann sich seinen Emotionen hingeben und auf den Schmerz einer Frau oder auf ein anzügliches Angebot einfühlsam, willig und verletzlich reagieren.

Eine beliebte moderne Figur, die etwas von Gawains Wesen vermittelt, ist der Sorbas in dem Roman ›Alexis Sorbas‹ von Kazantzakis. Gawain war nicht so robust und leidenschaftlich wie Sorbas, aber er hatte einen Sinn für weibliche Erfahrungen und blieb offen für Einflüsse, die über seine rationalen Ideale hinausgingen. Im allgemeinen geht Gawain aus den Prüfungen seines ritterlichen Heldenmutes siegreich oder nur leicht verletzt hervor (wie zum Beispiel aus der Begegnung mit dem Grünen Ritter).

Als Anhängerin der jungianischen Psychologie deute ich die Geschichte so, daß Arthur und Gawain bis zum Ende der Episode und der Lösung des Zaubers zu einer heroischen Haltung verschmelzen. Gawain verkörpert Offenheit, Mut und die Bereitschaft, sich ganz bewußt als Held (das heißt aus freien Stücken) an eine ungewisse, unbekannte Herausforderung zu wagen. Was Gawain fehlt, sind ein gutes Urteilsvermögen, Reife und Objektivität.

Arthur ergänzt Gawain als heroische Figur, da er über die erforderliche Objektivität und die Autorität des Patriarchen verfügt. In seiner Funktion als König ist Arthur traditionsverbunden, mächtig, vernunftbestimmt und konservativ. Er hält an heroischen Idealen fest, doch sind sie Grundsätze, die eher vom Kopf als vom Herzen bestimmt werden. Arthur ist abhängig von Gawains Enthusiasmus und Optimismus, die dieser angesichts der Gefahr an den Tag legt. Gawains Enthusiasmus und Optimismus hängen wiederum von der Autorität und der Billigung des Königs ab, denn es wäre äußerst unvernünftig, den Teufel aus irgendeinem anderen Grund zu heiraten, als damit das Leben des Königs zu retten. Arthur und Gawain bilden gemeinsam einen vollkommenen Helden: einen, der imstande ist, Probleme rational zu lösen *und* dazu noch nach einem dem Ideal entsprechenden Verhaltenskodex zu handeln. Erst als Gawain in seiner eigenen Hochzeitskammer (fern von Arthur) direkt mit der Hexe konfrontiert ist, begreift er die Implikationen der Zauberei, in die er mit seinem Enthusiasmus geraten ist. Solange Gawain die wahre Bedeutung der Herausforderung nicht bewußt war, verschmolz er mit Arthur (und der Tradition des Patriarchats). Nur Ragnell kann Gawain von Arthur befreien und ihn wirklich zu einem Mann machen, »der sich selbst gehört«.

Bei unserem ersten Blick auf die Geschichte sollten wir unsere Aufmerksamkeit auch auf den Zorn angesichts des Verlustes lenken. Erinnern wir uns an Sir Gromers zornige Konfrontation mit Arthur, Ragnells Konfrontation mit Arthur, Gawains mit Ragnell und, schließlich, Ragnells freimütige Herausforderung Gawains. *Die Herausforderung zur Veränderung angesichts des Verlustes* ist das zentrale emotionale Motiv der Geschichte. Dieses Motiv tritt bei Menschen gewöhnlich in der Lebensmitte zutage, dann, wenn sie zum ersten Mal in ihrem Leben einen unvorhergesehenen Verlust erfahren, indem sie mit dem Tod, einer Scheidung, mit Verlassenwerden, Krankheit oder dem Auszug der Kinder aus dem Elternhaus konfrontiert werden. Tod oder Krankheit bei älter werdenden Eltern, Probleme und Grenzen der eigenen Gesundheit und eine eventuelle Trennung durch Scheidung sind solche erschütternden Verluste, die Menschen beschäftigen, wenn sie in der Lebensmitte eine psychotherapeutische Hilfe suchen.

Jung behauptete, die Aufgabe der Entwicklung im mittleren Alter bestehe darin, daß man die Einseitigkeit des Lebens, das man vorher geführt hat, ausgleichen müsse. Für Männer bedeutet dies gewöhnlich, daß sie die »unterdrückten weiblichen« Aspekte ihrer eigenen Persönlichkeit – die sogenannte *Anima* – in ihre Identität integrieren müssen. Frauen müssen im allgemeinen das »unterdrückte Männliche« – oder den *Animus* – integrieren. Es geht in der Lebensmitte und in den nachfolgenden Jahren demnach darum, daß man die früher vollzogene Anpassung ändert und nun viele Dinge bewußt erfaßt, die man in den Jahren zuvor als gewohnt hinnahm und als von anderen abhängig erlebte.

Jung war der Meinung, die Entwicklung der mittleren Jahre bringe es für die Männer mit sich, daß sie sich nicht mehr als distanzierte, zurückhaltende »Helden« sähen, sondern ihre Abhängigkeit von anderen und die Wichtigkeit von Beziehungen anerkennen könnten. Für Frauen, meinte er, sei die Situation genau umgekehrt: Ihre Entwicklung erfordere eine Änderung ihrer akkomodativen, abhängigen Identität zugunsten einer autonomeren und unabhängigeren.

Kulturvergleichende Studien von David Gutmann über Lebensstile bei Menschen in verschiedenen europäischen und nichteuropäischen Kulturen erhärten ganz offensichtlich Jungs Behauptung, wonach im späteren Leben eine Veränderung in der Anpassung erfolgt.[9] Gutmanns Ergebnisse zeigen, daß Männer dazu neigen, von einem aktiven, auf »Überlegenheit« ausgerichteten Lebensstil zu einer passiveren, »bequemlicheren« Lebensweise im späteren Leben überzugehen. Frauen tauschen ihre ursprünglich eher passive Lebensweise für eine aktivere ein, in der die »Beherrschung« und »Überlegenheit« eine Rolle spielen. In Gutmanns Forschungen spielten die bewußte Identität oder das Selbstbild keine zentrale Rolle.

Jung dagegen betont, daß Entwicklungsveränderungen in der Lebensweise bewußt stattfinden müssen, damit ein Mensch so viel wie möglich von seiner individuellen Entwicklung profitieren kann. Umstände, die neue Anpassungen erfordern, können die Art und Weise, wie ein Mensch mit Schwierigkeiten fertigwird, verändern; beispielsweise verdient eine Frau, die früher von der finanziellen Unterstützung eines Mannes abhing, nun ihren eigenen Lebensunterhalt. Doch Veränderungen in der Anpassung haben nicht immer auch Wandlungen in der Haltung zur Folge, die ein Mensch dem Leben gegenüber einnimmt. Jungs Konzept von der *Individuation*, die die sukzessive Integration der zuvor unterdrückten oder von Gewohnheit geprägten Aspekte der Persönlichkeit bedingt, hebt besonders hervor, wie wichtig es ist, diese Integration bewußt zu vollziehen.

Wenn wir die Geschichte von Sir Gawain und Lady Ragnell in einer Therapie verwenden, beginnen wir mit dem »Erkennen eines potentiellen Verlustes«. Der erste Schritt bei dieser Paartherapie besteht darin, die Klienten zu motivieren, an seelischen Schwierigkeiten zu arbeiten, die zu einer Stagnation geführt haben und nun das gegenseitige Vertrauen blockieren. »Die Hexe annehmen« verlangt zu Anfang der Therapie, daß man die dunklen und erschreckenden Seiten in sich selbst akzeptiert, damit man dem Partner nicht länger die Last des eigenen Grolls, der Frustration und der Verzweiflung aufbürdet. Jeder Mensch muß den Widerstand und seine Angst vor Veränderung, seine Verdrängungen und bestimmte vorherrschende Aspekte im eigenen Wesen erkennen und überwinden.

Dieses Konfrontieren und Annehmen von Enttäuschungen und Frustrationen bei sich selbst kann als ein Prozeß verstanden werden, bei dem es zu unterscheiden gilt, wo es in einer Partnerschaft um Zuneigung und wo um Dominanz geht. Wenn ein problembelastetes Paar eine Therapie beginnt (gewöhnlich auf das beharrliche Drängen der Ehefrau hin oder weil ein Kind das Paar dazu »gebracht« hat, indem es Schwierigkeiten macht), nehmen die beiden Partner gewöhnlich eine Haltung ein, die eher von Dominanz/Unterwerfung als von Verbundenheit/ Trennung geprägt ist. Der grundlegende Modus einer intimen Beziehung ist das instinktive Muster von Verbundenheit und Trennung. Wenn dieses Muster mit seinen speziellen Gesten, symbolischen Bedeutungen und immer wiederkehrenden Handlungen zugunsten eines »Dominanzmusters« oder Machtkampfes aufgegeben wurde, fühlt sich jeder Partner im Alltag bedroht und deprimiert. Statt daß die beiden Partner sich wie aufeinander bezogene Individuen verhalten und in der Lage sind, die Bedürfnisse des anderen zu sehen und sie zu befriedigen, verhalten sie sich wie eine symbiotische, miteinander verschmolzene Einheit, in der einer »oben« und der andere »unten« ist; wegen jeden strittigen Punktes findet dann ein Machtkampf statt.

Obwohl beide Partner möglicherweise das Nicht-Rationale an ihren ständigen Querelen erkennen (und zum Beispiel sagen: »Es ist einfach lächerlich, aber wir können nicht aufhören, uns wegen Kleinigkeiten zu zanken«), haben sie das Gefühl, es sei unmöglich, ihr Streiten einzustellen. Ehe sich nicht beide die Bedeutung von Dominanz und Unterwerfung in ihrer Beziehung klargemacht haben – was fast immer auf eine Abwertung des Weiblichen hinausläuft –, können sie ihre Aufmerksamkeit nicht auf ihre Zuneigung lenken. Die Konfrontation mit dem potentiellen Verlust, die dadurch geschieht, daß die Therapeuten der Stimme der Hexe Ausdruck verleihen, führt Menschen oft aus dem Machtkampf hinaus, der lange Zeit im Vordergrund stand. Doch das ist nur der erste Schritt beim Durcharbeiten der Probleme, bei denen es um Dominanz und Unterwerfung geht.

Paradoxerweise kann diese Konfrontation mit Verlust, Groll und Frustration beiden Partnern die Tür zur nächsten Entwicklungsphase öffnen, denn die nächste Phase bringt – für beide – eine Neubewertung des Weiblichen mit sich. Für den Mann besteht dieser Prozeß im Eingeständnis seiner eigenen Abhängigkeit, seiner Ängste, Bedürfnisse und Gefühle und darin, daß er sie offen zum Ausdruck bringt. Für die Frau bedeutet der Prozeß, daß sie Anspruch auf ihren eigenen Wert und ihre eigene Sicht der Dinge erhebt und Selbstvertrauen in ihr Selbstbild von einer kompetenten Person – die durch ihre langjährige Betreuung und Fürsorge viele Fähigkeiten entwickelt hat – integriert. Beide können dadurch, daß sie die anstößige und geringgeschätzte »Hexe« wahrnehmen und akzeptieren, zu einer neuer Lebendigkeit kommen.

ZWEITES KAPITEL

Der Feminismus und die Psychologie von C. G. Jung

Wenn ich in einem Atemzug über Feminismus und Jungs Psychologie spreche, werde ich oft von Kollegen, insbesondere den sozial engagierten, angefochten, die behaupten, Jungs Theorie sei frauenfeindlich. Die Feministinnen stehen Jungs Werk und den Beiträgen, die die gegenwärtigen Jungianer für die weibliche Psychologie geleistet haben, im allgemeinen kritisch gegenüber. Es ist viel konstruktive Kritik an der jungianischen Psychologie aus feministischer Perspektive geleistet worden, und wir müssen auch weiterhin mißtrauisch sein, wenn es darum geht, androzentrische Konzepte auf Frauen anzuwenden.[1] Der Androzentrismus – Denken aus der Perspektive eines Mannes – war in der jungianischen Psychologie ebenso ein Problem wie in allen anderen großen psychodynamischen Theorien der Psychologie. Als Frauen begannen, die Bedeutung und Richtigkeit ihrer eigenen Erfahrungen wertzuschätzen, entdeckten sie, daß viele traditionelle Konzepte über ihre – angeblichen – Motivationen und Wünsche sie einengten und der Wirklichkeit nicht entsprachen.

Ein Konzept wie das vom sogenannten »Penisneid« ist ein leicht verständliches Beispiel für den Androzentrismus in einer allgemein akzeptierten psychoanalytischen Theorie.

Eine ängstliche Frau im mittleren Alter, die von dem Gedanken beherrscht ist, sie sei intellektuell unterlegen, könnte von einem jungianischen Therapeuten als »animusbeherrscht« eingestuft werden, denn sie spricht in rechthaberischer und nachdrücklicher Weise über ein allgemeines oder vages Gefühl. Diese Art der Etikettierung kann man als androzentrisch bezeichnen, wenn sie auf Maßstäben beruht, die im wesentlichen männlich sind und auf die Erfahrungen von Frauen angewandt werden, ohne ihren gesellschaftlichen Kontext oder das Wesen der weiblichen Geschlechtsidentität und die traditionellen Geschlechterrollen zu berücksichtigen.

Jungs Konzepte von der Anima (dem unterdrückten Weiblichen) bei Männern und dem Animus (dem unterdrückten Männlichen) bei Frauen werden von den Feministinnen besonders gern als androzentrisch abgetan. Jung sprach von diesen Konzepten bezeichnenderweise als den *Archetypen*, manchmal aber auch als den *Komplexen*. Er verstand sie als natürliche Prädispositionen, aufgrund derer ein Geschlecht in bestimmter Weise auf das andere reagiert und sich dementsprechend verhält. In seinen Ausführungen über die Anima neigte er dazu – aus seiner männlichen Sicht –, die Erfahrung des Weiblichen mit den »wirklichen« Frauen zu verwechseln. Anstatt ganz klar zwischen den Ängsten der Männer und ihren Phantasien über Frauen zu unterscheiden, neigte Jung dazu, Phantasie und Wirklichkeit miteinander zu vermengen. Dazu folgende Stelle:

»Soweit meine Erfahrung reicht, versteht ein Mann immer leichter, was mit Anima gemeint ist, ja, er hat gegebenenfalls sogar ein ganz bestimmtes Bild von ihr, so daß er unter einer größeren Anzahl Frauen jederzeit diejenige angeben könnte, welche dem Animatypus am nächsten kommt.«[2]

Die fortgesetzte männliche Tendenz, Frauen auf ganz bestimmte Weise zu sehen und sie mit der tatsächlichen weiblichen Persönlichkeit zu verwechseln, hat zu einigen jungianischen Typologien für Frauen geführt, die auf den Anima-Typen bei Männern beruhen.[3]

Jung leitete das Konzept vom Animus in der Frau aus seiner Entdeckung der Anima im Mann her. »Da die Anima ein Archetyp ist, der bei Männern anzutreffen ist«, schrieb er, »so ist es logisch anzunehmen, daß es bei den Frauen einen äquivalenten Archetyp geben muß.«[4] Doch stritt er ab, daß er den Animus, ohne auf klinische Erfahrung mit Frauen zurückgegriffen zu haben, einfach »abgeleitet« habe. Nichtsdestotrotz blieb ihm das Animuskonzept ein Rätsel, denn er schrieb: »Ich habe nie einen Fall gesehen, wo eine Frau mir eine bestimmte Angabe über die Persönlichkeit des Animus hätte machen können.«[5] Da Jung sich weder mit dem gesellschaftlichen Kontext befaßte, in dem sich Animus und Anima entwickeln, noch mit den Auswirkungen, die mit der (fast) alleinigen Erziehung der Kinder durch Frauen einhergehen, war er nicht imstande, überzeugend darzustellen, warum Männer ein so einmaliges und persönliches Bild von der Anima (als Frau) projizierten, wohingegen Frauen kein einmaliges, persönliches Bild vom Animus (als Mann) projizierten.

Nicht nur konzeptualisierte Jung diese Vorstellungen vornehmlich von der rein männlichen Perspektive aus, sondern er leistete zudem der landläufigen Meinung Vorschub, wonach Frauen den Männern moralisch und intellektuell unterlegen seien. Die von ihrem Animus beherrschte Frau wird als »eigensinnig, auf Prinzipien herumreitend, gesetzestreu, dogmatisch, weltreformerisch, theoretisch, jedes Wort auf die Goldwaage legend, streitsüchtig und dominierend«[6] beschrieben. Wenn man diese Art der Beschreibung ernst nimmt und sie auf Frauen bezieht, die bereits wegen ihrer intellektuellen Fähigkeiten an sich zweifeln, ist es gut möglich, daß eine Frau sich von Anfang an davon niederdrücken läßt.[7]

Trotz des Androzentrismus, der in manchen Konzepten von Jung anzutreffen ist, stellen seine Theorien und Methoden einmalige Möglichkeiten dar, symbolische Ausdrucksweisen zu verstehen und persönliche Verlusterfahrungen zu überwinden. Unser feministischer Therapieansatz, der auf der jungianischen Psychologie basiert, ist leicht zugänglich und steht – wie ich hier zeigen will – mit Jungs Theorie von der psychischen Entwicklung im Einklang.

Feministische Therapie

Lassen Sie mich zuerst erläutern, was ich mit »feministischem Ansatz« oder »feministischer Therapie« meine. Ich selbst bin erklärte Feministin, und meine therapeutische Arbeit steht im Einklang mit der feministischen Therapie.[8] Dies gehört zu meiner Identität als Psychologin und Psychotherapeutin, weil es mir ein Anliegen ist, Frauen zu größerer Autorität, Autonomie, Kompetenz und Unabhängigkeit zu verhelfen und ihnen damit die vollständige Entfaltung ihrer Persönlichkeit zu ermöglichen. Autorität zu erlangen ist für Frauen in unserer Kultur ein schwieriger Prozeß, und ihr Kampf dafür kann nur innerhalb des Kontextes ihrer Geschlechteridentität gedeutet werden. Hilft man Frauen, mehr Machtbefugnis zu bekommen, muß man auf die besonderen Aspekte von Unterlegenheit, Schwäche oder Dummheit achten, die dem weiblichen Geschlecht zugeschrieben werden. Damit eine Frau über persönliche Autorität verfügt und sich nicht mit der Autorität der Männer identifiziert, muß sie mit den sozialen Bedeutungen ihrer Geschlechterrolle vertraut sein und sie in ihrem Kontext verstehen. Die Entwicklung weiblicher Machtbefugnis ist in einer Gesellschaft, die der Unabhängigkeit von Frauen kritisch gegenübersteht, zwangsläufig ein ständiger Kampf.

Als feministische Therapeutin habe ich das Anliegen, allen Klienten (Männern wie Frauen) zu helfen, die gewöhnlichen Aufgaben des Lebens – das Pflegen von Beziehungen, die auf gegenseitigem Vertrauen beruhen, sowie die Fürsorge – neu zu bewerten. Dies habe ich von Anfang an als meine persönliche, ethische Verpflichtung betrachtet; es gehörte nicht zu meiner beruflichen Ausbildung. Da, wo es in meiner Arbeit um die seelische Stärkung von Frauen und um die Neubewertung von Beziehungsidealen ging, entdeckte ich, daß wir alle von unbewußten Klischeevorstellungen über Geschlechterrollen und von diesbezüglichen Vorurteilen beeinflußt sind. Da weiße Männer die entscheidungsträchtigen Institutionen unserer Gesellschaft beherrschen und da »minderwertige« Fähigkeiten wie Abhängigkeit und Emotionalität mit der Geschlechtsidentität von Frauen assoziiert werden, müssen wir auf der Hut sein vor allen Begriffsschemata, mit denen wir gewöhnlich ihre Identität beschreiben oder das, was weiblich ist, charakterisieren.

Frauen befinden sich ständig in einem Dilemma, wenn sie mit Autorität oder Nachdruck sprechen. Wie Broverman und andere herausfanden, setzt man beim idealen Mann in unserer Gesellschaft mehr Kompetenz, Unabhängigkeit, Objektivität und logisches Denkvermögen voraus als bei der idealen Frau.[9] Die ideale Frau stellt man sich unterwürfiger, abhängiger und weniger objektiv vor als einen »gesunden Erwachsenen« (Geschlecht nicht angegeben). Daher ist nur allzu verständlich, daß eine Frau in eine schwierige Lage gerät, wenn sie Machtbefugnisse anstrebt. Falls sie Anspruch auf die Objektivität, Kompetenz und Unabhängigkeit einer »gesunden Erwachsenen« erhebt, wird sie als unweiblich kritisiert.

Wenn sie sich mit Eigenschaften wie Unterwürfigkeit, Abhängigkeit und den passiveren Verhaltensweisen des Weiblichseins identifiziert, hat sie es versäumt, erwachsen zu werden. Betrachtet sich eine Frau als kompetente, selbstbewußte Autoritätsperson, kann sie nicht gewinnen. Daher ist sehr wohl möglich, daß der nicht integrierte Animus einer eigensinnigen Frau eher das Ergebnis eines Konfliktes ist, in dem sie sich befindet, weil die Gesellschaft Frauen nicht in angemessener Weise Rechte auf Machtbefugnis zugesteht, als das Ergebnis ihrer eigenen psychischen Verfassung.

Daß selbst Psychologen von Frauen erwarten, daß sie passiver und abhängiger als Männer und weniger objektiv als »gesunde Erwachsene« sind, ist überzeugend nachgewiesen worden.[10] Wenn auch die meisten Menschen – im einzelnen befragt – einräumen, solche Geschlechterklischees seien abzulehnen, werden sie doch weiterhin von einem Großteil unserer Gesellschaft akzeptiert. Vielleicht werden stereotypische männliche Merkmale höher bewertet und scheinen erstrebenswerter als klischeehafte weibliche Merkmale. Sowohl Männer als auch Frauen nehmen diese Stereotype in ihr Selbstbild auf. Die Neigung von Frauen, sich selbst herabzusetzen, kann als gesellschaftlicher Druck verstanden werden, sich an ihr negatives Selbstbild anzupassen. Der unterlegene Status der weiblichen Geschlechteridentität ist in einer Reihe von breitangelegten Studien bewiesen worden, die im Anschluß an das Werk von Broverman erstellt wurden.[11]

Jungs Vorstellung vom Archetyp, von den archetypischen männlichen und weiblichen Grundprinzipien sowie die Konzepte von Anima und Animus können für frauenfeindliche Zwecke mißbraucht werden, wenn sie implizieren, daß die weibliche Identität in bestimmter Weise beschränkt ist.[12]

Anthony Stevens' Abhandlung über Archetypen, wo der Autor erklärt, die biologische Bestimmung der Frau sei die Rolle der Mutter und Ernährerin,[13] ist ein neueres Beispiel für frauenfeindliches Denken. Erst wenn Männer wirklich wahrnehmen und anerkennen, was Fürsorge und menschliche Beziehungen beinhalten, können sie mit Sachkenntnis über die Frage diskutieren, wer zu Hause bleiben sollte oder welche Fähigkeiten mit der Betreuung von Kindern verbunden sind.

Meiner Ansicht nach besteht die erste Aufgabe bei einer feministischen Therapie darin, die grundlegende bewußte Einstellung des Klienten zu den »minderwertigen« Attributen des weiblichen Geschlechts zu prüfen. Im besonderen stelle ich die Frage: Inwieweit verbinden Sie die weibliche Identität mit »weniger als«-Merkmalen: weniger mächtig, weniger objektiv, weniger intelligent, weniger stark, weniger vernunftbestimmt u. a.? Wenn ich bei einer Frau oder einem Mann das Gefühl für persönliche Kompetenz und Eigenwert beurteile, so gehört dazu immer eine Prüfung ihrer Ansichten über die Geschlechteridentität im Kontext der patriarchalischen Kultur.

Ich sehe den Ablauf einer Psychotherapie als kollaborativen Prozeß innerhalb eines bestimmten gesellschaftlichen Rituals. Zu dem Ritual, das mit einer Therapie assoziiert wird, gehören das Treffen zu einer gemeinsamen Sitzung zu regelmäßigen Zeiten, die Bezahlung eines Honorars und die Annahme, daß der Therapeut Experte ist. Dieses Ritual kann nach dem medizinischen Modell von Diagnose und Behandlung – von der Entdeckung des »Defizits« und seiner Beseitigung – vor sich gehen. Es kann auch die Bedeutung einer Beichte oder einer erzieherischen Maßnahme haben. Ich persönlich ziehe es vor, das Therapieritual primär als »Konsultation« zu definieren, die einen gewissermaßen lehrreichen Charakter hat, an der

Entdeckung von Neuem orientiert und auf interpersonaler Ebene wirksam ist.

Ich sehe diese »Konsultation« ferner als interaktiven Prozeß, der ganz bewußt von den Anliegen und Wünschen des Klienten geprägt wird. Ich halte mich in bezug auf die therapeutische Verantwortung und die Rechte der Klienten an das feministische Berufsethos und gebe Auskunft über meine eigene Ausbildung und meine Zeugnisse, nehme davon Abstand, die Kritik, die Klienten üben, immer als »Widerstand« zu deuten (oder ein ähnlich bequemes Etikett zu verwenden), und informiere die Klienten über Alternativen zur Psychotherapie sowie über die möglichen nachteiligen Wirkungen der Therapie.[14]

Die folgenden grundlegenden Strategien zur Veränderung sind die »Aktionspläne«, die allen Therapiemethoden, die ich verwende, zugrunde liegen:

1) *Knüpfen einer therapeutischen Beziehung*: Förderung des Kontaktes, um die Veränderungen in Gang zu setzen, die vom Klienten gewünscht werden (zum Beispiel durch »Übertragung« und »therapeutisches Bündnis«).

2) *Bedeutungsrekonstruktion*: Förderung einer Änderung in der Einstellung des Klienten in bezug auf seine Meinungen, Erwartungen, Phantasien, die bisher seine Identität, Handlungsfähigkeit und Verantwortung einschränkten; Erweiterung der persönlichen Bedeutungssphäre (zum Beispiel durch Interpretation oder paradoxe Interventionen).

3) *Lernen von Neuem*: Hilfe bei der Entwicklung von neuen Fähigkeiten, Handlungsmodi und Kompetenz in der Interaktion mit dem persönlichen Umfeld, insbesondere im interpersonalen Umfeld (zum Beispiel Verhaltenstechniken oder »Hausaufgabe«).

4) *Erweiterung der Vokabulars zur besseren Ausdrucksfähigkeit*: Lehren von neuen Begriffen und Formen der

Sinngebung, um beim Klienten größere Klarheit und Freiheit beim Verstehen von Motivation, Verantwortung, Handlungsfähigkeit und Empathie zu entwickeln (zum Beispiel Vermittlung von Worten und Begriffen, mit denen der Klient seine Träume deuten kann).

Die jungianischen Methoden werden diesen Basisstrategien in einer Art und Weise gerecht, die mit der feministischen Therapie recht gut vereinbar ist, vorausgesetzt, daß man die Verwendung bestimmter theoretischer Konzepte offenlegt, sofern sie sich auf die Technik auswirken. Jungs Beiträge für die Praxis der Psychotherapie waren zu seiner Zeit revolutionär, doch werden sie heute noch häufig mißverstanden. Als Feministin und Jungianerin konzentriere ich mich in meiner Analysearbeit und Psychotherapie auf vier spezielle Forderungen von Jung:
– die Notwendigkeit, die bewußte vorherrschende Haltung zu rekonstruieren;
– die Wichtigkeit, Animus- und Animaprojektionen aufzudecken;
– den Individuationsprozeß; und
– die konkurrierenden Wirklichkeiten im interaktionellen Feld (sowohl interpersonal als auch intrapsychisch).
Alle vier werden im folgenden der Reihe nach näher betrachtet.

Rekonstruktion der Bewußtseinshaltung

Die Tatsache, daß Jung der vorherrschenden Bewußtseinshaltung als Feld oder Mittelpunkt für therapeutische Einflüsse sehr viel Bedeutung zumaß, läßt sich gut mit der feministischen Therapie in Einklang bringen. Feministische Therapeuten helfen ihren Klienten immer wieder, ihre Meinungen über sich selbst und andere zu prüfen, insbesondere da, wo es um unbewußte Zuschreibungen von Unterlegenheit beziehungsweise Überlegenheit, die auf der Geschlechterzugehörigkeit beruhen, geht.

Im Jahr 1929 schrieb Jung: »Die Neurose – und jeder andere seelische Konflikt – hängt viel mehr von der persönlichen Einstellung des Patienten als von seinen Kindheitserlebnissen ab«, und: »Die Aufgabe der Psychotherapie ist es, die bewußte Einstellung zu ändern.«[15] Die Konzentration auf die gegenwärtige Einstellung des Klienten lenkt die primäre Aufmerksamkeit auf den »Menschen in der Situation«, wie man den kontextuellen Raum, in dem sich das Leben eines Menschen abspielt, bezeichnet. Ich möchte hier besonders den Einfluß auf das intrapsychische und das interpersonale Feld betonen, da beide in allen wichtigen Beziehungen, die zwischen dem Klienten und den Menschen in seinem Leben bestehen (und auch in der therapeutischen Beziehung), zum Ausdruck kommen. Ebenso möchte ich die Einflüsse der dominierenden (zum Beispiel der weißen nordamerikanischen) und der aufstrebenden (zum Beispiel der hispanoamerikanischen) Kulturen auf das interpersonale Feld hervorheben.

Ich verwende die Jungsche Vorstellung von den psychologischen Komplexen und erweitere sie um den Schwerpunkt, den ich auf die bestehende Einstellung im intrapsychischen und im interpersonalen Feld lege. Ein Komplex ist eine Sammlung von Bildern, Ideen und Gefühlen, die auf nicht rationale Weise zwingend oder motivierend ist. Ein Komplex, wie der, der sich um die Körperbild-Erfahrung des Ich gruppiert, kann bewußt oder – wegen seiner Vertrautheit – auch nur teilweise bewußt sein. Ein Komplex, wie der, der um die ausgegrenzten Seiten des eigenen Geschlechts herum gruppiert ist, kann sogar vollkommen unbewußt sein.

Beispiele für gewöhnliche Komplexe im alltäglichen Leben sind »Ich«, »Mutter«, »Vater«, »Kind« und »Held«. Diese Komplexe sind keine rational voneinander getrennten Einheiten, sondern Zustände, bei denen man auf eine typische Weise agiert. Die Vorstellung von den Komplexen ist besonders nützlich für das Verstehen von nichtrationaler Kommunikation in einer interpersonalen Situation zwischen zwei Menschen oder in einer Gruppe (wie der Familie). Unbewußte Komplexe können die intentionalen und rationalen Entfaltungsmöglichkeiten der Beziehung beeinträchtigen; sie beeinträchtigen das Vermögen, sich selbst und den anderen als Mensch zu sehen.

Wenn ein Komplex nur innerhalb eines Menschen zum Tragen kommt, wird er als innerer Konflikt erfahren – sozusagen als Konflikt zwischen Komplexen. Gewöhnlich besteht der Konflikt zwischen dem persönlichen Ich-Komplex (oder »Ich« als intentionalem Täter) und einem anderen, weniger bewußten Komplex. Wenn ein unbewußter Komplex ausagiert wird, fühlt sich ein Mensch »neben sich«; er leidet unter sonderbaren Stimmungen, Ängsten und/oder Vorstellungen, die übertrieben und unbegründet wirken. Wenn ein Komplex über längere Zeit hinweg besteht, wird er gewöhnlich innerhalb eines interpersonalen Feldes ausagiert, das heißt, zwischen zwei Menschen. Der Urheber bringt den Komplex auf eine Weise zum Ausdruck, die von jemand anderem aufgegriffen und dargestellt wird.

Zum Beispiel spricht eine junge Frau vielleicht in rationaler, intentionaler Weise mit einem jungen Mann. Plötzlich beginnt sie, um ihn herum aufzuräumen und suggeriert ihm, wie er sich fühlt und was er denkt. Sie organisiert seine Wirklichkeit, als wenn sie seine Mutter wäre; sie ist von einem Mutterkomplex »eingeholt« worden. Sie zeigt durch ihr Verhalten, daß sie sich um ihn kümmern und sein Leben organisieren will. Wenn der Mann in dieser Situation reagiert, indem er zurückweicht und unnahbar wird, sagt er: »Du behandelst mich wie ein Baby. Laß mich in Ruhe.« Die Frau versucht dann möglicherweise, die Kommunikation zwischen ihnen wieder in Ordnung zu bringen, da sie fühlt, daß sie einen Fehler gemacht hat. Auf ihre ängstliche Reaktion hin benimmt er sich zunehmend distanziert. Beide fahren dann damit fort, ihren jeweiligen Mutterkomplex auszuagieren, indem er sich wie ein Junge benimmt, der von seiner dominierenden Mutter erdrückt wird, und indem sie in ihrer Angst zu glauben beginnt, sie habe sich falsch verhalten und ihre Fürsorge und ihre Worte seien verkehrt. Wenn beide weiterhin diesen nicht-rationalen Komplex ausagieren, werden sie die Bedeutung ihrer Worte verwirrend finden; sie werden nicht länger intentional kommunizieren.

Der negative Mutterkomplex – ein verbreitetes kulturelles Problem, das mit der weiblichen Identität assoziiert wird – ist um den Archetyp der Schrecklichen Mutter herum gruppiert. Mit diesem Archetyp meine ich das instinktiv-emotionale Muster menschlichen Verhaltens und menschlicher Ausdrucksweisen, die mit den zerstörerischen und erdrückenden Seiten der Fürsorge assoziiert werden.

Ich habe die Vorstellung vom Archetyp eingebracht – und damit die Vorstellung vom kollektiven Unbewußten – und möchte an dieser Stelle erklären, was ich damit meine. Übereinstimmend mit Jungs Definition vom Archetyp an sich, verwende ich den Begriff, um *ein Handlungs- und Denkmuster* zu bezeichnen, *das menschliche instinktiv-emotionale Reaktionen (die sich in Gesten oder Symbolen ausdrücken) in Beziehungen einordnet.* Eine Beziehung kann in einem intrapsychischen Austausch zwischen Komplexen, bewußten und unbewußten Persönlichkeitsanteilen, bestehen, wie zum Beispiel in einem Traum; sie kann aber auch in einer interpersonalen Beziehung zwischen Menschen bestehen.

Jungs Vorstellung vom Archetyp als einer ordnenden Form für instinktmäßige Reaktionen paßt zu Bowlbys Konzept vom menschlichen Instinkt als einem Verhaltensmuster, das unserer Gattung zum Zwecke des Überlebens innewohnt.[16] Menschliche Instinkte sind nicht einfach spontane Impulse, sondern Verhaltensweisen, die einem bestimmten Muster entsprechen und die nur in einem gesellschaftlichen Umfeld zutage treten, mit dem sie übereinstimmen. Instinkte bei Primaten und Menschen sind weniger festgelegt, sondern flexibler, entwickeln sich langsamer und können viel variabler sein als bei weniger entwickelten Lebewesen.

Menschliche Instinkte haben von Natur aus eine gesellschaftliche Funktion, insofern als sie die Beziehungen zwischen den Vertretern dieser Gattung regeln. Sowohl in Jungs Theorie von den Archetypen als auch in Bowlbys Theorie vom menschlichen Instinkt treten zu bestimmten Zeiten des menschlichen Lebenszyklus typische emotionale Reaktionsmuster zutage; sie betreffen Kommunikationsformen, die wesentlich für das Überleben sind. Diese Muster beziehen sich auf Handlungen wie kleinkindliche Bindung, Spiel mit Gleichaltrigen, »Reviererkundung«, hierarchische Dominanz, Initiationsrituale, Bindung zwischen Erwachsenen und territoriale Aggression. Jung sagte vom Archetyp in bezug zum Instinkt beim Menschen:

»Nun sind aber, wie die Biologie zeigt, Instinkte keineswegs blinde, spontane und isolierte Impulse, sondern sie sind vielmehr eng verknüpft mit typischen Situationsbildern (d. h. Archetypen) und können überhaupt nicht ausgelöst werden, wenn die vorhandenen Bedingungen dem apriorischen Situationsbild nicht entsprechen. Die kollektiven Inhalte, welche sich in Mythologemen äußern, stellen nun solche Situationsbilder dar, welche mit der Auslösung instinktiver Impulse aufs innigste verbunden sind. Aus diesem Grunde ist deren Kenntnis für den Psychotherapeuten von hoher praktischer Wichtigkeit.«[17]

Anthony Stevens hält Jungs Archetypkonzeption für stichhaltiger als Bowlbys Instinktkonzeption, weil Jungs Auffassung den symbolischen Ausdruck mit einbezieht, der mit den typischen sozialen Instinkten der Menschen verbunden ist.[18] Zustände emotionaler Erregung – beispielsweise Angst, Zuneigung und Trennung – sind in überlieferten Geschichten und menschlichen Ritualen symbolisiert und kommen, individuell unterschiedlich, in Gestik und Sprechweise zum Ausdruck. Der Archetyp als solcher tritt in integrierten Mustern physiologischer Erregung und gestischen Ausdrucks in Erscheinung. Ferner ist er quer durch alle Kulturen in typischen Motiven und Themen überlieferter Geschichten, in Mythen und Ritualen zu finden. Die Palette der möglichen menschlichen Ausdrucksweisen für eine instinkthafte – bedeutsame – Reaktion ist viel größer als die anderer Lebewesen. Was es *bedeutet*, sich in bestimmten menschlichen Beziehungsumständen zornig, liebevoll oder ängstlich zu fühlen, wird von Menschen in unterschiedlichen Gesellschaften und Kulturen auf ähnlich imagistische Weise zum Ausdruck gebracht.

Für meine Zwecke in der Therapie, bei der es um die Arbeit an bestehenden bewußten Einstellungen geht, betrachte ich den Archetyp als eine *inhärente Organisationsform für den Ausdruck dessen, was in der menschlichen Natur kontinuierlich und archaisch ist*. Wenn der Klient lernt, archetypische Erfahrungen und ihren Ausdruck in Komplexen – besonders in unbewußten Komplexen – von der gewöhnlichen Realität zu unterscheiden, so verspürt er im allgemeinen ein Gefühl großer Erleichterung. Er versteht nun, daß archetypische Bilder und Bedeutungen »größer als das Leben« und mächtiger als ein gewöhnlicher Mensch sind; Götter, Göttinnen und göttliche Kräfte gehören nicht in den Bereich persönlicher Verantwortung. Menschen sind zwangsläufig in archetypische Gefühle und Bilder verwickelt, aber sie können solche Wirklichkeiten oder Ausdrucksformen nicht in der Weise kontrollieren, in der sie eine folgerichtige, rationale Aussage kontrollieren. Komplexe sind mit einer Bedeutung besetzt, die emotional machtvoll ist und gewöhnlich eher angedeutet als ausdrücklich gezeigt wird. Komplexe wie Schemata oder »präoperationale« Denkweisen (um es mit Piagets Worten zu sagen) sind nichtrationale Ausdrucksformen. Sie sind in bildbehafteten Gedanken- und Handlungsfeldern organisiert, die bestimmten Mustern folgen und erkannt und verstanden werden können – jedoch nicht auf rationalem Wege.

Der negative Mutterkomplex veranschaulicht auch dies auf treffende Weise: Dieser Komplex drückt die instinktiv-emotionale Reaktion auf die negativen Seiten von Fürsorge und Zuneigung aus. In diesem Komplex werden das »Einverleibtwerden«, die Beklemmung, die Stagnation – sowie die Ängste, daß einem diese Dinge passieren könnten – erlebt. Der Komplex wird in der Zauberin, Hexe oder grausamen Göttin verkörpert: dem Archetyp der Schrecklichen Mutter. Jede dieser Figuren ist weit gemeiner, häßlicher und auf mächtigere Weise niederträchtig, als eine gewöhnliche Frau es sein könnte. Wenn einer Frau dieser Komplex zugeschrieben wird oder wenn eine Frau das Gefühl hat, daß sie sich mit ihm identifiziert, so erlebt sie sich als machtvoller, als sie – wie sie rational weiß – in Wirklichkeit ist. Sie verurteilt sich selbst für Fehler, die sie übertreibt und für die ein Mensch nicht verantwortlich gemacht werden kann. Eine langwährende Identifizierung mit dem negativen Mutterkomplex bei einer Frau kann zu Selbsthaß und zu Isolierung führen.

Der Animus und das Gefühl der Frau für sich selbst

Der Animus und die Anima in Jungs Psychologie sind Konzepte, die manchmal als Archetypen und manchmal als Komplexe angesehen werden.[19] Ich definiere sie als Komplexe und glaube, daß ich der Jungschen Theorie damit eher gerecht werde. Sie gruppieren sich um den Identitätsarchetyp des Nicht-Ich herum: Der Animus (oder die Anima) ist ein Komplex gewohnheitsmäßiger Handlungen, Symbole, Bilder und Emotionen, die sich um den Kern des anderen oder Nicht-Ich herum gruppieren. »Inhalt« des Amina-/Animus-Komplexes sind Elemente, die aus der eigenen Geschlechtsidentität ausgegrenzt, also »kontrasexuell« sind, aber in gesellschaftlicher Hinsicht als »essentiell menschlich« erlebt werden. Da sich diese Elemente im Laufe der Entwicklung ändern, kann der Komplex als Reaktion auf fortwährende Entwicklungsänderungen in der Geschlechteridentität und der Geschlechterfunktionen in jeder Gesellschaft verstanden werden. Geschlechterzuweisungen und Identifizierungen können sowohl männliche wie weibliche Elemente enthalten, aber soziale Geschlechtskategorien schließen sich gegenseitig aus. Die Inhalte, die man Animus oder Anima zuschreibt, können nie der enormen Bandbreite der Erfahrungen entsprechen, die man im Laufe eines

Lebens in seiner Identitätsentwicklung macht. Nennt man den Animus einfach nur »Logos« oder »Geist« und die Anima »Eros« oder »Seele«, so schränkt man das Verständnis für Erfahrungen mit diesen unbewußten Komplexen ein.

Ehe ich mich dem Schema der Animusentwicklung zuwende, das ich in meiner Praxis nützlich finde, möchte ich kurz auf eine Definition der Geschlechteridentität zu sprechen kommen, die aus Studien zur Sozialpsychologie stammt. Carolyn Sheriff hat ein entsprechendes Begriffssystem erarbeitet, das viele Aspekte des Geschlechterproblems umfaßt. Hier ein kurzer Abschnitt aus ihrer Arbeit über die Bedeutung von Geschlecht:

»Geschlecht ist ein Schema zur sozialen Kategorisierung von Menschen, und jede uns bekannte Gesellschaft besitzt irgendein Geschlechterschema. Jedes Geschlechterschema erkennt eine biologische Differenzierung an und macht damit gleichzeitig eine soziale Unterscheidung [...]. Die Geschlechterkategorien männlich/weiblich schließen sich gegenseitig aus, und zwar in dem Sinne, daß die soziale Zugehörigkeit zu einer der beiden die Zugehörigkeit zu der anderen unmöglich macht.«[20]

Sheriff hebt hervor, daß Geschlecht ein »Selbst-System« ist, das sowohl innere Konflikte und eine psychologische Beziehung zu gesellschaftlichen Kategorien als auch das Wissen um diese Kategorien mit einschließt.

Aufgrund meiner Arbeit in Kliniken bin ich allmählich zu der Überzeugung gelangt, daß Geschlechtervorurteile und -zuweisungen genauso wichtig für den Inhalt der Animus-/Anima-Komplexe sind wie zum Beispiel die persönlichen Beziehungen zu Mutter oder Vater. Manchmal ist der vorherrschende kulturelle Kontext sogar noch wichtiger als die persönlichen Beziehungen. Um es genauer zu sagen: Eine Frau, die in leitender Position unter männlichen Kollegen arbeitet, wird bestimmte Animusthemen haben, ganz gleich, ob ihr Vater ein gutes Rollenmodell lieferte und/oder sehr väterlich zu ihr war.

Wenn eine Frau ganz bewußt ihr Selbstverständnis als Frau, das heißt insbesondere ihre Selbstachtung, ändert, so entwickelt sie eine neue Beziehung zum Animus, und der Komplex nimmt neue Bilder auf. Die Entwicklung des Gefühls, eine eigenständige Person zu sein, ist immer eine »Selbst-Anderer-Entwicklung«, und zwar in dem Sinne, daß man auf sich selbst und den anderen reagiert und bei sich und ihm bestimmte Dinge voraussetzt. Mit anderen Worten, es gibt kein isoliertes Gefühl vom »Selbst« oder »Ich«, das sich außerhalb der Beziehung zum »Anderen« entfaltet. Das andere kann ein intrapsychischer Komplex oder ein anderer Mensch sein, aber der Zustand des »Andersseins« wird als unterschiedlich von dem des »Ich« erlebt. Folglich muß die Beziehung, die man zum Animus hat, und die Beziehung, die der Animus zum Selbst hat, als Entwicklung verstanden werden, innerhalb derer diese Beziehung verschiedene Formen und verschiedene Dynamiken haben kann.

Wenn ich mir in einer Psychotherapie überlege, welche entwicklungsmäßigen Veränderungen ein Klient möglicherweise durchlaufen könnte, sehe ich mir die gegenwärtig bestehenden zwischenmenschlichen Beziehungen im Leben des Betreffenden, die therapeutische Beziehung (als ein Modell für diese anderen Beziehungen), die offenkundigen Veränderungen in seiner Selbstachtung (anhand von äußerem Erscheinungsbild, Motivationen und Selbstdarstellungen) und die Veränderungen in seinen Träumen an.

Wenn wir in der Therapie versuchen, die vorherrschende bewußte Einstellung zu rekonstruieren, so ist das wichtigste Ziel die Integration der unbewußten Komplexe in das Bewußtsein. Erkennt man den Komplex und kennt auch seine Bedeutung, ist man imstande, darüber zu sprechen; und lernt man, seine Botschaft zu entschlüsseln, kann man dadurch das Gefühl für sein Selbst erweitern. Eine Frau kann ihren Animuskomplex projizieren, und sie kann sich auch damit identifizieren. In jedem Fall werden ihr seine Gründe und seine Bedeutung nicht zugänglich sein, wenn sie es unbewußt tut. Die Psychotherapie trägt nicht dazu bei, die Komplexe zu kontrollieren (sie sind rationaler Kontrolle nicht unterworfen), aber sie führt dazu, daß man sie versteht, so daß sie besser in die eigene Psyche integriert werden können; der Betreffende sieht sie dann nicht mehr in der äußeren Umgebung und in den anderen Menschen und nimmt ihnen dadurch etwas von ihrer Macht über die eigene Identität. Wenn jemand erkennt, daß er nichts von einem Killer an sich hat, auch wenn er sich manchmal so fühlt (und auch andere dies von ihm glauben), so ist es ein Schritt zur Erweiterung der bestehenden bewußten inneren Einstellung. Ein weiterer Schritt besteht darin zu verstehen, wann und warum man möglicherweise das Gefühl hat, man würde irgend etwas oder irgend jemanden töten können. Die Integration des Animus führt also zu größerer persönlicher Freiheit und zu tieferem Mitgefühl mit anderen.

Das hierin enthaltene Schema der Animus-Entwicklung ist die Grundlage, dank derer man bei einer Frau beurteilen kann, wie empfänglich sie für bestimmte Projektionen und Identitätszustände ist.[21] Dieses Schema wurde von Florence Wiedemann und mir entwickelt und war ein erster Versuch, den Veränderungsprozeß vom »Selbst« zum »anderen« in der Animus-Beziehung zu untersuchen, wie wir ihn in der Psychotherapie mit Frauen erlebt haben.

Im folgenden wird von den verschiedenen Phasen die Rede sein, die jeweils mit einem Traum veranschaulicht werden, denn sie demonstrieren sowohl das Wirken des Komplexes als auch, wie die Jung'schen Konzepte mit der feministischen Therapie in Einklang gebracht werden können. Nach der Vorstellung des Schemas werde ich den Unterschied zwischen einem Entwicklungsproblem des Animus und der Rolle der Hexe – so wie sie im negativen Mutterkomplex in Beziehungen zum Tragen kommt – erörtern. Wir haben kein vergleichbares Schema für die Anima-Entwicklung bei Männern; aber an den Anima-Bildern ist viel gearbeitet worden, sie können als Ergänzung zu den Ideen, die wir hier für die Frauen vorstellen, betrachtet werden.

Wir haben diese Phasen anhand von klinischen Erfahrungen, die wir mit Frauen in der Psychotherapie machten, erarbeitet, leiteten sie aber zudem auch aus den theoretischen Entwicklungsphasen ab, die aus strukturellen Entwicklungstheorien (wie Jane Loevingers Ich-Entwicklungs-Phasen-Theorie) stammen.[22] Obwohl noch nicht versucht worden ist, diese Phasen empirisch zu erforschen, ist die Phasenfolge der Selbst-Animus-Themen in der Klinikarbeit hilfreich gewesen und stimmt mit den Gefühlserlebnissen von Frauen überein. Ob Menschen der Phasenfolge genau entsprechen, ist weniger wichtig als ihre allgemeine Zweckmäßigkeit, wenn man über die Vergangenheit und die Zukunft beim Planen von therapeutischen Interventionen nachdenkt. Die Reihenfolge ermöglicht uns, besser zu verstehen, welche Vertrauensbasis ein Mensch mit in die Therapie bringt und welche wahrscheinlichen Veränderungen vorausgesehen werden können.

Fürs erste sollten diese Phasen als formelle oder strukturelle Phasen verstanden werden; jede hat ihre eigene innere Logik und Bildersprache. Theoretisch kann keine Phase übersprungen werden, da jede neue Orientierung auf all dem aufbaut, was zuvor gewesen ist. Obwohl diese Phasen chronologisch wirken, sind sie nicht an eine Chronologie gebunden: Menschen entwickeln sich nicht zwangsläufig, wenn sie älter werden. Wir können an irgendeinem Punkt des Lebenszyklus in unserer Entwicklung stehenbleiben, und wir können uns jederzeit auf eine frühere Anpassung zurückziehen – was wir in Belastungssituationen häufig tun. Die früheren Phasen kennzeichnen Muster, die im Zusammenhang mit dem Animus stehen und die für das Erwachsenenalter unreif wirken mögen, aber in einem bestimmten Lebenskontext dennoch anpassungsfähig sein können. Da zu den Idealbildern der weiblichen Geschlechteridentität auch Abhängigkeit und Mangel an Objektivität gehören, können Frauen selbst dann als Erwachsene für einen Lebenskontext anpassungsfähig bleiben, wenn sie kindliche Rollen spielen. Einige dieser früheren Phasen werden mit Pathologien wie Psychose und Persönlichkeitsstörungen assoziiert.[23]

Jede Phase der Animus-Entwicklung ist von Identitätskomplexen für das Selbst und für den Animus gekennzeichnet. Eine Person kann sich in einer besonderen Phase mit jedem der imagistischen Themen identifizieren. Bewußt oder unbewußt kann sie sich zwischen Animus und weiblichen Identitäten hin und her bewegen; das hängt in erster Linie davon ab, wie das interpersonale Feld die intrapsychischen Wirklichkeiten stimuliert. Der Animus – als Komplex – kann als ein affektgeladenes Schema verstanden werden, das aktiviert wird, wenn eine Frau sich auf Männer, Jungen, männliche Institutionen und das abstrakte »Männliche« in ihrem Leben bezieht und darüber bestimmte Phantasievorstellungen hegt.

Jede Phase wird hier anhand einer mythologischen Geschichte charakterisiert, mit Ausnahme der letzten, für die wir keine passende Geschichte haben. Alle Geschichten stammen aus der griechischen Mythologie, nicht weil die Griechen das für die weibliche Bildersprache geeignetste System gehabt hätten, sondern weil die griechische Mythologie das System ist, welches am besten bekannt ist und wahrscheinlich den größten Einfluß auf unsere jüdisch-christliche Kultur ausübt. Jedes Traumbeispiel, das hier vorgestellt wird, stammt von einer erwachsenen Frau, die älter als einundzwanzig ist und die in der Psychotherapie davon berichtete. Die Träume werden als Bilder oder Modelle für die mit jeder Phase verbundenen Gefühlszustände dargestellt.

Phasen der Animus-Entwicklung

Der Animus als Fremder, als anderer

Die Frau (oder das Mädchen) fühlt sich in einer Welt aufgenommen, wo Gleichheit mit der Mutter oder dem Weiblichen besteht. Sie ist als Mutter oder Tochter in eine mütterliche Beziehung oder in ein ähnliches Verhältnis zu einer Frau (oder mehreren Frauen) eingebunden. Die Kraft ihrer Identität und ihr Vertrauen liegen in der weiblichen Beziehung. Der Animus wird als fremd, primitiv oder aggressiv erlebt – zum Beispiel als Mörder, Vergewaltiger oder primitiver Mann. Die gefühlsmäßige Reaktion auf den Animus ist grundlegendes Mißtrauen.

Traumbeispiel: Jemand ist in dem schönen Haus, wo die Träumerin als Filmstar lebt, für mehrere Morde verantwortlich. Die Träumerin hat den Verdacht, daß es ein Mann ist, der groß und furchterregend ist. Sie sieht den Mann, der ihr angst macht. Seine Stirn hat Ähnlichkeit mit der eines Gorillas, und seine Augen huschen blitzschnell von einem Fleck zum anderen. Er selbst ist genauso verängstigt. Sie zwängt seine Arme in einen Kleiderbügel und schlägt ihn zwei- oder dreimal auf seinen Kopf. Sie sagt: »Ich weiß, daß Sie es sind«, und der Mann sagt: »Sie wußten, daß es nicht leicht sein würde.« Er versucht, seine Arme zu befreien, und dabei fließt eine Menge Blut. Sie stößt ihn in ein rundes Loch, das weit hinunterführt. Dann tritt ihr Vater zu ihr, und sie sagt: »Das ist ja wie ›Mission impossible‹ oder wie eine Situationskomödie.« Und sie hat Angst, mit ihrem Vater allein zu sein.

Geschichte: Der Raub der Persephone
Identitätsbilder: Persephone, Demeter, Hades

Der Animus als Vater, Gott, Patriarch

Die Frau hat das Gefühl, sie würde für die Welt des Animus, des Vaters oder der Männer geopfert. Sie kann eine typische »Vatertochter« sein und Eigenschaften vom Vater oder vom Animus der Mutter besitzen. Möglicherweise schützt sie abwechselnd die Mutter vor dem Vater oder den Vater vor der Mutter. Sie opfert ihre eigene Persönlichkeit, indem sie in irgendeiner Weise ständig um männliche Anerkennung ringt – entweder durch ihr Äußeres (schöne Prinzessin) oder durch Leistungen oder durch beides. In dieser Phase lebt die Frau entweder die Ambitionen aus, die ihr Vater für sie hegte, oder den Animus der Mutter – das heißt deren ungelebte Kreativität und Sexualität. Die Frau hat das Gefühl, ihr eigenes Wesen verloren zu haben und ihre Authentizität zu opfern oder sich einfach Beschränkungen aufzuerlegen, um sich für Männer annehmbar zu machen.

Ihr Äußeres oder ihre Leistungen (zum Beispiel gut aussehen oder Erfolg haben) sind wie eine unechte Hülle, die ihr falsches oder unzulängliches Selbst umgibt. Sie erlebt sich als eine Person, die versucht, den patriarchalischen Mächten zu gefallen. Das kann dadurch geschehen, daß sie »eine gute Frau und Mutter«, eine »Dame mit viel Sex-Appeal« oder »eine gute Studentin oder Mitarbeiterin« ist. Diese Hüllen sind dafür geschaffen worden, um den Anforderungen des Vaters, Gottes oder Königs gerecht zu werden – damit entspricht die Institution Mutterschaft den Anforderungen des Patriarchats, sie unterstützt die männliche Sphäre auf unterwürfige Weise. Irgendwie weiß die Frau, daß sie nicht »in ihrem eigenen Recht« lebt. Sie fühlt sich von den machtvollen männlichen Autoritäten »sanktioniert«, und ihr Verhalten ist oft von Angst und Schuldgefühlen in bezug auf ihren Animus geprägt. Wenn sie den größten Teil ihres Erwachsenenlebens in dieser Phase verbleibt, kann sie depressiv und apathisch werden, da sie das Gefühl hat, niemand könne ihr wirkliches Selbst retten, das verloren oder entstellt ist.

Traumbeispiel: Die Träumerin steht in der Tür des Bauernhauses, in dem sie lebt. Sie schaut durch die Fensterscheibe auf den Garten des Anwesens. Ihre beste Freundin steht vor ihr, zwischen ihr und dem Fenster. Draußen herrscht ein malvenfarbener, unheimlicher Nebel. Der Nebel bewegt sich, und etwas davon verbindet sich zu einer riesigen, geisterhaften Form. Die Form kommt aus der Ferne auf die Träumerin und ihre Freundin zu. Sie ist ungeheuer groß und furchterregend. Kurz bevor sie sie umzingelt, sagt eine Stimme: »Das Schicksal ist ein Mann.« Die Freundin fällt tot um. Die Träumerin erwacht, unmittelbar ehe die Form bei ihr anlangt, denn sie weiß, daß auch sie sterben wird.

Geschichte: Pandora

Identitätsbilder: Pandora, Zeus, Hephäst

Der Animus als junger Mann, Held, Geliebter

Die Frau hat das Gefühl, daß sie sich dem Animus hingibt. Sie tut es aus eigenem Antrieb und hat nicht so sehr das Empfinden, geopfert zu werden; sie hat eher den Eindruck, sie ginge aus freien Stücken eine Beziehung ein. Sie kann sich einem Mann oder auch einer von Männern geleiteten Institution hingeben (zum Beispiel einer Universität); es kann aber auch ein Ideal oder eine Religion sein. Sie fühlt sich gern mitgerissen und schließt sich freiwillig häufig der Meinung eines anderen an. Das Anfangsstadium dieser Phase ist oft von unpersönlichen Beziehungen mit Gruppen oder Männercliquen (in Traumbildern oder im Wachleben) gekennzeichnet. Diese Männer erinnern an die »Sohn-Geliebten« der Große-Mutter-Figuren. Anfänglich fürchtet sich die Frau sehr davor, eine »Todesheirat« einzugehen oder allzuschnell im Dunkeln zu verschwinden. Doch schließlich fühlt sie sich bestätigt und durch den Animus vervollkommnet, wenn sie eine richtige Partnerschaft eingegangen ist.

Doch ihre Identität als Frau ist noch unvollkommen und in hohem Maße vom Animus geprägt. Insbesondere ihr Gefühl für Kompetenz und Autorität wird auch weiterhin von den Wertungen anderer Männer abhängen, da sie anerkannt werden muß, um sich selbst achten zu können. Am Ende steigt Zorn in ihr hoch, wenn sie sich über die verschütteten weiblichen Aspekte ihres eigenen fraulichen Selbst (und das der Frauen um sie herum) klar wird. Sie ist mit einer Wut konfrontiert, die von den großen Rachegöttinnen – wie den Furien – verkörpert wird. (Die Frau zieht sich an diesem Punkt möglicherweise auf Phase 1 zurück, und zwar entweder auf immer oder für eine gewisse Zeit. Ein zeitweiliger Rückzug scheint für die weitere Entwicklung oft notwendig zu sein.)

Traumbeispiel: Die Träumerin hat einer anderen Frau ihren Geliebten, einen jungen Mann, weggenommen. Die beiden küssen sich leidenschaftlich. Er hebt sie hoch. Er sieht nicht so aus wie gewöhnlich (im Wachleben), er ist größer und stattlicher. Er fühlt sich sehr stark, und dies scheint großen Eindruck auf die anderen Leute zu machen. Die Gruppe dieser Menschen ist allmählich immer größer geworden, und sie schauen den beiden schweigend zu. Die Träumerin und ihr Geliebter schicken sich nun an, als Paar wegzugehen, aber ehe sie es tun, nimmt die alte Tante der Träumerin ihre Perücke ab und zeigt ihr darunterliegendes verfilztes Haar.

Geschichte: Amor und Psyche

Identitätsbilder: Psyche, Amor, Venus

Der Animus als Partner im Innern

Die Frau erlebt sich neuerlich als Mitglied der menschlichen Gemeinschaft. Sie hat ihr Bewußtsein als starke und kompetente Frau wiedergefunden und hat das Gefühl, mit neuer Kraft wiedergeboren zu sein. Alles, was sie zuvor in bezug auf die Autorität und die Kompetenz in sich selbst passiv ausagierte oder projizierte, erlebt sie nun bewußt und kann eigenständig damit umgehen. Sie ist in ihrer Arbeit und in ihren Beziehungen auf eine Weise engagiert, die sie als vollkommen neu und aufregend erlebt. Sie spürt ihre eigene Handlungsfähigkeit, ohne sich um ihre Anerkennung und Wertschätzung von Männern oder anderen Autoritätsfiguren Sorgen zu machen. Sie ist imstande, sich und andere Frauen realistisch und in einem weitreichenden gesellschaftlichen Kontext zu sehen. Vielleicht zum ersten Mal kann sie sich in die Abhängigkeitsbedürfnisse der Frauen und ihre kompensierende Kontrolle (die sie zuvor verabscheute) einfühlen. Sie lenkt ihre Aufmerksamkeit mehr auf das »typische Frauenleben«, und dies oft, indem sie andere Frauen unterstützt und Freundschaften mit ihnen pflegt und sich um vernachlässigte Aspekte ihrer eigenen Person kümmert.

Traumbeispiel: Die Träumerin steigt eine sehr steile Klippenwand hinauf. Überall ist Sand, so daß sie, wenn sie die Hand ausstreckt, um sich hochzuziehen, in loses, bröckelndes Gestein faßt. Endlich findet sie heraus, wie man hinaufkommt, und sie erreicht ein Plateau. Der Sand ist ockergelb, und zuerst ist sie angewidert von der Farbe. Sie haßt die Farbe geradezu, da sie die furchtbaren Mühen des Aufstiegs haßt und diesen Ort nie wieder sehen möchte. Als sie an der Spitze anlangt, stehen dort ihre Eltern und außerdem eine riesige weibliche Figur. Die Figur ist aus demselben Sand, nur scheint er jetzt schön und goldfarben zu sein. Die Träumerin sagt: »Ich glaube, die Figur war riesig, und ich glaube, das war ich.«

Schauplatzwechsel: Die Träumerin befindet sich in einer Szene der Fernsehserie *Bonanza*. Sie ist ein schönes Mädchen, das gewöhnlich in einem Tanzlokal auftritt, das nun aber – im Zentrum der Stadt – gelyncht wird. Sie hängt – bei vollem Bewußtsein – an einem Gerüst aus verkohltem und verbranntem Holz. Little Joe rettet sie, bindet sie los und hebt sie auf. Er trägt sie zu einem Hotel und fragt nach zwei Zimmern. Die Träumerin hört ihm aufmerksam zu, um herauszufinden, ob er sie als Mensch respektieren und nach getrennten Zimmern fragen wird, anstatt vorauszusetzen, daß sie intim miteinander werden. Sie ist glücklich, als sie merkt, daß er sie respektiert. In der letzten Episode des Traumes entdeckt die Träumerin, daß sie zum Teil männlichen Geschlechts ist – daß sie vielleicht sogar einen Penis hat –, und sie registriert dies mit Neugier und Interesse. Sie hatte vorgegeben, es nicht zu wissen.

Geschichte: Ariadne und Dionysos
Identitätsbilder: Ariadne, Theseus, Dionysos, Minotaurus

Der Animus als androgynes Wesen

Diese Ausnahmefrau erlebt sich als vollständig integriert, in dem Sinne, daß sie »vollkommen menschlich« ist; das bezieht sich einerseits auf ihre Kompetenz und Selbstachtung und andererseits auf ihr Mitgefühl und ihr lebendiges und intensives Gefühlsleben. Sie hat ein objektives Verständnis für Männer und Frauen in einem weitreichenden gesellschaftlichen Kontext. Sie hat einen eigenständigen Stil in punkto Arbeit und Beziehungen entwickelt. Sie knüpft mühelos Kontakte zu Männern wie zu Frauen. Gleichzeitig weiß sie um die Grenzen menschlicher Beziehungen und erkennt einen Konflikt als natürlichen Bestandteil des menschlichen Lebens an. Mit Humor und Phantasie schafft sie sich einen Lebenskontext, in dem sie mit anderen Menschen verbunden ist und in dem ihr Bedürfnis nach Selbstachtung befriedigt wird.

Traumbeispiel: Die Träumerin arbeitet in einem Selbsthilfezentrum für Frauen, wo sie aktiv an Projekten beteiligt ist, die allen Frauen zugute kommen. Sie fühlt, daß ihre Energie wesentlich zum Wohlbefinden der Organisation beiträgt.

Jemand bringt ihr ein Geschenk, einen dürren, alten Kiefernzweig, der ihr recht feierlich überreicht wird. Die Träumerin richtet ihre Gedanken auf den Zweig, da sie unbedingt wissen will, warum er so kostbar ist. Sie ahnt, daß sie den Zweig auf psychokinetische Weise bewegen kann – ohne ihn zu berühren. Sie tut es, und der Zweig beginnt, leicht hin- und herzuschaukeln, so, als ginge ein leiser Wind. Die Träumerin erkennt, daß das Geschenk

Dinge zum Bewegen bringt, ohne sie mechanisch anzustoßen und ohne gewöhnlichen Kausalzusammenhang. Sie bemerkt, daß sie auf diese Weise jeden Gegenstand, den sie aussucht, bewegen kann. Doch denkt sie, daß dieses Geschenk keinen Zweck hat, wenn es nicht irgendeinem Ziel dient. Denn was ist damit gewonnen, daß man mit Hilfe der eigenen psychischen Kraft beliebig Dinge bewegen kann? Augenblicklich kann sie den potentiellen Mißbrauch oder die potentielle Bestechlichkeit dieser Art von Macht ahnen.

Sie spricht mit einem Physiker über das Phänomen der Psychokinese. Er kommt bei ihr vorbei, um sich von ihrer Fähigkeit zu überzeugen. Er sagt sehr feierlich zu ihr – wie ein alter weiser Mann –, daß sie da eine große Begabung hat und daß diese »der organische Wille« genannt wird. Es ist ein Wille, der – auf einem submolekularen Niveau – vom Bewußtsein herrührt. Der Wille zwingt den Neutronen, Protonen und Elektronen neue molekulare Strukturen auf, was einer Umwandlung der Materie gleichkommt. Folglich ist das, was auf der Ebene der phänomenalen Welt wie eine Bewegung aussieht, eine Umwandlung der Materie durch den organischen Willen. Die Träumerin ist sehr beeindruckt und wacht auf.

Geschichte: unbekannt

Identitätsbilder: alter weiser Mann, alte weise Frau, androgynes Wesen, mitleidiges Wesen

Wie an früherer Stelle bereits erwähnt, sind diese Entwicklungsphasen eher das Ergebnis eines Experiments als ein empirisch fundiertes Paradigma. Sie wurden erarbeitet, um eine Darstellung oder einen Leitfaden für eine breite Skala von Animusbildern und Erfahrungen im Leben von Frauen bereitzustellen. Wir haben herausgefunden, daß dieses Schema dabei hilft, einige grundlegende Merkmale zu unterscheiden, die unausgesprochene – und vielleicht unbewußte – Ansichten von Frauen über Männer und männliche Institutionen betreffen. Ebenso sind wir der Meinung, daß es ein nützlicher Leitfaden für die Beurteilung der Selbstachtung einer Frau ist. Wenn eine Frau sich vom Blickwinkel des Animus aus betrachtet, verrät sie, inwieweit sie imstande ist, sich selbst wertzuschätzen.

Ein wichtiges Charakteristikum des Schemas ist seine Nützlichkeit bei der Unterscheidung zwischen gewohnheitsmäßigem und eingebildetem psychologischen Verhalten einer Frau (in ihrer Beziehung zu ihrem männlichen Partner). Wenn ein Paar die Rollen von Hexe und Held – oder Hexe und Tyrann – im negativen Mutterkomplex ausagiert, so ist die Frau von ihrer Entwicklung her möglicherweise an die Hexenhaltung gewöhnt. Der Erfolg in der Paartherapie hängt oft von der genauen Beurteilung der Entwicklung eines jeden Partners ab. Wenn einer der Partner primär aus der ersten Phase heraus reagiert, kann eine Paartherapie nicht geeignet sein.

Wenn die Frau sich zum Beispiel im allgemeinen am »Animus als dem Fremden« orientiert, wird sie in der Psychotherapie eine spezielle Hilfe benötigen, die über die Paarberatung hinausgeht. Tatsächlich bleibt Paararbeit oft dann ohne Wirkung, wenn die Frau aus Gewohnheit in der ersten Phase der Animusentwicklung verharrt, da keine Basis für das Urvertrauen in den männlichen Partner besteht. Die Beziehung zu ihrer Mutter oder zu anderen Frauen ist dann von Abhängigkeit, ja Verschmelzung gekennzeichnet. Selbst mit der Hilfe der Therapeuten ist eine solche Frau oft unfähig, etwas über die metaphorische Bedeutung ihres Mißtrauens gegenüber Männern im allgemeinen und gegenüber ihrem Partner im besonderen zu sagen. Sie ist noch nicht in angemessener Weise in der Lage, »formale Denkoperationen« (um Piagets Begriff zu verwenden) durchzuführen, und kann deswegen nicht wirklich über ihre eigenen Gedanken und Gefühle nachdenken. Sie hat kein kontinuierliches Identitätsgefühl für Vergangenheit, Gegenwart und Zukunft. Eine solche Frau ist vollkommen unfähig, zwischen sich und anderen zu unterscheiden; darum »denkt« sie »für andere«, »liest« ihre Gedanken, unterbricht häufig und interessiert sich sehr für die Gespräche anderer Menschen, wenn sie Belange ihrer eigenen Identität berühren.

In punkto Objektbeziehungen hat sie keine solide Objektkonstanz erreicht und ist folglich nicht in der Lage, an eine kontinuierliche, solide Existenz von sich selbst und dem anderen zu glauben. Sie macht sich Sorgen wegen ihres Selbstwertes und ihrer zwanghaften Kompensationen für ihre Angst, wertlos zu sein. Häufig verwechselt sie in einer Sitzung metaphorische und wörtliche Aussagen. Beispielsweise weist der Therapeut darauf hin, daß ihr Ehemann ihr nicht zugehört habe, als sie eben etwas sagte, worauf die Frau antwortet: »Doch, er hat mich gehört.« Die Klientin hat den Unterschied zwischen der symbolischen Bedeutung des Zuhörens (welches das Einfühlen eines Menschen in den Standpunkt des anderen mit einschließt) und dem bloßen Vernehmen der Worte nicht verstanden. Eine solche Klientin benötigt Unterstützung durch eine Einzeltherapie. Sie muß soziale Fähigkeiten und ein sicheres Gefühl für ihren Selbstwert in ihrer Paarbeziehung bekommen.

Ein Mann, der primär aus der Tyrannenhaltung heraus agiert, kann Entwicklungsschwierigkeiten aufweisen, die darauf hindeuten, daß ihm eine relativ frühe Entwicklungsphase zur Gewohnheit geworden ist. Obwohl wir kein Schema für die Anima-Entwicklung von Männern erarbeitet haben, könnten wir zum Beispiel Loevingers Ich-Entwicklungsschema verwenden, um das Verhalten eines solchen Mannes als »impulsiv« oder »selbstschüt-zerisch« zu beschreiben.[24] Er hat gewöhnlich ähnliche Probleme mit der Objektkonstanz, mit formalen Gedan-kenoperationen und einem geringen Selbstwertgefühl, ob-wohl der Inhalt seiner Projektionen und die affektiven Themen andere sind. Normalerweise haben die Hauptthe-men der gewohnheitsmäßigen Tyrannenhaltung mit einer tiefsitzenden, aber verborgenen Verletzlichkeit und einer ausgeprägt »machohaften« Abwehrhaltung zu tun. »Ohn-mächtiger Zorn« ist der Ausdruck, der in einer Therapie mit diesem Typ von Mann am häufigsten in Zusammen-hang gebracht wird. Er ist für seine Familie gefährlich, da er zu Mißbrauch, Aggressivität und allen Arten impulsi-ven Verhaltens neigt (von Alkoholismus bis hin zu Dieb-stahl und anderen kriminellen Akten).

Der Therapeut muß dann die beide Partner betreffende Entscheidung fällen, ob die Entwicklung des einen Klien-ten das Urvertrauen in den anderen Partner ermöglicht hat, welches in die Arbeit an der Beziehung eingebracht werden kann. Wenn Partner in einer Beziehung den nega-tiven Mutterkomplex ausagieren, können sie von Zeit zu Zeit wie Hexe und Tyrann wirken, insbesondere wenn sie sich gegenseitig angreifen. Wenn diese Rollen jedoch für sie keine gewohnheitsmäßigen Haltungen sind, werden sie in der Lage sein, sich im Beisein des Therapeuten anders zu verhalten, und die therapeutischen Interventionen in der Paarsitzung dazu verwenden, um über sich selbst nachzudenken und ihr Benehmen zu ändern. Sind jedoch Entwicklungsprobleme vorhanden, werden sie auch mit der Hilfe des Therapeuten nicht imstande sein, aus der Hexen- oder Tyrannenorientierung herauszufinden. (Da-zu weitere Erläuterungen im sechsten Kapitel.)

Wenn der Therapeut an der Veränderung der gegenwär-tig vorherrschenden bewußten Einstellung arbeitet, muß er sich über die Voraussetzungen klar sein, die der Klient mitbringt. Er muß die individuelle Entwicklung des Klienten sowie seine kulturbedingten Vorurteile kennen. Im allgemeinen umfassen die Therapieziele, von denen mein Ko-Therapeut und ich uns leiten lassen, Sinngebung, Empathie und Motivation. Von meiner feministischen Warte aus schenke ich dem geringen Status der weiblichen Geschlechteridentität in unserer Gesellschaft immer besondere Beachtung. Als Jungianerin beobachte ich alle symbolischen Ausdrucksformen der menschlichen Emotionen innerhalb des intrapsychischen und interpersonalen Feldes mit großem Interesse. Diese beiden Denksysteme leiten uns, wenn wir Entscheidungen über Therapieziele und über unsere zukünftigen Interventionen fällen.

Individuation als Entwicklungsmodell

Der drittwichtigste Beitrag der Jung'schen Psychologie für die Psychotherapie ist der Gedanke der Individuation (Selbstwerdung) als einer im Laufe des Lebens erfolgenden sukzessiven Integration der unbewußten Komplexe in das persönliche Bewußtsein. Auch dieser Beitrag ist mit der feministischen Therapie vereinbar, da er auf der Annahme beruht, daß der menschlichen Persönlichkeit Bisexualität und Ganzheit eigen sind. Jung unterstrich immer wieder, daß die Aufgabe der Individuation in der zweiten »Hälfte« des Lebens darin bestehen sollte, die Einseitigkeit der erste »Hälfte« auszugleichen (ich verwende Anführungszeichen, um deutlich zu machen, daß die »Hälften« nicht notwendigerweise chronologische Zeitperioden sind, sondern sich auf die Vervollständigung der Persönlichkeit des Individuums beziehen). Im beson-

deren war Jung der Meinung, daß Männer ihre verdrängten weiblichen Aspekte – die Anima – in ihre persönliche
Identität integrieren müßten, wohingegen Frauen den
Animus, ihre verdrängten männlichen Aspekte, zu integrieren hätten.

Die erste Individuation der Persönlichkeit, die zwischen
der frühen Kindheit und dem Erwachsenenalter stattfindet, umfaßt die sukzessive Integration der unbewußten
Komplexe (»Mächte dort draußen«) – die wir in bezug auf
Eltern (Vater- und Mutterkomplexe) und Götter (Gott-,
König- und Patriarchkomplexe) haben – in ein Gefühl für
das Selbst. Ziel der ersten Individuation ist es, persönliche
Handlungsfähigkeit, Verantwortlichkeit und Identität zu
erlangen. Ein Mensch, der als Erwachsener eine hinrei-
chend ausgeprägte Identität besitzt, fühlt sich in ausrei-
chendem Maße stark, wertvoll und nützlich für andere und
die Gesellschaft. Ein solcher Mensch hat das Urvertrauen,
daß auch andere Menschen, insbesondere der Ehepartner,
dieselbe Entwicklungsstufe erreicht haben.

Eine grundlegende Annahme der Individuationstheorie
von Jung besagt, daß in der menschlichen Persönlichkeit
nie eine vollkommene Einheit erreicht wird. Obwohl
diese Einheit ein universelles Bestreben ist und die gene-
relle Möglichkeit dafür besteht, ist das tatsächliche Verhalten der meisten Menschen eine Mischung aus persönlichen, intentionalen und rationalen Handlungen mit
unbewußten Komplexen oder Persönlichkeitsanteilen, die
nicht vollständig in das Bewußtsein integriert sind. Wenn
man mit Paaren arbeitet, ist es sehr wichtig, ihnen bewußt
zu machen, daß sie in ihrem Verhalten nicht immer intentional – das heißt zweckbestimmt – sind. Oft sind ihre
Mitteilungen, insbesondere in Konfliktsituationen, mit
nichtrationalen, unbewußten Bedeutungen erfüllt, die sich
um das Feld eines Komplexes herum gruppieren.

Während der Individuationsprozeß, der sich über das ganze Leben erstreckt, von einem ständigen Streben nach Einheit, Kohärenz und Ganzheit gekennzeichnet ist, kämpfen Menschen in ihrem gewöhnlichen Alltag darum, ein kontinuierliches Gefühl für ihr Sein und Tun, für ihre Identität und Handlungsfähigkeit zu bewahren. Im Laufe des Lebens entwickelt sich die Persönlichkeit, indem sie eine persönliche Bedeutungssphäre integriert, die von Verantwortlichkeit, Intentionalität und Selbstbewußtsein begleitet wird. Wenn dieses Gefühl, ein erwachsener Mensch zu sein, sich gefestigt hat, besteht die nächste Entwicklungsaufgabe darin, das eigene Sein zu relativieren.

In der zweiten »Hälfte« des Lebens entwickelt sich der Mensch dann, indem er die Bedeutung von Begrenzung und Verlust, von Unzulänglichkeit und Angst in sich selbst und im anderen erkennt und integriert. Dieses Relativieren der früheren Anpassung, das durch die Integration und Transzendenz des persönlichen Verlustes und durch die Entwicklung einer umfassenderen Bedeutung des eigenen Lebens erreicht wird, kann sich in einer religiösen Orientierung, einem Ziel, das über die eigenen individuellen Wünsche hinausgeht, oder dem Verständnis für das menschliche Leben in einem weitreichenderen gesellschaftlichen Kontext äußern.

Das Annehmen der Hexe oder das Konfrontieren der verdrängten Aspekte der eigenen Persönlichkeit (oft, indem sie auf den Partner projiziert werden) ist eine Möglichkeit, sich den ersten Schritt der Individuation im mittleren und späteren Erwachsenenalter vorzustellen. Wenn Paare unter dem negativen Mutterkomplex leiden und ihre Bindung großenteils davon geprägt ist, riskiert jeder Partner einen wichtigen Verlust: Gemeinsam sehen sie dem potentiellen Verlust ihrer Partnerschaft ins Auge. Der

Mann läuft Gefahr, seine Frau, seine Kinder, seine Chance, ein vertrautes und geschätztes Mitglied seiner Familie zu sein, und seine Beziehung zum eigenen Innenleben zu verlieren. Die Frau muß bedenken, daß sie möglicherweise auf die Beziehung mit ihrem Ehemann, die Möglichkeit, ihre eigene weibliche Geschlechtsidentität wiederzubeleben, und die Chance, eine vollständig autonome, lebendige erwachsene Frau zu werden, zu verzichten hat. Erkennen die Partner den möglichen Verlust, so ist dies häufig ein Schock für sie, der sie motiviert, an den inneren Problemen zu arbeiten, die zur Stagnation in der Beziehung geführt haben.

Voraussetzung für eine weitere Individuation an diesem Punkt ist, daß jeder Partner seine individuelle Entwicklungsaufgabe erkennt. Jeder muß das Bedürfnis nach einer grundlegenden Veränderung haben und auch erkennen, daß nicht einfach der Partner oder die Situation es sind, die sich ändern müssen.

Für beide Partner schließt das Annehmen der Hexe die Neubewertung des Weiblichen in sich und bei anderen Menschen mit ein. Auch wenn es widersinnig erscheinen mag: Damit die Frau eine wirklich partnerschaftliche Beziehung zu ihrem eigenen verdrängten Männlichen – dem Animus – entwickeln kann, muß sie ihre eigene Weiblichkeit schätzen lernen. Diese Neubewertung des Weiblichen erfordert das Integrieren der eigenen Autorität und des eigenen Wertes, was dadurch geschieht, daß sie ihre Fähigkeiten und ihre Kompetenz in den Bereichen Betreuung und menschliche Beziehungen geltend macht. Für den Mann bedeutet die Neubewertung des Weiblichen normalerweise, daß er nun zu seiner eigenen Abhängigkeit, seinen Bedürfnissen und Gefühlen steht. Eine Arbeit mit Paaren, die auf das Annehmen der Hexe hinzielt, beginnt gewöhnlich mit der schockierenden Konfrontation mit dem – potentiellen – Verlust, die manchmal von den Therapeuten angeregt wird. Wenn das Urvertrauen in einer Paarbeziehung bedroht ist und wenn Groll, Frustration und Verzweiflung eine Zeitlang überwogen haben, geben sich die Partner gewöhnlich ihrer Hoffnungslosigkeit hin und sind nicht motiviert, an inneren Problemen zu arbeiten. Wenn jedoch durch die Arbeit an der bestehenden bewußten Einstellung der drohende Verlust ins Bewußtsein gerückt wird, kann die notwendige Motivation zurückgewonnen werden.

Konkurrierende Realitäten im interaktionellen Feld

Der vierte wichtige Beitrag der Jungschen Psychologie bezieht sich auf die miteinander konkurrierenden, legitimen Wirklichkeiten im interaktionellen Feld. Jung erkannte, daß Kommunikation und Ausdruck von miteinander wetteifernden Realitäten bestimmt werden – und zwar innerhalb der intrapsychischen Interaktion der Komplexe wie auch innerhalb der interpersonalen Interaktion von Menschen. Die rationale, narrative Ausdrucksform ist nur eine Kommunikations- oder Denkform und nicht die einzig legitime. Unbewußte und nichtrationale Wirklichkeiten müssen nicht in rationale Formen umgewandelt werden, um verständlich zu sein. Jung bestand auf der »Intelligenz« des unbewußten Denkens und der Notwendigkeit, bewußte und rationale Gedanken durch unbewußte Bilder zu kompensieren. Der Gedanke, daß zwischen den bewußten und den unbewußten Komplexen eine Art Zusammenwirken besteht und die Persönlichkeit nicht durch das Ich-Bewußtsein beherrscht wird, bildet den Kern von Jungs Psychologie. Besonders von der feministischen Perspektive aus betrachtet, macht dieser Gedanke die Welt der menschlichen Kommunikation offen für sämtliche legitime Denk- und Ausdrucksformen, die nicht rational sind. Bilder, Gesten und Emotionen sind Wege der Kommunikation, die ihre Berechtigung haben; sie können bedingungslos verstanden werden, ohne daß man sie in rationale Formen überträgt.

Die feministische Theorie hat sich immer dagegen ausgesprochen, rational-empirische Formen auf alle menschlichen Ausdrucksformen anzuwenden. Der Druck, sich den männlich geprägten Wissenschaften anzupassen, hat zu einer subtilen Art der Unterdrückung geführt, bei der »Sinn machen« immer mit »rational sein« – wenn nicht sogar mit »empirisch sein« – gleichgesetzt wird. Doch symbolische, imagistische, gestische und emotionale Ausdrucksformen unterscheiden sich von rationalen und empirischen Methoden und können nicht auf diese reduziert werden.

Jungs Psychologie liefert ein begriffliches Rahmenwerk zur Darstellung des interaktionellen Feldes. Von Jung und Harry Stack Sullivan habe ich gelernt, den drei verschiedenen, miteinander konkurrierenden Realitäten in allen Formen der menschlichen Kommunikation Beachtung zu schenken. Zu unterschiedlichen Zeiten wird die eine oder andere dieser Realitäten höchst nützlich sein, wenn es darum geht, bestimmte Phänomene zu deuten. Die folgenden kurzen Beschreibungen dieser Realitäten führen je eine Ausdrucksform (oder Dimension) der interpersonalen und intrapersonalen Realität vor, gemäß der Jungschen Psychologie. Um zu erläutern, inwiefern sich Jungs und Sullivans Theorien ergänzen, nehme ich hier bereits einige Begriffe von Sullivan auf, die Jungs Beschreibungen entsprechen. Diese Konzepte leiten mich bei meiner Arbeit mit Paaren und Einzelpersonen, insbesondere, wenn ich sie lehre, wie sie auf nichtrationale Mitteilungen reagieren können.

Der Archetyp als solcher (vergleichbar mit Sullivans *prototaktischer Realität*):

Grundlegende ordnende Tendenzen oder Prädispositionen zum Ausdruck menschlicher Instinkte in emotionalen Kommunikationsformen. Archetypen kommen in Gesten zum Ausdruck (zum Beispiel Lächeln, Greifen, Saugen), ferner in körperlichen Verfassungen (zum Beispiel Spannung und Erschöpfung) und in Bewegungen (zum Beispiel Wiegen, Streicheln, Hin- und Herschwanken). Diese archetypischen Ausdrucksformen, die während des ganzen Lebens typische menschliche Interaktionen begleiten, werden in den überlieferten Geschichten aller Kulturen dargestellt und scheinen in Mythen und in Religionen, in der Literatur und der Kunst auf.

Der archetypische Komplex (vergleichbar mit Sullivans *parataktischer Realität*):

Integrierte Sammlung von Bildern, Vorstellungen, Handlungen und Gefühlen, die um die Archetypen herum gruppiert sind. Komplexe können mit »affektiven Schemata« oder vereinheitlichten Denk- und Handlungsschemata verglichen werden, die gewöhnlich um bestimmte Bedeutungen herum, wie sie Mutter, Kind und Vater verkörpern, ausagiert werden. Komplexe werden als Stimmungen oder Reaktionen auf Reize und in symbolischen oder ritualistischen Handlungen erlebt und werden Bedeutungen zugeordnet. Sie motivieren auf nichtrationale Weise und zwingen das Individuum, etwas zu sein oder zu tun. Komplexe spiegeln sich in den Träumen als Menschen, als

Aspekte von Menschen, als andere Traumgestalten oder auch als Teile des Traumumfeldes wider. Sie sind nichtpersönlicher Natur, stammen aus universellen Themen der menschlichen Gesellschaft und sind mit einem Inhalt erfüllt, der teilweise aus dem früheren und gegenwärtigen Lebenskontext des Menschen herrührt. Komplexe sind ganz sicher von den Interaktionen mit anderen Menschen beeinflußt, aber sie sind auf eine Weise instinktbesetzt, die alle Menschen verbindet. Archetypische Komplexe sind unbewußt oder teilweise bewußt. Sie werden als Eingriffe in die gewöhnliche persönliche Realität erlebt und nur nach eingehender Überlegung als vertraut empfunden. Erlebt man einen archetypischen Komplex, so hat man oft das Empfinden, sich selbst fremd zu sein: Man fühlt sich »neben sich«. Komplexe können in bezug auf nichtrationale, symbolische Ausdrucksformen und Bedeutungssysteme interpretiert werden. Man kann sie verstehen, indem man die Mythologeme von überlieferten Geschichten und Kulturprodukten studiert, die sich mit typischen Aspekten des menschlichen Lebens beschäftigen.

Die persönlichkeitsbewußte Realität oder der Ich-Komplex (vergleichbar mit Sullivans *syntaktischer Realität*):

Das Zentrum der Subjektivität und die Neigung, in seinen Erfahrungen nach Kohärenz zu streben, was als »Ich« und Selbst in einem Körperschemafeld, in Gefühlen und Handlungen ihren Ausdruck findet. Die persönliche Realität entwickelt sich nach den Grundprinzipien Sein (Identität) und Tun (Wirksamkeit). Die Merkmale des Menschseins entstehen – und werden verinnerlicht –, wenn der Mensch auf eine Art und Weise agiert, die andere als »persönlich« erkennen (zum Beispiel, indem er eine Identität beansprucht, intentional handelt und sich seiner selbst bewußt ist). Diese Realität wird in narrativen, historischen und rationalen Formen als »Lebensgeschichte« eines Menschen ausgedrückt. Obwohl die Erfahrung der persönlichen Realität subjektiv, intentional und rational ist, ist ihre Form auch ein Komplex: Sie ist eine Sammlung von Bildern, Affekten, Vorstellungen und gewohnheitsmäßigen Handlungen.

Der persönliche Komplex kann als gleichbedeutend mit der Selbst-Identität oder dem Ich gesehen werden; bezeichnet man ihn als »persönlich« anstatt als etwas Abstrakteres – wie zum Beispiel das Ich – trägt dies dazu bei, ihn als Person mitten in den gesellschaftlichen Bereich der Selbst-Anderer-Entwicklung zu stellen. Da dieser Komplex als persönliche Realität erlebt wird und durch den gesellschaftlichen Kontext, in dem man »Mensch-unter-Menschen« ist, verstärkt wird, so schließt sein Ausdruck eine Art der Kommunikation mit ein, die sich vollkommen von jenen archetypischen Komplexen unterscheidet, die gewöhnlich weniger bewußt sind.

Der Animus ist ein *archetypischer Komplex* – die andere Seite der persönlichen Geschlechteridentität einer Frau. Indem eine Frau sich bewußt mit bestimmten Eigenschaften und Aspekten des Menschseins identifiziert, schließt sie andere als »männlich« oder »maskulin« aus. Diese anderen wirken als unbewußter Komplex, der einerseits auf die anderen projiziert, aber auch innerhalb der Frau erlebt wird. Eine ähnliche Situation besteht für die bewußte Identität eines Mannes und den Animakomplex.

Indem man zwischen archetypischer und persönlicher Realität unterscheidet, kann man Menschen dabei helfen, Anspruch auf das zu erheben, was persönlich oder innerhalb ihrer Verantwortung, Intentionalität und Identität ist, und zu akzeptieren, was archetypisch oder essentiell menschlich ist. Beispielsweise sind Trennungsangst und Angst, »verschlungen« zu werden, Gefühle, die mit dem negativen Mutterkomplex und dem Archetyp der grundlegenden Zuneigung (Große Mutter) in Zusammenhang gebracht werden; es sind keine Gefühle, die der persönlichen Kontrolle unterliegen, sondern sie werden als Teil eines Komplexes ausagiert, wenn man es mit einem anderen Menschen oder mit einem anderen Aspekt der eigenen Persönlichkeit zu tun hat. Wenn ein Mensch einen Komplex von der persönlichen Realität unterscheiden kann, hat er weniger Mühe, einen anderen Menschen als »normal« zu sehen (anstatt zum Beispiel als Zauberin, böse Frau oder Hexe) und auch sich selbst als normalen Menschen zu empfinden. Komplexe müssen als etwas verstanden und erkannt werden, das zu den menschlichen Beziehungen dazugehört, und nicht als Fehler der persönlichen Realität.

Mein Ziel in diesem Kapitel war es, Jungs Psychologie mit dem Feminismus zu verbinden und zu zeigen, wie sie in den feministischen Ansatz in der Psychotherapie aufgenommen werden kann. Auch habe ich hier die Begriffe erklärt, die ich in meiner Erörterung der Paarbeziehungen verwenden werde. Als Therapeuten benötigen wir ein einheitliches Modell für die Beurteilung menschlicher Handlungsweisen innerhalb des Bezugssystems von Bedeutung, Empathie und Motivation. Jungs Beiträge sind in zweierlei Hinsicht wichtig: Sie geben uns eine Orientierung bei der Arbeit an der Veränderung bestehender Einstellungen gegenüber uns selbst und anderen. Ebenso geben sie uns die Möglichkeiten, die Bedeutung nichtrationaler Kommunikation zu verstehen – und zwar sowohl in ihrer augenblicklichen Bedeutung als auch in symbolischen Ausdrucksformen. Als feministische Therapeutin trete ich beim Entschlüsseln menschlicher Kommunikationsweisen und Beziehungen dafür ein, daß es kein »Schuldprinzip« geben darf. Wenn wir Menschen dabei helfen, zu mehr Ganzheit zu kommen, müssen wir darauf achten, ihr Gefühl von Autorität und Eigenwert nicht zu begrenzen, indem wir etwa ihre Selbstanklagen fördern und/oder ihre Identifizierung mit »niederen« Eigenschaften auch noch schüren. Selbstanklagen und die Beschuldigung anderer gehören so sehr zu unser aller Denken, wenn es um psychologische Probleme geht, daß wir hart daran arbeiten müssen, damit aufzuhören. Meine Weiterführung von Jungs Archetyp- und Komplexkonzepten – gemäß den Grundsätzen, die er selbst verfolgte – kann einen systematischen Ansatz bieten, dank dessen Frauen und Männern geholfen werden kann, sich gegenseitig in einer von Schuldzuweisung freien Atmosphäre zu akzeptieren.

DRITTES KAPITEL

Hexe, Held und Tyrann

Ein Paar agiert einen negativen Mutterkomplex aus, wenn bestimmte starre, einschränkende Rollen gespielt werden, von denen die Partner bezwungen werden. Ein Komplex ist, wie Sie sich erinnern werden, eine gewohnheitsmäßige Reihe von Handlungen und Gefühlen, die mit sich selbst oder mit anderen als Stimmung, Kampf oder innerer Konflikt ausagiert werden. Wenn der bereits erwähnte negative Mutterkomplex in einer Paarbeziehung zum Tragen kommt, sind die typischen Rollen, welche die Partner dann übernehmen, die der Hexe, des Helden oder des Tyrannen. In unserer Geschichte waren dies die Rollen von Lady Ragnell, Sir Gawain – König Arthur und Sir Gromer.

Im interpersonalen Bereich steht die Hexe auf der einen Seite und der Held oder der Tyrann auf der anderen. Die Menschen, die in einem Komplex gefangen sind, fühlen sich verloren, frustriert oder »neben sich«, da sie nicht verstehen, was eigentlich vor sich geht. Oft habe ich einen Mann in bestürztem, von Hoffnungslosigkeit geprägten Ton sagen hören: »Ich weiß wirklich nicht, *was sie will*«, wenn er sich heldenhaft der Hexe in seiner Frau konfrontierte. Obwohl jede Rolle des Komplexes von jedem der beiden Partner übernommen werden kann, sind die Rollen gewöhnlich geschlechtsspezifisch verteilt, da Frauen und Männern ihnen »angemessene« Verhaltensweisen zugeschrieben werden. So neigen Frauen beim Ausagieren des Komplexes eher dazu, die Rolle der Hexe zu spielen, Männer hingegen die Rolle des Helden.

Die Psychologie der Hexe

Lassen Sie mich zuerst einmal die Hexe beschreiben. Wie ich an früherer Stelle bereits gesagt habe, war sie eine vertraute Figur der Volkssagen des 15. Jahrhunderts. Sie ist uns auch noch heute vertraut, wenn auch unter einem anderen Namen: Man nennt sie »Nörglerin« oder »herrische Mutter« – oder in jungianischen Kreisen eine »vom Animus besessene Frau«. Offenbar weist sie heutzutage dieselben Merkmale auf wie im 15. Jahrhundert: Sie ist häßlich, fordernd, »dick« (entweder psychisch überpräsent oder körperlich fett), auf magische Weise mächtig und sehr gefräßig, denn sie verschlingt Kinder und Männer. Als typische, meist erdrückende, sich in alles einmischende Mutter in der gegenwärtigen psychotherapeutischen Literatur verschmilzt die Hexe mit ihren Kindern und sträubt sich, die Kontrolle über die Familiensphäre aufzugeben.

Die Frau, die den negativen Mutterkomplex erlebt und immer wieder die Hexe ausagiert, fühlt sich im Grunde ihrer Seele bitterlich verletzt: Sie glaubt, sie sei häßlicher, minderwertiger und böser, als eine gewöhnliche Frau sein könne. Sie fühlt sich in ihrer Minderwertigkeit und Häßlichkeit »untermenschlich«, und sie empfindet ihre emotionale Kraft möglicherweise als »übermenschlich«. Vielleicht hat sie es überhaupt aufgegeben, sich von der Hexe zu distanzieren, da sie glaubt, niemand kümmere sich um sie.

Jeder von uns agiert von Zeit zu Zeit die Hexe aus. Sie holt uns ein, wenn wir uns überlastet und zu wenig geschätzt, verletzt und unverstanden fühlen. Nach und nach geht unser Schmerz in Groll, Reserviertheit, Kälte und verzweifelte Resignation über. Wie die Hexe leben wir dann »draußen im Wald« und haben das Gefühl, wir seien es nicht wert, rechtmäßige Mitglieder unserer Familie zu sein. Wenn auch der Wald für eine Hexe der richtige Ort sein mag, so möchte doch kein normaler Mensch dort leben. Daher empfindet die Hexe die Isolation bald als große Last, zumal sie mit Panikattacken einhergehen kann. Die Frau hat die Angst, daß niemand sie je retten wird, da ihre Gefühle und Reaktionen so fremdartig geworden sind, daß niemand sie zu verstehen vermag. Bis zu einem gewissen Grade hat eine solche Frau es aufgegeben, sich verbal auszudrücken: Sie macht gar nicht mehr wirklich den Versuch, zu erklären, was sie erlebt, da andere ihr gesagt haben – und sie selbst glaubt –, daß sie »sich unsinnig verhält«. Möglicherweise gibt sie zuweilen kurze Beschreibungen ihres Innenlebens ab, aber die meiste Zeit über behält sie ihre Gefühle einfach für sich und versucht, andere zu kontrollieren, zu tadeln, sich an ihnen zu rächen oder sie zu bedienen.

Und so erkennen mein Ko-Therapeut und ich in einem heutigen Paar oder einer heutigen Familie die Hexe: Ihr hervorstechendster Zug ist ihr Selbsthaß. Sie beschreibt sich als eine wandelnde Katastrophe: Sie ist furchtbar dick, häßlich, dumm und unattraktiv. Doch gleichzeitig fühlt sie sich auch zu machtvoll und entschuldigt sich quasi dafür. So sagt sie zum Beispiel: »Ich habe das Gefühl, daß ich immer an meinen Kindern herumnörgele und ihnen das Leben zur Hölle mache, aber ich kann einfach nicht damit aufhören.« Sie hat das Gefühl, sie habe Schuld an den meisten Problemen in ihrer Familie, aber sie weiß nicht, warum das so ist. Oft nennt sie sich selbst eine »Nörglerin« und spürt, daß ihr Partner darin mit ihr übereinstimmt, womit er ihren Selbsthaß bestärkt.

Die Frau, die sich mit der Hexe identifiziert, hat ihren Körper schon vor langer Zeit aufgegeben. Übergewicht ist ein wesentliches Merkmal der Persönlichkeit aller Hexen, denen wir in unserer Therapie begegneten. Ob eine Frau tatsächlich übergewichtig ist oder nicht – sie *fühlt* sich fett, und wenn sie von unseren heutigen Maßstäben für Schlankheit beeinflußt ist, verdammt sie sich selbst wegen ihres Äußeren. Die in unserer Gesellschaft zu beobachtende intensive Beschäftigung mit der Figur von Frauen ist symptomatisch für unsere kollektiven Probleme, die wir mit unserem negativen Mutterkomplex haben. Greneen Roth, die an Eßstörungen leidende Frauen behandelt, beschreibt, welche Wirkung Übergewicht auf die Identität von Frauen hat:

»Dick zu sein oder sich so zu fühlen bedeutet für Männer gewöhnlich etwas anderes als für Frauen. Ein Mann kann zwanghaft essen, übergewichtig sein, seinen Körper nicht mögen und dennoch für attraktiv gehalten werden – und sich auch selbst dafür halten … Dagegen ist das Äußere einer Frau ganz entscheidend für ihre Bewertung als Mensch; sie fühlt, daß sie so *ist*, wie sie aussieht. Sie kann brillant, scharfsichtig und tüchtig sein, aber wenn sie dick ist, muß sie kämpfen, um ihren Wert unter Beweis zu stellen … Ich habe viele Männer getroffen, die ihren Körper mochten, ebenso Männer, die sich über ihren Körper nie Gedanken machten, doch habe ich noch *nie* eine Frau getroffen, die ihren Körper ohne Einschränkungen mochte.«[1]

Eine Frau, die sich mit der Hexe identifiziert, hat ihren Körper gewöhnlich zur Isolation verdammt und wird sich nur widerwillig intimen, sexuellen Begegnungen »hingeben«, wobei sie wegen ihres Äußeren immer von Angst gequält sein wird. Natürlich wird ihre sexuelle Zurückhaltung als Beweis für ihren »Wunsch nach Kontrolle« gehalten werden, weshalb sie von ihrem Partner dann noch mehr geringgeschätzt wird.

Eine andere Möglichkeit, durch die wir die Hexe erkennen – abgesehen von ihrem Selbsthaß –, ist die Art und Weise, in der sie als Mutter und Ehefrau in der Familie behandelt wird. In einem bestimmten Familientypus wird sie von einem Gawain-Ehemann heroisch *ertragen*, der sie ständig fragt, was sie denn wolle, und sie dann prompt mißversteht. Ihre Kinder und ihr Mann haben gelernt, auf Zehenspitzen um sie herumzuschleichen, als müßten sie Angst haben, von ihr »aufgefressen« zu werden. Sie vermeiden es, ihr direkt in die Augen zu sehen. Wenn sie daraufhin sagt: »Schau mich an«, reagieren sie widerwillig und furchtsam und benehmen sich so, als könne sie ihnen ihre Seele »heraussaugen«. Doch hat die Frau vielleicht selbst gelernt, ihre Augen abzuwenden, auf den Boden oder aus dem Fenster zu sehen und schwer zu seufzen.

Durch ihr Verhalten signalisiert sie, daß niemand sie versteht. Das ist teilweise sogar richtig, denn was sie sagt, ist »unsinnig«. Sie macht sich gar nicht die Mühe, eine logische Satzfolge zu formulieren oder ihre Gefühle klar zu äußern, obwohl sie es kann, wenn sie nicht mit Familienmitgliedern spricht. Mitglieder ihrer Familie, gewöhnlich die Kinder, tun das für sie und übertragen einige ihrer non-verbalen Aussagen in Worte, oder sie benehmen sich selbst in irgendeiner Weise auffallend, wodurch sie die Gefühle der Isolation und des Zorns, welche die Mutter empfindet, zum Ausdruck bringen.

Während dieser Familientypus die Hexe heroisch erträgt, wird sie in einem anderen weniger gut ertragen. Beim Gromer-Typ der Familie tyrannisiert der Mann seine Frau und seine Kinder die meiste Zeit über. Er fordert von ihnen Aufmerksamkeit, Liebe, Engagement und Gehorsam. Er identifiziert sich mit Macho-Idealen, ist ganz offen aggressiv und flößt durch seine körperliche Kraft oder seine emotionale Macht Angst ein. Gromer sagt zu seiner Frau, daß man mit ihr (und ihrer Mutter)

»unmöglich leben kann«. Er drängt seine Frau hinaus in den Wald und ist dann erstaunt und bestürzt, wenn sein Sohn Schwierigkeiten mit weiblicher Autorität oder seinen Lehrern in der Schule hat, wenn er sich auf dem Schulhof wie ein Tyrann aufführt oder zum »jugendlichen Straftäter« wird, der das Eigentum anderer beschädigt oder junge Frauen angreift. Gromer kommt nie aus eigenem Antrieb zur Therapie; immer wird er zu einer Behandlung überredet, gewöhnlich aufgrund von Verhaltensstörungen seiner Kinder, die unbewußt versuchen, die Hexe zu schützen und zu retten.

In beiden Familienkonstellationen gibt es fast immer ein besonders auffallendes Merkmal des negativen Mutterkomplexes: Niemand ist von den Tränen der Mutter gerührt. Ihre Tränen werden mit Geringschätzung und Wut aufgenommen. Schließlich wissen wir aus der Hexenpsychologie des 15. Jahrhunderts, daß ihre Tränen keine *wirklichen* Tränen sind. Die Hexe verbirgt sich hinter Bosheit und Kontrolle; sie lacht ihr abscheuliches, verächtliches Lachen, wenn es den Anschein hat, als weine sie wie eine Frau. Andere Familienmitglieder reagieren auf die nichtrationale Bedeutung ihres Komplexes, wenn sie die Tränen der Mutter mit Geringschätzung aufnehmen.

Ich möchte nun den Fall einer Hexe und eines Helden in einer Paartherapie vorstellen. Zuerst werde ich über Louise sprechen, die in Reaktion auf den rationalen Heroismus ihres Ehemannes Larry unfreiwilligerweise eine Hexe ist. Daraufhin werde ich Sie mit Larry bekannt machen. Louise und Larry sind Prototypen; sie beruhen nicht auf einem speziellen Fall, den wir psychotherapeutisch behandelt hätten. Louise ist eine Mischung aus den vielen Frauen, denen mein Ko-Therapeut und ich in unserer Arbeit begegnet sind und die ihren Mann zur Therapie »mitgebracht haben«.

Louise als Hexe

Louise bietet in jeder Hinsicht das Bild einer Frau im mittleren Alter. Sie ist rundlich, und ihre formlose Stretchhose und die einfache Bluse sind in tristen Farben gehalten. Ihr Benehmen verrät eine gewisse Nervosität; sie sitzt auf einer Stuhlkante und spielt mit ihren schlecht gekämmten Haaren oder ihrer Brille. Ihr Gesicht, das sie nicht mehr mit Kosmetika pflegt oder schminkt, ist starr und unbewegt; sie spricht ohne ersichtliche Emotion. Sie zählt die Schwierigkeiten auf, die sie mit ihren Kindern, ihrem Mann und mit ihrem Chef in ihrer Arbeit hat (sie ist leitende Sekretärin) und schaut dabei auf den Boden oder aus dem Fenster. Ihr Alltag hört sich wie eine Aneinanderreihung aufreibender Ereignisse und Pflichten an. Sie scheint der Annahme zu sein, daß ihr Mann und ihre Kinder »ihr mehr im Haus helfen könnten«, aber wenn der Therapeut sie bittet, dies zu präzisieren, sagt sie: »Nun ja, sie helfen jetzt schon so viel, und sie haben eben keine Lust, noch mehr zu tun.« Sie sagt dies in einem entschuldigenden Tonfall, als habe sie ihre Familie durch ihre Klagen bereits angegriffen.

Im Laufe der Therapiesitzung legt Louise ein verwirrendes Verhalten an den Tag; einerseits ist es von Zudringlichkeit, andererseits von Zurückhaltung geprägt. Obwohl sie sich emotional nicht zu engagieren scheint, unterbricht sie häufig die anderen und tut ihre Meinung kund, wenn ihre Angst durch etwas Gesagtes geweckt wird. Der Therapeut wird zunehmend ärgerlich über diese Unterbrechungen und glaubt, Louise versuche die Therapiesitzung mit diesen Einmischungen zu kontrollieren. Doch wenn sie auf ihr Benehmen hingewiesen wird, entschuldigt sie sich wortreich, und wenn der Therapeut meint, sie trage einen Teil der Verantwortung an bestimmten familiären Schwierigkeiten, so scheint sie sofort die ganze Schuld auf sich zu nehmen. Sie legt eine ganz besondere, zwanghafte Art der Fürsorge für andere Familienmitglieder an den Tag, sowohl wenn sie von ihren Arbeiten im Haushalt berichtet, als auch in ihrem Verhalten während der Sitzung. Sie sorgt für Ordnung und registriert die Bedürfnisse der anderen, noch ehe diese sie überhaupt äußern; beispielsweise gibt sie jemandem ein Taschentuch oder schlägt vor, ein kleines Kind draußen spielen zu lassen, wenn es unruhig wird. Louise verhält sich offenbar zum Teil deswegen so fürsorglich, um ihre eigene quälende Besorgnis darüber zu verbergen, daß »nichts Gutes« an ihrer Liebe ist und daß sie sich nicht als wertvollen Menschen empfindet. Wenn es so *aussieht*, als würde sie gebraucht, dann »findet man vielleicht nicht heraus«, daß sie im Grunde wertlos sei, wie sie glaubt.

Wenn Louise gefragt wird, welche eigenen Wünsche sie mit der Therapie verbindet, spricht sie nur vom Verhalten der anderen. Immer wieder erwähnt sie, daß Larry nie sage, was er denke, und daß sie ihm alles »aus der Nase ziehen« müsse. Es hat den Anschein, als wolle sie, daß er mehr über seine Gefühle spricht und mehr würdigt, wieviel Engagement sie für die Versorgung der Familie aufbringt. Sie möchte, daß er im Haushalt hilft, aber er soll es nur da tun, wo sie die Hilfe wirklich braucht. Sie hätte gern, daß Larry sich nicht in ihre Angelegenheiten mischt und sich »mehr wie ein Mann« benimmt. Die meisten ihrer Wünsche sind auf der rationalen Ebene verwirrend und widersprüchlich, aber wir haben mehr und mehr das Gefühl, daß sie in Larry einen Partner möchte, keinen Vater oder Sohn.

Was ist mit Louise geschehen? Wir entdecken, daß Louise früher einmal eine romantische, energische Frau war, die glaubte, daß das Familienleben ihr gefallen würde. Sie war sehr verliebt in Larry, als sie ihn zwölf Jahre zuvor heiratete, und freute sich darauf, mit ihm eine Familie zu gründen. Larrys Pläne, sich selbständig zu machen, und sein Wunsch, viel Geld zu verdienen, sagten ihr sehr zu, und noch jetzt unterstützt sie ihn in seiner beruflichen Karriere. Sie war und ist »stolz auf ihn«.

Als wir weiterfragen, finden wir heraus, daß sie ihren Idealismus bezüglich Larry nicht verloren hat. Sie sieht ihn als intelligenten, tüchtigen und feinfühligen Mann, der von seinen Kindern und von der Gemeinde geachtet wird. Sie hat es besonders gern, wenn er ein öffentliches Amt übernimmt, und wünschte sich, daß er etwas von der gleichen intensiven, fachkundigen Aufmerksamkeit, mit der er das Amt versieht, ihr und den Kindern schenken würde. Doch sie hat den Glauben an sich selbst verloren und kann sich nicht vorstellen, daß sie Larry durch ihr Aussehen oder ihre Arbeit fesseln kann. Sie findet sich häßlich. Sie *weiß*, daß sie ihre Hausarbeit effizient und sorgfältig verrichtet; und obwohl sie »nicht perfekt« ist, tut sie, was sie kann, um ihrer Familie Liebe zu geben und für sie zu sorgen. Sie verdient nicht viel mit ihrem Sekretärinnenjob, doch auch hier arbeitet sie sehr hart. Sie findet den Arbeitsalltag sehr eintönig und hat einige gute Ideen, wie man die Büroorganisation verbessern könnte. Doch ihr Chef scheint nicht zu wollen, daß sie »ihn herumkommandiert«, und ignoriert ihre Vorschläge gewöhnlich.

Louise hat sich mehr und mehr in Selbsthaß zurückgezogen und zweifelt an ihrem Wert, ihrem Aussehen und nun, letztendlich, auch an der Richtigkeit ihrer eigenen Wahrnehmungen. Sie fürchtet, daß sie »verrückt wird«.

Gesellschaftliche Aspekte der »negativen« Mutter

Von meinem Blickwinkel aus gesehen, leidet Louise unter dem weit verbreiteten soziokulturellen Problem des negativen Mutterkomplexes. Sie fühlt, daß sie keine persönliche Autorität, keinen eigenen Wert und keine Kompetenz besitzt, und diese Gefühle werden von der Gesellschaft gefördert, die die Fürsorge systematisch entwertet; das betrifft sowohl die Berufe, in denen sie eine Rolle spielt, als auch die häusliche, familiäre Fürsorge. Die Betreuung von Kindern oder sonstige Pflegeleistungen bringt man gewöhnlich nicht mit geldlicher Entlohnung, Status und Einfluß in Verbindung. Selbst in der heutigen Zeit der »Befreiung der Frauen« tragen die Frauen weiterhin den größten Teil der Verantwortung für Betreuung und Entwicklung der Kinder.

Dies ist im Grunde eine relativ neue gesellschaftliche Situation, die teilweise mit dem Einfluß der Psychoanalyse auf die Erziehung der Kinder zusammenhängt. Diese Verantwortung kann von den Frauen unmöglich alleine getragen werden. In der – nicht sehr weit zurückliegenden – Vergangenheit wurde die Verantwortung für die nachfolgende Generation – zumindest nominell – von einer ganzen Gruppe Erwachsener geteilt. Frauen wurden noch nicht mit dem harten Urteil belastet, sie seien die »Ursache« für die psychologischen Probleme ihrer Kinder; sie wurden nicht »schizophrenogenische Mütter«, »herrschsüchtige Mütter« oder »unterdrückende Mütter« genannt. Junge Erwachsene übernahmen damals bei ihrem Eintritt ins Erwachsenenalter die Verantwortung für ihre Unabhängigkeit. Heute begegnen wir Menschen in der Therapie, die in den mittleren Jahren (35–50) oder älter (50–65) sind und ihre Probleme und Konflikte immer noch mit dem früheren Verhalten ihrer Mutter ihnen gegenüber erklären.

Bilder von der erdrückenden und verschlingenden Mutter beherrschen die psychotherapeutische Literatur (von der Psychoanalyse bis hin zur Familientherapie) und erfüllen unsere Populärpsychologie mit einer »Angst vor der Mutter« und einem »Wunsch nach der Mutter«, der archetypisch, unpersönlich und für die einzelne Frau sehr beunruhigend ist.

Das Problem der Hexe ist kein individuelles Problem und kann auf dieser Ebene nicht gelöst werden. Trotz seiner individuellen Ausprägungen und der zahllosen Geschichten über das ungenügende Einfühlungsvermögen vieler Frauen, über ihre Verschmelzung mit ihren Kindern und ihr zwanghaftes, übermäßig kontrollierendes Verhalten, ist der negative Mutterkomplex ein gesellschaftliches Problem. Auf der individuellen Ebene können wir es behandeln, indem wir Frauen helfen, ihre Identität davon abzugrenzen und ihnen wieder das Gefühl vermitteln, rechtmäßige Machtbefugnisse zu haben. Wir können Frauen helfen, ihre Energie und die Macht der Hexe in sich wertzuschätzen, indem wir die positiven Seiten daran herausstreichen. Doch können wir den Ausprägungen des Komplexes nicht Einhalt gebieten, ohne eine allgemeine Neubewertung der archetypischen Belange vorzunehmen, die mit der Zuneigung in den menschlichen Beziehungen zu tun haben.

Das weitreichende gesellschaftliche Problem der Abwertung des Weiblichen muß erkannt und angegangen werden. Wie zuvor vermerkt, meine ich mit »weiblich« jene Tätigkeiten und Gefühle, die mit Betreuung, Liebe, Fürsorge, emotionalem Ausdruck und anderen Aspekten des »gewöhnlichen Lebens« verbunden sind. Diese Eigenschaften sollten nicht mit geschlechtsspezifischen Rollen oder mit Frauen gleichgesetzt werden. Bisher gibt es keinen eindeutigen Beweis dafür, daß mit der Geschlechterkategorie »Frau« – jenseits von kultur- und gesellschaftsbedingten Verhältnissen – spezifische Tätigkeiten und Interessen verbunden sind.[2] Ich ziehe es vor, den Archetyp von der Frau zu trennen, und über das Weibliche als eine instinktiv-emotionale Reaktion beim Menschen zu sprechen, eine, die sowohl Betreuung und Versorgung als auch Unterdrückung und Tod beinhaltet.

Die instinktmäßige Dimension von Zuneigung und Trennung, die John Bowlby und seine Kollegen beschrieben und erforscht haben,[3] ist mit dem archetypischen Weiblichen vergleichbar. Dennoch ist das Problem der Abwertung des Weiblichen mit dem der weiblichen Identität verschmolzen worden. Die primäre Verantwortung für die Erziehung der Nachkommen ist zu einer kulturabhängigen Institution namens »Mutterschaft« geworden, die Frauen mit geringer Bezahlung, niedrigem Status und der implizierten Folgerung schikaniert, sie seien »unfähig, Karriere zu machen«. Diese Institution, nicht die Tätigkeit des Mutterseins selbst, ist die Ursache unseres gegenwärtigen Hexen-Problems.

Die Identität einer Frau ist – zumindest von der späten Adoleszenz an – an die Mutterschaft gebunden. Ob sie sich entschließt, Mutter zu werden oder nicht – sie wird wegen ihrer Wahl immer wieder gefragt, gehänselt oder analysiert werden. Wenn es auch nur von geringem öffentlichen Interesse ist, ob ein Mann sich entschließt, Kinder zu zeugen oder nicht, so ist es immer von großem Interesse, ob eine Frau beschließt, Mutter zu werden oder nicht, insbesondere unter Psychotherapeuten und Analytikern.

Obwohl die Identität einer Frau mit der Mutterschaft verknüpft ist, kann sie gar keine »gute« Wahl treffen.

Wenn sie sich entscheidet, Mutter zu werden und sich der Erziehung ihrer Kinder zu widmen, wird sie finanziell abhängig sein, einen niedrigen sozialen Status haben und sich am Ende ihres aktiven mütterlichen Engagements nicht gerüstet für eine berufliche Karriere fühlen. Beschließt sie, nicht Mutter zu werden, hat sie in den Augen anderer ihrer Weiblichkeit nicht Genüge getan und wird als »identitätsgestört« angesehen.

Die Frauen, die etwa ein Viertel oder ein Fünftel ihres gesamten Lebens (das heißt 18 bis 20 Jahre) einzig der Kindererziehung widmen, sind nicht dafür gerüstet, anschließend mit der Überzeugung von ihrer Autorität, ihrer Kompetenz oder ihrem persönlichen Wert wieder ins »Erwachsenenleben« einzutreten.

Daß der Charakter der weiblichen Autorität in der erdrückenden, irritierenden Mutterstimme zutage tritt, kommt daher, daß die meisten von uns nur von Frauen aufgezogen wurden. Sowohl die innere als auch die äußere »Stimme des Bewußtseins«, die unseren Alltag organisierte und uns sagte, was wir tun und lassen sollten, war die Stimme einer Frau. Es ist diese machtvolle Kraft weiblicher Autorität, von der wir uns distanzieren und abgrenzen, um unsere eigene Identität zu finden. Das heißt, wir müssen die Autorität des Mutterkomplexes von unserem Gefühl für unser Selbst (dem Ichkomplex) abgrenzen, um selbst Mutter oder Vater werden zu können. Wenn eine erwachsene Frau mit Autorität spricht – insbesondere in ihrer Rolle als Mutter in der Familie –, wehrt man sich dagegen und empfindet sie als »erdrückend«, zum Teil deswegen, weil sie die einzige Person ist, die wirkliche Fürsorge und den Schutz der Kinder gewährt. Wenn eine Frau in irgendeinem gesellschaftlichen Kontext unnachgiebig, zornig oder von ihrer Autorität überzeugt auftritt, wird sie häufig als beherrschend, erdrückend oder übermäßig kontrollierend erachtet. Selten wird man sagen, sie sei lediglich zornig oder eben gebieterisch.

Rufen wir uns die landesweite Untersuchung über klischeehafte Geschlechterrollen in unserer Gesellschaft in Erinnerung, von der im zweiten Kapitel dieses Buches die Rede war. Die Untersuchung offenbarte, daß die klischeehaften männlichen Merkmale, die sich auf Eigenschaften wie »Engagiertheit« und »Kompetenz« beziehen, für erstrebenswerter gehalten werden als die klischeehaften weiblichen Merkmale, die man mit »Ausdrucksfähigkeit« und »Abhängigkeit« verbindet. Für Collegestudenten und Angehörige von Berufen, die mit psychisch Kranken zu tun haben, sowie für eine große Zahl von Erwachsenen aus allen Schichten der Bevölkerung war die ideale Frau weniger kompetent als der ideale Mann, und die gesunde, reife Frau unterwürfiger und abhängiger als ein gesunder Mann, ein »gesunder Erwachsener«.

Wie ich bereits erwähnt habe, zeigt sich hier das Dilemma, in dem die Frauen in punkto ihrer eigenen Autorität stecken. Wenn sie sich so verhalten, wie es für »Erwachsene« wünschenswert ist, so laufen sie Gefahr, wegen fehlender Weiblichkeit kritisiert zu werden. Wenn sie ein Benehmen an den Tag legen, das als weiblich gilt, können sie den allgemeinen Normen von »erwachsenem« Verhalten natürlich nicht genügen.

Die Tatsache, daß Männer von den fürsorglichen, »bemutternden« Rollen ausgeschlossen werden und man dem weiblichen Geschlecht zudem die »minderwertigen« menschlichen Eigenschaften zuweist, ist für den negativen Mutterkomplex verantwortlich. Der Komplex manifestiert sich in der zunehmenden Tendenz, daß Frauen und Männer in Paarbeziehungen – in denen einmal Urvertrauen bestand, das in der Folge (zum Beispiel durch Betrug) verlorenging – die Rollen von Hexe, Held und

Tyrann spielen. Die Hexe ist eine negative, kontrollie-
rende Autorität, die sich mit ihrem selbstsüchtigen und
manipulativen Verhalten in die Angelegenheiten anderer
einmischt – besonders von Personen, die von ihr abhängig
sind. Der Held dagegen ist die kompetente, rationale
Autoritätsperson, die »Distanz hält« und wegen ihrer
menschlichen Qualitäten und ihres guten Urteilsvermö-
gens bewundert wird. Der Held tritt als Gebieter auf, der
viel von sich selbst hält.

Wenn ich nun Larry in der Heldenrolle des negativen
Mutterkomplexes vorstelle, dann wollen wir nicht vergessen, daß in unserer Geschichte sowohl Sir Gawain als auch
König Arthur »Pole« der heroischen Darstellung verkörpern: Arthur verkörpert die vernunftbestimmte Autorität
und Gawain die jugendliche, gefällige Tapferkeit. Zu
Anfang der Geschichte, bis zum entscheidenden Höhepunkt, wo Ragnell ihn bittet, sie zu küssen, ist Gawain der
naive fahrende Ritter, der nicht einmal da zurückschreckt,
wo selbst Engel sich fürchten. Der rationale Arthur und
der liebenswürdige Gawain verkörpern somit die heroischen Eigenschaften, die unsere Helden zwingen, Louise
gefangenzuhalten.

Larry als Held

Larry ist ein jugendlich wirkender, schlanker Mann im
mittleren Alter, dem eine gewisse Lässigkeit eigen ist. Er
ist selbstbewußt, benimmt sich ungezwungen, lächelt häufig und spricht in freundlichem, wenn auch bestimmtem
Tonfall. Wie wir Larry da in seinen Kordsamthosen und
seinem pastellfarbenen Hemd vor uns sitzen sehen,
kommt uns das Wort »angenehm« in den Sinn. Obwohl er
langsam kahl wird und eine Brille trägt, hat er etwas Kna-

benhaftes, und sein glattes Gesicht verrät eine Jugendlichkeit, die verwundbar, ja zuweilen sogar »schwach« wirkt.

Larry ist in die Therapie gekommen, weil er »Louise und den Kindern« helfen möchte. Er und Louise sind sich darin einig, daß sie »in letzter Zeit sehr unglücklich gewesen« ist und daß keiner von beiden imstande zu sein scheint, »ihr Problem« zu lösen oder auch nur festzustellen, wo das Problem eigentlich liegt. Larry hofft, daß die Therapeuten ihm sagen können, »wie er Louise glücklich machen kann«, denn er will »die ganze Sache so schnell wie möglich erledigen«; er »verliert allmählich die Geduld mit Louises ständigem Gejammer«. Außerdem gesteht Larry gleich zu Beginn, daß beide »es mit so einer Beratung schon einmal versucht haben«; er sagt, er glaube nicht, daß dieses »ganze Therapeutengewäsch« wirklich helfe.

In allem, was Larry von sich erzählt, kommt zum Ausdruck, daß er logisch denkt und alles gut im Griff hat. Er berichtet uns von seiner Arbeit – sie besteht im Verkauf von Computern – und erzählt, wie er nach und nach beruflich Fuß gefaßt hat und wie er Louise dazu ermutigte, wieder eine Arbeit aufzunehmen, nachdem die Kinder beide in der Schule waren. (Ihre Kinder sind acht und zehn Jahre alt; das jüngere Kind ist ein Junge.) In jeder Situation möchte er »die Fakten« kennen; daher will er auch sofort wissen, wieviel Honorar wir verlangen und was unserer Meinung nach »nicht in Ordnung ist«.

Wir können sofort sehen, daß Larry »kein übler Bursche« ist; er ist sanft im Umgang und wird nicht gerne zornig. Er geht Auseinandersetzungen und Konflikten nach Möglichkeit aus dem Weg und nennt sich selbst »einen Familienmenschen«. Er zieht die Welt der Vernunft der Welt der Emotionen vor und sagt häufig Dinge wie:

»Könnten wir jetzt wieder zur Vernunft zurückkehren ...?«, nachdem Louise ihre Klagen vorgebracht oder den Therapeuten unterbrochen hat.

Dennoch scheint Larry verwirrt und beschämt darüber zu sein, daß er sich in therapeutischer Behandlung befindet; er ist unangenehm berührt, wenn die Therapeuten »ihm allzu persönliche Fragen« stellen. Dann fordert er von uns, »herauszufinden, was Louise wirklich will«, und mit unserer Arbeit fortzufahren. Wir beide sind uns darin einig, daß es nicht schwer ist, Larry zu folgen, und finden ihn anfänglich viel sympathischer als Louise. Was er sagt, hat Hand und Fuß, aber er scheint sich unbehaglich zu fühlen. Er lehnt es ab, sich an irgendeinem »Geschwätz« zu beteiligen, hat jedoch die merkwürdige Gabe, die Therapeuten damit nervös zu machen, daß er unsere Autorität und unsere Rationalität in Frage stellt.

Der Held als kollektives Problem

Larry ähnelt vielen heroischen Ehemännern von feministischen Frauen, denen wir in der Therapie begegnet sind. Sie sind Gawain-Figuren beim Hochzeitsbankett oder im Brautzimmer, bevor Ragnell sie herausfordert. Sie geben Lippenbekenntnisse zu ihren Idealen von einer gleichberechtigten Partnerschaft mit ihrer Frau und zu ihrem großen Interesse an der Beziehung und der Fürsorge für die Familie ab. Es sind jene Ehemänner, die ihren Frauen »erlauben«, noch einmal eine Ausbildung zu machen und sich bereit erklären, »Freitag abends die Wäsche zu waschen und montags und mittwochs von 16 bis 19 Uhr die Kinder zu beaufsichtigen«. Die Nachbarn solcher Paare sehen häufig mitfühlend zu, wie solche Gawain-Figuren versuchen, den »Forderungen« ihrer Ehefrauen nachzukommen, seufzen dann, schnalzen mit der Zunge (wie die Höflinge beim Hochzeitsbankett) und sagen:

»Der arme Mister Gawain! Er tut so viel für seine reizbare Frau, und nie ist sie zufrieden. Schau, wie er sich Abend für Abend mit den Kindern abplagen muß, und dazu verdient er noch den Unterhalt für die ganze Familie. Überdies ist sie eine fürchterliche Nörglerin; ständig klagt sie darüber, was er angeblich alles nicht tut. Sie weiß gar nicht, wieviel Glück sie mit ihm hat, und wird es schon noch merken, wenn er eines Tages keine Lust mehr hat und sie allein zurückläßt mit all ihrer Meckerei und ihrem Gejammer. Denn das verdient sie im Grunde.«

Gawain gab Arthur ein Lippenbekenntnis ab, als er Ragnells Herausforderung annahm, ohne sich über die Lage als solche, das heißt über seine Beziehung zu Ragnell wirklich Gedanken zu machen. Er war willens, »den Teufel selbst zu heiraten«, um den König zu retten. Es waren die vernunftbestimmte Autorität und die patriarchische Macht des Königs, die Gawain ehelichte – nicht Ragnell. Arthur legte nicht annähernd soviel Ritterlichkeit an den Tag. Er gab zwar ein Lippenbekenntnis zu den Idealen des heldenhaften Rittertums ab, als er sich damit einverstanden erklärte, daß sein Lieblingsneffe künftig mit einer Hexe zusammenleben würde. Er versuchte, seinen Kopf zu retten, und war bereit, fast alles zu tun, um heil aus der Konfrontation mit dem gräßlichen Tyrannen Gromer zu kommen. Als der Tag von Gawains Hochzeit dann näherrückte, wollte Arthur sie verschieben oder die ganze Lage neu überdenken, denn die Vorstellung, daß sein Neffe die häßliche Hexe ehelichen sollte, war für den armen, alten König einfach zuviel. Diese Art Lippenbekenntnis zu Gleichheit und humanitären Idealen kennen wir nur allzugut. Männer sagen gerne: »Natürlich bin ich für die Gleichstellung von Schwarzen (oder Puertoricanern oder anderen unterdrückten Minderheiten), aber das heißt nicht, daß ich es gerne sähe, wenn meine Tochter einen heiratet.«

In der Geschichte von Gawain und Ragnell spielen »Lippen« wegen der hexenhaften Heldin eine besondere Rolle. Hexen können nicht wirklich geküßt werden. Wenn Ragnell tatsächlich eine Hexe gewesen wäre, hätte sie Gawain in der Hochzeitsnacht die Seele aus dem Leib gesogen. Da Ragnell insgeheim weiß, daß sie eigentlich eine anziehende, wunderschöne Frau ist, vertraut sie auf ihre Autorität und Macht. Sie sagt zu Gawain: »Komm und küß mich.« Das ist eine Herausforderung an sein Lippenbekenntnis zu Idealen und Handlungsweisen, die vom Anschein her gut, aber in Wirklichkeit gefährlich für sein selbstbewußtes Heldentum sind. Ragnell, die unterdrückte Frau, sagt in Wahrheit: »Es genügt nicht, daß du dich einverstanden erklärst, im Haushalt zu helfen; ich möchte, daß du den Haushalt und mich mit deiner ganzen Intelligenz und all deinen Gefühlen annimmst.«

Die Geschichte zeigt uns, welchen Charakter der Held als Partner hat. Er kann die Hexe nicht mit der Rationalität bekämpfen, an der er sich selbst beim Sammeln von Fakten und Anhäufen von Beweisen orientiert. Vernünftigkeit und kalte, harte Fakten sind in der Beziehung zur Hexe nicht von Nutzen. Auch kann der Held die Hexe nicht mit materiellen Belohnungen bestechen. Schmuck, Gold, Grundbesitz und Geld haben für sie keinen Wert, da sie sich in einer furchtbaren Isolation befindet, die nur durch erneutes Vertrauen und Verwundbarkeit durchbrochen werden kann. Dieselben Dinge, die der Frau die Ehe mit dem Helden ursprünglich erstrebenswert erscheinen ließen, haben nun keinen Nutzen mehr für sie; sie sind lediglich der Beweis für ihren Fehler, den sie beging, als sie einem Mann vertraute, der nie ihr wirklicher Partner sein konnte. Wenn der Held es nicht fertigbringt, über seine rationalen Versuche beim Lösen von Problemen hinauszugehen, wenn es ihm nicht gelingt, die materielle Macht seiner Autorität zu relativieren und seine große Angst vor der Hexe zu überwinden, wird er die »jugendliche Prinzessin« in seiner Frau nicht mehr wiederfinden. Ebensowenig wird er in der Lage sein, seinen »Kopf zu retten« und zu einem neuen Lebenssinn in seiner weiteren Entwicklung als Mann zu gelangen.

Ich möchte hier die Behauptung aufstellen, daß der Ehevertrag selbst es ist, der für den Bann des negativen Mutterkomplexes verantwortlich ist. Die Ehe als Institution war ursprünglich so ausgerichtet, daß Männer ihre Frauen wie ein Eigentum besaßen, woraus sie auch ihre Vaterschaftsrechte ableiteten. Als es um Gawain ging, sagte Arthur sofort: »Ich kann dir meinen Neffen Gawain nicht geben, er ist sein eigener Herr.« Bei einer Frau dagegen gilt, daß sie im Fall ihrer Eheschließung ihrem Ehemann von ihrem Vater »gegeben« wird.

Diese Übergabe der Frau als Eigentum ist ein bedeutender Faktor für die Verhinderung einer vertrauten Beziehung innerhalb der Ehe. Ganz gleich, wie »rational« die Ehepartner beim Eintritt in diese kulturgeprägte Institution sein mögen, sie werden deren unbewußter Bedeutung nicht entgehen können. Ob man die Hochzeitszeremonie abändert, es ablehnt, daß die Frau dem Ehemann vom Vater übergeben wird (das heißt, indem eine Frau den Namen des Vaters behält), oder zahllose andere rationale Vorkehrungen trifft (zum Beispiel, indem das Paar vor der Ehe zusammenlebt), um sich der kollektiven Bedeutung der Ehe zu entziehen: Alle Anstrengungen sind letztlich zum Scheitern verurteilt. Wenn zwei Menschen sich in ihrem Leben durch die Institution Ehe binden, dann sind sie auch eingebunden in den negativen Mutterkomplex, da ihre Freunde und Familien, ihre Kinder und ihre eigenen Wunschvorstellungen ihnen die tatsächliche Bedeutung der Institution immer wieder in Erinnerung rufen werden.

Für die heutigen Männer ist der Übergang von der heroischen, rationalen und gebieterischen Haltung hin zum Partner von Ragnell äußerst schwierig. Obwohl der Ehemann zu Beginn der Ehe sagt: »Ich möchte die Erziehung der Kinder und die Hausarbeit mit dir teilen, und ich werde dir in den Angelegenheiten des Alltags ein ebenbürtiger Partner sein«, wird er Mühe haben, dieses Versprechen zu erfüllen.

Männer werden nicht für die Pflichten oder die Fähigkeiten geschult oder sensibilisiert, die für die Betreuung einer Familie erforderlich sind. Für die Zubereitung von Mahlzeiten, für das einfühlsame Reagieren auf den Schmerz anderer und für das Koordinieren von Hausarbeiten sind viel Talent und Kompetenz vonnöten, obwohl die meisten von uns sich dessen gar nicht bewußt sind. Jungen haben diese wichtige Gabe der Einfühlsamkeit und der emotionalen Ausdrucksfähigkeit, die sie brauchen, um die Belange des häuslichen Zusammenlebens als Vater intelligent und geschickt zu meistern, aus ihrer Identität ausgeschlossen. Und was das Ganze noch schlimmer macht: Sie haben immer wieder – auf der bewußten wie auf der unbewußten Ebene – gelernt, daß sie einer Frau nicht erlauben sollten, ihnen zu sagen, was sie zu tun hätten. Ungeschult, unmotiviert und nicht wissend, wieviel Kompetenz die Frau für ihre fürsorglichen Aktivitäten aufbringt, hat der erwachsene Mann das Gefühl, er müsse Rat und Führung seiner Frau ablehnen, wenn er seine »Männlichkeit« bewahren wolle. Dies ist die unerfreuliche und gefährliche Situation, denen sich Therapeuten bei Paaren gegenübersehen, die das Urvertrauen ineinander verloren haben und die sich weigern, das Weibliche im täglichen Leben wertzuschätzen.

In unserer Kultur wird die Motivation eines Mannes, seinen Anteil bei der häuslichen Fürsorge zu leisten, in keiner Weise belohnt oder gefördert. Und welche Motivation könnte er auch haben, die Fähigkeiten und emotionalen Reaktionen zu lernen, die Frauen bei der häuslichen Fürsorge und beim Aufziehen der Kinder an den Tag legen? Welche Möglichkeiten in punkto Einkommen oder gesellschaftlicher Stellung eröffnen sich den Männern, die diese Aufgaben gemeistert haben? Keine, natürlich. Also geht selbst der junge, heroische Ehemann, der die besten Absichten hat, gewöhnlich »außer Haus« arbeiten und überläßt den Bereich von Heim und Familie seiner Frau, wobei er sich einerseits körperlich (das heißt räumlich) von ihr trennt und sich andererseits allmählich auch emotional von ihr abgrenzt.

Wir wissen natürlich, daß das System, in dem der Mann allein der Ernährer der Familie ist, im Verschwinden begriffen ist und daß in mindestens vierzig Prozent der Ehen in den USA beide Partner Geld verdienen. Gewöhnlich verdient der Mann mehr, und er trägt das Bewußtsein seiner Fähigkeit, mehr Geld zu verdienen, auch in sein häusliches Leben hinein. Wenn der heroische Ehemann sich bereiterklärt hat, die häuslichen Pflichten mit seiner Frau zu teilen, so kann er nicht verstehen (ganz gleich, wie sehr er in diesem Punkt »die Fakten« übertreibt), warum seine Frau mit seiner Leistung unzufrieden ist, da er doch mehr Geld verdient als sie und *zudem* die ihm übertragenen Pflichten im Haushalt versieht! Obwohl seine Hausarbeit von Inkompetenz nur so strotzen mag und er sich um Kinder und Partnerin nur mit kaum verhohlener Langeweile oder Frustration kümmert, so übernimmt er doch »seinen Anteil« und ist den »Forderungen« seiner Frau nachgekommen. Beide Partner sprechen immer wieder über diese Tatsachen. Der Ehemann erscheint heroisch, insbesondere im Vergleich zu anderen Männern, die das Paar kennt, und beide Partner können nicht verstehen, warum die Frau weiterhin unglücklich ist. Natürlich kann man nicht erwarten, daß er sich »Befehlen« von seiner Frau beugt oder ihren Haushaltsführungsstil übernimmt, aber er hat schließlich versucht, sich den Bedürfnissen aller – auf die »bestmögliche« Weise – anzupassen.

Die einzige Motivation für eine Veränderung – und es muß eine Motivation dasein, um sich selbst und seine wirklichen Prioritäten im Leben zu ändern – kann hier nur von der Hexe (oder von dem Tyrannen) kommen. Die Motivation ist nicht rational, sie ist emotional, intuitiv und zwingend. Sie kann von einer Drohung, ihm »den Kopf abzuhacken«, oder vom selbstbewußten Anzweifeln seiner Autorität kommen, womit eine Ragnell-Hexe sagt: »*Ich* kenne die Antwort. Dein Leben ist in meinen Händen.«

Das größte Problem, dem der heroische Arthur-Gawain-Ehemann gegenübersteht, besteht darin, der Hexe zu glauben, wenn sie ihn mit einer solchen Herausforderung konfrontiert. Paradoxerweise erwartet der heroische Ehemann von der Hexe oder dem Therapeuten oder seiner Frau (oder seiner »anderen« Frau), daß sie das tun, was nur er selbst tun kann. Larry bittet die Therapeuten, »die Situation zu verbessern« und ihm zu »sagen, was er tun soll«. Da Larry jedoch glaubt, Louise und die Therapeuten seien ihm unterlegen, kann er ihren Ratschlag nicht annehmen. In seiner Arthur-Haltung will Larry nur »die Fakten« gelten lassen und kann nur rationale Argumente akzeptieren. Er verlangt, daß alle *seine* Sprache sprechen. »Du/Sie redest/reden Unsinn.« Immer wieder sagt er zu Louise und zu den Therapeuten, daß sie

»Unsinn reden«, wenn sie darüber reden, wie wichtig ein Gefühlsleben und Empathie sind. Die heroische Auffassung von dem, was »sinnvoll reden« bedeutet, kommt der Weigerung gleich, etwas gelten zu lassen, das nicht vernünftig oder gewinnbringend ist.

Folglich kann der Held seiner Frau, seinen Kindern oder anderen Menschen nicht folgen, wenn sie »verrückt« oder »übermäßig emotional« sind. Er blockt sie ab, erkennt sie nicht an und begründet dies mit ihren Denkfehlern. Der willige Held Gawain lehnt es ab, sich von einer weiblichen Autorität leiten zu lassen. Zwar akzeptiert er die Autorität des Königs bei der Entscheidung über Dinge, die Heldentum und Herausforderungen betreffen, aber er wird sich nicht von einer anspruchsvollen Frau leiten lassen, die darauf beharrt, daß ihre Antworten richtig seien.

Überdies streitet der Gawain-Held ab, daß er zornig über seine hexenhafte Frau sei, und neigt dazu, immer nur hartnäckig zu lächeln. Gelegentlich agiert er wie ein Tyrann und äußert die Wut, die er zu fürchten gelernt hat. Die weibliche Autorität der Hexe und ihre beharrliche und zornige Konfrontation sind dem heroischen Gawain verhaßt, und er will diese Autorität auf jede nur mögliche Weise aus seiner Identität ausschließen. Indem er das tut, drückt er auf eine – für seine Umgebung – ganz offensichtliche Weise seinen Abscheu vor diesem Verhalten aus. In der Gegenwart von Gawain will niemand die Hexe ausagieren. Wenn seine Frau sich mit der Hexe identifiziert, ist sie über seine Zurückweisung aufgebracht.

Die Rolle des Tyrannen

In der zweiten oder dritten Therapiesitzung mit Larry und Louise warf ich Larry ohne Umschweife und ziemlich wütend seine Weigerung vor, die Auswirkungen sehen zu wollen, die sich daraus ergaben, daß er seine Frau mit ihrer Hausarbeit und den Kindern im Stich ließ. Ich bezog mich auf eine spezielle Aufgabe, um deren Erledigung wir ihn in der vorhergehenden Sitzung gebeten hatten. Larry wurde wütend und sagte zu mir, ich wisse gar nicht, was ich da tue, und nichts von dem, was ich bisher zur Sprache gebracht habe, »tauge« etwas; zudem seien meine Vorschläge allzu »offenkundig«, das hieß, er selbst habe sie alle zuvor schon einmal gehört und wisse, daß sie nicht funktionieren würden. Außerdem war er der Meinung, ich würde seine Frau »aufwiegeln« und die »Dinge nur noch schlimmer machen«. Er glaubte, ich sei »wahrscheinlich selbst nur eine zornige Frau«, und er würde gerne wissen, warum meine eigene Ehe »nicht funktioniert« habe. (Er wußte, daß ich geschieden war, da meine Diplome, die an den Wänden unserer Praxis hingen, verschiedene Namen aufwiesen.)

Larry war jetzt unverhüllt zum Tyrannen geworden, daher konnte ich ihm endlich zeigen, wie groß sein Zorn auf seine Frau in Wirklichkeit war. (Wir werden später noch ausführlich erläutern, wie wir Larry halfen.) Ich habe die oben geschilderte Szene als Beispiel dazu verwendet, um die Tyrannenrolle im negativen Mutterkomplex vorzustellen. Möglicherweise nimmt der Mann die meiste Zeit über einen heroischen, rationalen Standpunkt ein, aber wenn irgend etwas »zu oft« vorkommt (häufig eine Frau, die Autorität beansprucht), so wird er seine heldenhafte Haltung aufgeben und so handeln, als ob ihm der

Kopf abgeschlagen würde. Handelt es sich um ein Ehepaar, so werden Hexe und Tyrann dann miteinander kämpfen, und und es werden »die Fetzen fliegen«, aber es wird keine Lösung erreicht, auch wenn die Spannung zeitweilig etwas nachlassen kann. Das Urvertrauen ist bedroht, wenn Hexe und Tyrann miteinander kämpfen.

Die Tyrannenrolle ist von einer Macho-Haltung und einem offenen Haß auf alles Weibliche gekennzeichnet (beim Mann oder bei der Frau). Der Tyrann ist feindlich eingestellt gegenüber Psychotherapie, Gefühlen, der Frauenbewegung und allem, was bei einem Mann »Schwäche« suggeriert. Tatsächlich verkörpert der Tyrann eine extreme interpersonale Haltung, die bei anderen Menschen gewöhnlich ein vorübergehender Zustand ist. Obwohl ein solcher Mann seitens der Gesellschaft eine gewisse Unterstützung in seinen Einstellungen und seiner Aggression gegen Frauen erfahren kann, fühlt er sich von den anderen und von positiven Gefühlen in seinem Inneren entfremdet. Ähnlich wie die Hexe verachtet sich der Mann, der sich mit dem Tyrannen identifiziert. Er hat aufgehört, anderen wirklich zuzutrauen, daß sie sich um ihn sorgen könnten, und hat einen Schutzwall aus aggressiven und haßerfüllten Vorurteilen um sich herum errichtet; dieser hindert ihn daran, offen für andere zu sein.

Die Grundlage seiner furchteinflößenden Taktik ist eine ungeheure Angst – vor möglichen Anfeindungen anderer und vor dem eigenen Zorn. Der Mann, der sich mit dem Tyrannen identifiziert, ist der Vergewaltiger, der Mann, der Frauen mißbraucht und Kinder schlägt; er ist so blindlings verängstigt, daß er seine Angst nur in einen Angriff kanalisieren kann.

In der Geschichte von Gawain und Ragnell wird der Tyrann durch die anfängliche Interaktion von König Arthur und Sir Gromer verkörpert. Auf der bewußten

Ebene agiert der sich mit dem Tyrannen identifizierende Mann so, wie König Arthur es anfänglich tat: Er versucht, das zu besitzen, was ihm nicht gehört, und danach erkennt er seine Schuld nicht an. Arthur jagt in einem Waldgebiet, das ihm nicht gehört, und er bringt ein Wild zur Strecke, von dem er ganz unbekümmert meint, es stehe ihm rechtmäßig zu.

Die mittelalterliche Form des Ehevertrages ist mit dieser Handlung vergleichbar: Die Frau wird zum Besitz des Mannes, und er hat Eigentumsrechte auf die Kinder, die seinen Namen tragen. Er versucht, zu besitzen, was er nicht haben kann: die Freiheit eines anderen Menschen. Die Ironie der Institution Ehe, des rechtlich-sozialen Vertrags, der eine lebenslange Bindung der Frau an den Mann zur Folge hat, besteht darin, daß der Vertrag von patriarchalischen Kirchenvätern des 4. und 5. Jahrhunderts ausgearbeitet wurde, die selbst unverheiratet waren und sogar den Sexualverkehr innerhalb der Ehe verdammten. Die besondere Mischung aus geistiger Verbindung und Eigentumsrechten in der Ehe trat in westlichen Gesellschaften etwa zu der Zeit erstmals in Erscheinung, zu der Kaiser Konstantin eine Allianz zwischen Kirche und Staat verkündete. Bis zu dieser Zeit hatten die liberalen römischen Scheidungsgesetze es verhindert, daß der Ehevertrag Menschen ein Leben lang aneinanderband.

A. Alvarez behauptet, daß die einengende Form unseres heutigen Ehevertrages bis zu den christlichen Urvätern zurückverfolgt werden kann, »deren hysterische Intoleranz gegenüber dem Fleisch« zu einer bis dato unbekannten Situation in der Geschichte der Ehe in der westlichen Kultur führte: zu einer lebenslangen, legalen, vertraglichen Bindung, die als Bestrafung für »Unzucht« erdacht worden war. Alvarez schreibt weiter:

»Die Grenze zwischen Keuschheit und Satyriasis, zwischen Heiligkeit und Farce war verschwommen, aber in jener Zeit unmöglich zu erkennen. Und da dieses pervertierte, unnatürliche Streben nach sexueller Reinheit eine Voraussetzung für Heiligkeit darstellte, führte es in der Moral der Europäer zu einer ständigen Verzerrung, da der Körper von der Seele und der Anstand von der Begierde getrennt waren, wodurch die Ehe von einem glücklichen Umstand zu einem widerwilligen Zugeständnis wurde, das jene, die unfähig zur heiligen Keuschheit waren, vor der Sünde der Unzucht bewahrte, und sich in dem Glauben niederschlug [...], daß wahre Leidenschaft immer zum Scheitern verurteilt ist und tragisch endet. Auf der praktischen Ebene gründete sich das kanonische Gesetz, das Europa gut 1 500 Jahre lang beherrschte, speziell auf dieses psychotische Niemandsland.«[4]

Die Mißachtung (des religiösen Fanatikers) von grundlegenden menschlichen Gefühlen, verbunden mit der legal abgesegneten Besitznahme von Frau und Kindern, bildete also den Kontext der vertraglich abgesicherten Ehe, die im Mittelalter entstand.

Die Verknüpfung von Emotionalität und Legalität, die sich in der Institution Ehe widerspiegelt, tritt zu Beginn unserer Geschichte im Wortwechsel zwischen Arthur und Sir Gromer zutage. Arthur verkörpert den Staat und seine Interessen an den Eigentumsrechten; Gromer ebenso. Arthur dringt unwissentlich in das Gebiet eines anderen ein und versucht ganz ungeniert, die Beute für sich zu beanspruchen, die ihm von Rechts wegen nicht zusteht. Gromer nimmt es sich heraus, seine eigene Aggression auszuleben. (In einigen Versionen der Geschichte schenkte Arthur Gawain offenbar einen Teil von Gromers Land; in anderen Versionen ist der Grund für Gromers Zorn weniger offensichtlich, obwohl er mit Eigentumsrechten zu tun zu haben scheint.) Die Verschmelzung von

Arthur und Gromer kennzeichnet die typische Tyrannen-rolle.

Auf der bewußteren Ebene – zumindest vom äußerlichen Standpunkt aus gesehen – ist der scheinbare Held, der die Tyrannenrolle spielt, »lediglich vernünftig«, wenn er seine Frau dafür tadelt, daß sie »ihre Aufgaben nicht versieht«. Er sagt dann zum Beispiel: »Ich verdiene den Lebensunterhalt für die Familie. Mit dem Lohn ihrer Arbeit könnten wir nicht einmal die Gasrechnung bezahlen, und sie erwartet von mir, daß ich die Teller abspüle? Das ist die Aufgabe von Frauen. Warum glauben Sie, habe ich eigentlich geheiratet?« Er argumentiert von dem Standpunkt aus, daß Geld und Eigentum mehr Gewicht hätten als Gleichberechtigung oder menschliche Gefühle. Das ist in unserer Gesellschaft eine häufig anzutreffende Einstellung, und viele Menschen würden beipflichten, daß »sie nach gesundem Menschenverstand klingt«. Doch wenn andererseits irgend jemand (insbesondere eine Frau) sich zu weit in seinen Bereich vorwagt, in dem Eigentum und Freiheit dasselbe sind, gerät er in Wut. Wenn er sich dann so verhält wie Gromer, der Tyrann, »schlägt er Arthur den Kopf ab«, das heißt, seine vernünftige Seite verschwindet. Jetzt holt er seine körperlich bedrohenden Waffen – oder ihre emotionalen Gegenstücke (zornige Drohungen) – hervor und will kämpfen.

Wenn der Therapeut bei einem solchen, die Tyrannen-rolle spielenden Mann eine ziemlich heldenhafte und mutige Antwort hervorrufen kann, dann ist klar, daß sich der Betreffende nur zeitweilig mit dem Komplex identifiziert. Wenn der Mann dagegen ständig zwischen einer »rationalen« Intoleranz gegenüber menschlichen Gefühlen und wütenden Drohungen hin und her schwankt, ist es sehr wahrscheinlich, daß er sich in einer tiefgreifenden Weise ständig mit dem Tyrannen identifiziert.

Wie die Frau, die in ihrem frühen Animus-Stadium stehengeblieben ist, benötigt ein solcher Mann eine zusätzliche Therapie, um in seiner eigenen Entwicklung weiterzukommen. Wir haben herausgefunden, daß »hartgesottene« Tyrannen in einer Psychotherapie sehr schwer zu erreichen sind, da sie sich selbst »im Wald« befinden – sie sind aufgrund des Mangels an Urvertrauen sich selbst und anderen entfremdet.

Der negative Mutterkomplex

In diesem Kapitel habe ich die Rollen von Hexe, Held und Tyrann als Teile einer detaillierten Darstellung vom interpersonalen Raum oder vom interaktiven Feld des negativen Mutterkomplexes vorgestellt. Ich habe die Geschichte von Sir Gawain und Lady Ragnell verwendet, um zu illustrieren, wie die Jung'sche Psychologie dabei helfen kann, die nichtrationale Kommunikation zwischen Menschen zu verstehen. Jede der Rollen, die in der Geschichte vorkommen, kann ein Mensch auch außerhalb einer intimen Beziehung spielen. Doch ich glaube, daß diese Identitätsrollen immer wieder innerhalb eines interpersonalen Feldes verstärkt werden müssen, wenn sie als beständige, nichtrationale Orientierungen aufrechterhalten werden.

Jeder Mensch identifiziert sich auf die eine oder andere Weise irgendwann einmal mit der Hexe – wenn er verletzt oder ärgerlich und außerstande ist, etwas gegen diese Gefühle zu tun. Entsprechend nehmen wir alle auch einmal die Rolle des Helden ein, wenn wir angesichts von Schmerz und Gefahr vernünftig und mutig sind. Selbst den Tyrann agieren wir immer wieder in Situationen aus, die eine rationale Identifikation mit der legalen oder sozial bedingten Beherrschung eines Menschen begünstigen;

man überschreitet dann die festgesetzten oder »akzeptablen« Grenzen dieser Beherrschung. Die geistige Verfassung, in der sich ein Mensch beim Einnehmen dieser Rollen befindet, kann unterschiedlich aussehen und ist gewöhnlich vorübergehend. Aber wenn eine Rolle wieder und wieder unbewußt ausagiert wird, ist sie sicherlich Teil eines Komplexes, einer Sammlung von Bildern, Gefühlen und gewohnheitsmäßigen Handlungen, die einen in einer ungewollten Weise motivieren.

Die intrapsychische Erfahrung, die Hexe zu sein, ähnelt der interpersonalen. Die Tyrannen- oder Heldenseite des Komplexes wird dann personifiziert oder in Form von Animus oder Anima verkörpert. Gewöhnlich erleben Frauen die Hexe als Teil ihres Selbsthasses; die Hexe wird von einem beharrlichen Animuskomplex motiviert, der einfach »nicht versteht« und nicht glaubt, daß die Frau »etwas Sinnvolles sagt« oder es wert ist, geliebt zu werden. Der Animus kann – als Tyrann oder Vergewaltiger – die Form eines unsympathischen Außenseiters annehmen. Er kann aber auch in der Gestalt eines vernünftigen Vaters, Gottes oder Königs auftreten (heute entspricht dies der »Autorität« des Fachmanns oder Vorgesetzten). Bei Männern entspricht die Hexe der Animaform von emotionalen Anschuldigungen und impulsiven Gefühlsausbrüchen, die angesichts einer übereilten »rationalen« Lösung oder einer töricht »mutigen« Tat zutage treten. In ähnlicher Weise kann die Hexe den Animazustand eines Mannes ausmachen, wenn er die Bedrohung durch einen realen oder eingebildeten Tyrannen in sich selbst oder in seiner Umgebung fühlt.

Meiner klinischen Erfahrung zufolge entsteht die Hexe – als Identitätszustand – gewöhnlich in der Lebensmitte. Für Frauen ist dieser Zustand mit Ängsten und Schamgefühlen verbunden, die sich auf ihr Äußeres beziehen (die Vorstellung, dick und alt zu sein); oder mit dem Überdruß, weiterhin die fürsorgende Rolle zu spielen (die nicht genug geschätzte Mutter). Bei Männern zeigt sich die Hexe oft in dem Zustand des »sterbenden Helden«, der aus den Ängsten vor der überwältigenden Macht des Gefühlslebens und vor uneingestandenen Abhängigkeiten herrührt.

Ich bin immer wieder darüber erstaunt, zu welch gehässigen Angriffen gegen die Frauenbewegung die Anima-Hexe verleitet – insbesondere bei Leuten im mittleren Alter, die befürworten, daß Frauen ihren Lebenssinn nur in der Großen-Mutter-Rolle sehen sollten. Oft werden sämtliche Ängste der Menschen vor unterdrückenden, blockierenden und vernachlässigenden Müttern zusammen mit unterstützenden »Fakten« oder »Studien« aufgeboten, die »beweisen«, daß Frauen unbedingt die wichtigsten Bezugspersonen für kleine Kinder sein sollten. Wenn solche Argumente auch, oberflächlich gesehen, rational zu sein scheinen, muß man nicht sehr tief schürfen, um ein nichtrationales Element darin zu entdecken: die Angst vor der Hexe.

Ein Beispiel dafür befindet sich in Anthony Stevens' Buch über Archetypen. Darin gibt es ein Kapitel über das archetypische Männliche und Weibliche, in dem er eine Sicht entwickelt, die so töricht irrational ist, daß sie ein geradezu peinliches Lehrstück für die geisteswissenschaftliche Forschung darstellt.[5] Ich glaube, er konfrontiert angstvoll die Hexe, wenn er, wie im folgenden, Dinge über Frauen anführt, kraft derer er seine Behauptung verteidigt, sie seien biologisch besser für mütterliche Rollen geeignet als Männer:

»Frauen legen ein deutlich geringeres Interesse für öffentliche Anliegen an den Tag; schon seit vielen Jahren haben sie nun die Möglichkeit, in die Politik zu gehen und

auch beruflichen und geschäftlichen Organisationen bei-
zutreten; und doch erreichen sie die Spitzen der Macht nur
selten.«[6]

Und ferner:

»Die männliche Vorherrschaft beschränkt sich durchaus nicht auf die Politik. In allen Kulturen dominieren bei
den kreativen Künstlern, Komponisten, Wissenschaftlern
und Philosophen die Männer, und zwar in überwältigen-
dem Maße. Frauen haben nur in der Literatur – vermutlich
wegen ihrer besseren sprachlichen Fähigkeiten – und in
den darstellenden Künsten einen wesentlichen Beitrag
geleistet, obwohl auch hier die Männer auf dem Vor-
marsch sind. Die Frauenbewegung wollte für dieses Phänomen die männlichen »Privilegien« und die Beschränkungen verantwortlich machen, die den Frauen durch den
männlichen Chauvinismus auferlegt wurden. Aber dieses
oberflächliche Argument hält keiner genaueren Prüfung
stand. Selbst in den Berufen, die von alters her als Frauen-
berufe galten – Friseur, Koch, Schneider – sind es die Männer, die als Innovatoren und bedeutendste Repräsentanten
fungieren.

Was die Künste betrifft, so wurden Frauen überdies seit
der Renaissance von ihren Männern ermutigt, Bilder zu
malen und Musik zu machen, und doch hat es bis heute
keinen weiblichen Beethoven oder Strawinsky, Picasso
oder Leonardo da Vinci gegeben.«[7]

Und schließlich:

»Es gibt und gab immer Frauen, die herausragende
Fähigkeiten besaßen, aber selbst den klügsten unter ihnen
scheint es an jenen Eigenschaften zu mangeln, die – neben
der Intelligenz – bei einer kreativen Arbeit für den Erfolg
bestimmend sind; es sind dies Beharrlichkeit, Aggression
und Ehrgeiz. Sie werden bekanntlich durch das Vorhandensein von Testosteron im Blut gesteigert und sind wahr-

scheinlich ebenso auf Unterschiede in der Gehirnentwicklung zurückzuführen.«[8]

Diese Textstellen sind kaum eines ernsthaften Kommentars würdig. Hätte Stevens auf das Fehlen schwarzer Männer unter den Beethovens und den Philosophen der westlichen Kultur hingewiesen, so wäre dies so offen rassistisch gewesen, daß es in jeder ernstzunehmenden Analyse der intellektuellen Geschichte für lächerlich befunden worden wäre. Ich glaube, daß der Autor die Hexe in der Frauenbewegung konfrontiert (die sagt: »*Ich* weiß die Antwort«) und ihr mit bestimmten Fakten antwortet, die er zusammengetragen hat – ganz wie der naive Arthur, der danach trachtet, die Herrschaft über die Entscheidungen zu behalten.

Es ist die auf Selbstschutz ausgerichtete Einstellung des *wir gegen sie*, die im Zentrum der modernen Probleme mit dem negativen Mutterkomplex steht.

Wenn der Komplex das interpersonale Feld einer Paarbeziehung beherrscht, ist das Urvertrauen bedroht. Das Paar läuft Gefahr, die Beziehung nicht mehr aufrechterhalten zu können, insbesondere, wenn der Komplex das primäre Mittel darstellt, durch das sie im Schlafzimmer und beim Betreuen der Kinder interagieren. Wenn in einer Liebesbeziehung das Vertrauen allzu oft bedroht ist, kann es ganz verschwinden. Gefühle des Selbsthasses, des Selbstschutzes, der Einsamkeit und der Rache treten dann an seine Stelle, und die Beziehung wird zu einem Kampfplatz, wo es um Dominanz und Unterwerfung geht.

Konflikte an sich sind in einer Beziehung nicht notwendigerweise schädlich. Tatsächlich können sie für ein Paar sogar anregend und bereichernd sein. Aus unserer klinischen Erfahrung sehen wir, daß ein Konflikt Formen annehmen kann, die das Urvertrauen steigern oder auch bedrohen können. Wenn ein Konflikt vertrauensfördernd ist, dann sind beide Partner eines Paares – und Paar kann hier sowohl Elternteil und Kind als auch Ehepartner bedeuten – imstande, zuzuhören und (zumindest bis zu einem gewissen Grade) sich in den anderen einzufühlen. Wenn ein Konflikt bedrohend ist, wird das Paar gänzlich von unbewußten Komplexen beherrscht, die gewaltiger und schlimmer sind, als die Menschen selbst sein können.

VIERTES KAPITEL

Die Hexe in der Mitte des Lebens annehmen

*Eine wichtige Voraussetzung für die Thera-
pie ist, daß der Patient wahrnimmt, daß er
sich in irgendeiner grundlegenden Weise
ändern muß. Diese Motivation, an seelischen Problemen zu arbeiten, die als mitver-
antwortlich für eine innere Blockade erachtet werden – was aber nicht bedeutet, daß
sich die Persönlichkeit als solche verändert –
ist das Ziel für den Patienten. Der Patient
erkennt, daß er sich aufgrund seiner inneren
Haltung neue Lebensmöglichkeiten nimmt,
daß er langwährende Verhaltensmuster hat,
die jetzt problematisiert und als Hindernisse
für die Entwicklung betrachtet werden.*[1]

Unsere Geschichte vom Einfluß Lady Ragnells auf Arthur
und Gawain ist besonders geeignet, wenn wir Paare
betrachten, die sich in der Lebensmitte befinden. Die
Lebensmitte kann eine Periode sein, die der normalen
Chronologie folgt, sie kann aber auch ein Geisteszustand
sein. Normalerweise trifft beides zusammen und ist durch
ein besonderes Unbehagen gekennzeichnet, das sich
irgendwann zwischen dem 35. und dem 50. Lebensjahr
manifestiert. In einer Paarbeziehung kann dieses Unbehagen auch schon früher zutage treten; das hängt davon ab,
wie lange und unter welchen Bedingungen das Paar
zusammenlebt. Der Alltag eines solchen Paares ist von
Gefühlen der Verzweiflung, Resignation, Bitterkeit und

Langeweile bestimmt. Diese Gefühle, die in der Hexen-beziehungsweise Tyrannenrolle des negativen Mutter-komplexes verkörpert werden, sind Symptome dafür, daß typische Entwicklungsprobleme der Lebensmitte mit im Spiel sind. Insbesondere eine psychische Stagnation ist in immer wiederkehrenden Verstrickungen zu erkennen. Die eigene Idealisierung und die des Partners sind schon vor langer Zeit »angekratzt« worden, und die alltäglichen Anschuldigungen, die Verletzungen und Zorn zum Aus-druck bringen, sind zu richtiggehenden Litaneien gewor-den, die beide auf Knopfdruck herunterleiern können.

Der mögliche Verlust

Beide Partner wissen – bewußt oder unbewußt –, daß sie sich einem tiefgreifenden Verlust gegenübersehen. Zu Beginn der Therapie besteht der wichtigste Motivations-faktor für ein solches Paar darin, diesen Verlust zu erken-nen und verbal zu artikulieren. Der mögliche Verlust der Gemeinsamkeiten und der geteilten Werte wird gewöhn-lich als Schock erlebt. Dieser Schock erzeugt eine Krise, die der Selbstwerdung förderlich sein kann. Zur drohen-den Gefahr des Verlusts gehören unrealistische Vorstel-lungen (oft Kindheitsphantasien) über unsere persönliche Besonderheit, Vollkommenheit, Unvergänglichkeit und unseren Anspruch auf vollständige Sicherheit und größe-res Verständnis. Diese Wünsche nach Vollkommenheit und vollständiger Sicherheit verschleiern gewöhnlich unklare Ängste vor den geheimen zornigen, schamvollen und destruktiven Aspekten der eigenen Persönlichkeit. Das Wahrnehmen und Akzeptieren der verborgenen Aspekte des eigenen Innenlebens wird zum Vehikel für eine Weiterentwicklung.

Jung sagte, daß die Aufgabe der Individuation in der zweiten Lebenshälfte darin bestände, die einseitigen Errungenschaften der ersten Hälfte auszugleichen. Die Individuation, hier als stufenweise Integration von unbewußten Komplexen in die bewußte Identität verstanden, ist im allgemeinen durch eine Reihe von Merkmalen gekennzeichnet, die in der Lebensmitte zutage treten. Diese Merkmale nehmen unterschiedliche Formen an, doch betreffen sie gewöhnlich zwei Bereiche: Verlust/Trennung und die Selbstachtung. In der Lebensmitte sind Menschen aufgrund des bedrückenden Gefühls, ihre Zeit »laufe allmählich ab«, anfällig für Depressionen, unter denen sie wegen mancher verlorener Möglichkeiten leiden. Man empfindet sich selbst und den anderen – insbesondere den Lebenspartner – als nicht dem entsprechend, was man sich erhofft hatte. Ängste vor Verlust, Verlassenwerden und Trennung – insbesondere bei Frauen – verschlimmern die Gefühle von Hilflosigkeit und Hoffnungslosigkeit in bezug auf die Zukunft.

Der Psychiater Elliot Jaques hat sich mit diesen psychodynamischen Fragen der Lebensmitte befaßt und beschreibt den Prozeß, sich mit den Grenzen des Gutseins und der Macht – bei sich wie bei anderen Menschen – abzufinden.[2]

Die eigenen häßlichen, destruktiven und zornigen Gefühle werden teilweise von »unmöglichen Wünschen«, die aus der Kindheit stammen, verschleiert: den Wünschen nach Vollkommenheit und nach absolutem Verstandenwerden, nach Entscheidungen, die sich ohne Konflikte und Schmerzen vollziehen, sowie nach vollkommener Erfüllung. Die größte Aufgabe innerhalb der Entwicklung besteht Jaques zufolge darin, die realistischen Unvollkommenheiten des menschlichen Lebens in einem Zusammenhang von »Glauben« oder Sinngebung zu akzeptieren. Ist man beseelt von der Hoffnung für die Menschheit und dem Willen, die zukünftigen Generationen zu unterstützen, so trägt dies zur Überwindung der Bitterkeit und Wut bei, die von den kindlichen Wünschen herrühren. Das erhoffte Ergebnis der sogenannten Midlife-Krise ist die »Resignation ohne Verzweiflung«.

Für Jung ging es bei dem Prozeß der Individuation in der Lebensmitte vornehmlich um die Integration der kontrasexuellen Seite. Im wesentlichen behauptete er, daß Männer ihre »unterdrückten weiblichen« Aspekte integrieren müßten, wohingegen Frauen das »unterdrückte Männliche« zu integrieren hätten. Diese kontrasexuellen Elemente wurden bereits im zweiten Kapitel dieses Buches vorgestellt. Gewöhnlich ist mit der Integration der Anima bei Männern verbunden, daß sie sich von ihrer Identifikation mit dem unabhängigen, autonomen Held lösen und sich hin zu größerer Abhängigkeit (Interdependenz) und einem ausdrucksfähigen Gefühlsleben bewegen. Für Frauen ist die Situation eher umgekehrt: Die Integration des Animus erfordert normalerweise eine Verlagerung der abhängigen und Bequemlichkeit gewährenden Identität als Fürsorgende hin zu einem entschiedeneren, aktiveren Arbeiten an der eigenen Entwicklung. Jung behauptete also, daß die Entwicklung in der Lebensmitte und im späteren Leben davon abhinge, ob man seine frühere Anpassung ändere und nun ganz bewußt viel von dem einbeziehe, was man zuvor aus Gewohnheit und Abhängigkeit auf andere projiziert und von anderen erwartet hat.

Wie an früherer Stelle bereits erwähnt, hat Gutmann den empirischen Beweis für diese Art der Veränderung in der Anpassung geliefert.[3] Anhand kulturvergleichender Studien über Männer und Frauen in der zweiten Lebenshälfte fand er heraus, daß Männer dazu neigten, von einer aktiveren zu einer akkomodativen und passiven Lebensweise überzugehen, wohingegen Frauen sich in die entgegengesetzte Richtung bewegten. Von Jungs Blickwinkel aus – und auch für unser Verständnis von Paarbeziehungen – muß diese Bewegung bewußt stattfinden und darf nicht nur als unbewußtes Anpassungsmuster zutage treten. Menschen müssen die Ideale und Werte sowie Handlungen und Fähigkeiten in ihr persönliches Bewußtsein integrieren, die mit der »anderen Seite« ihrer Geschlechteridentität verbunden sind.

Wenn ein Paar im negativen Mutterkomplex gefangen ist, entsteht die Motivation, an inneren Fragen zu arbeiten, direkt aus der Konfrontation mit dem möglichen Verlust der Beziehung. Es ist die Stimme der Hexe, die die »Wahrheit« über ihre Lage sagen wird. Sie wird, wenn auch zögernd und widerstrebend, erklären, daß ihr Ehemann viel zu verlieren hat, wenn er sich nicht für ein lebendiges Gefühlsleben öffnet. Sie kann dies auch zum Ausdruck bringen, indem sie sich ihm sexuell verweigert; aber auch, indem sie sich einen Geliebten sucht oder ihre Kinder indirekt ermutigt, die Autorität ihres Vaters anzufechten. Sie erkennt, daß sie »die Antwort« auf das Dilemma ihrer Lage hat, doch wird sie nur wenig Zutrauen haben, daß ihre Gedanken wertvoll oder auch nur vernünftig seien.

Der erste Schritt bei der psychotherapeutischen Arbeit mit einem Paar, das in einem negativen Mutterkomplex gefangen ist, besteht also darin, der Hexe Ausdruck zu verleihen. Gleichzeitig müssen wir dem Helden Gehör schenken oder ihm eine Möglichkeit geben, den weiblichen Standpunkt zu verstehen, den die Hexe zu artikulieren versucht.

Für den Mann drückt sich der mögliche Verlust gewöhnlich im Verlust seines Eigentums und seiner Vaterschaftsrechte aus. Er wird seine Frau und seine Kinder verlieren, seine Stellung innerhalb der Familie und sein

Haus (oder andere Vermögenswerte). Damit verliert er möglicherweise auch eine gute Köchin, eine talentierte Haushaltsführerin, eine gute Freundin und das soziale Netzwerk, das über viele Jahre hinweg durch die Anstrengungen seiner Frau aufrechterhalten wurde. Abstrakter ausgedrückt: Er wird die Möglichkeit verlieren, ein vertrautes und geschätztes Mitglied der Familie zu sein und seine Kinder sicher in ihre Zukunft zu begleiten. Anfänglich wird der Mann die Ankündigung, ihm drohe der Verlust seines eigenen Innenlebens, seiner kreativen Ausdrucksfähigkeit und seines noch ungelebten Potentials, nicht ernst nehmen.

Für die Frau bedeutet der potentielle Verlust gewöhnlich vor allem den Verlust wertgeschätzter Beziehungen: Sie wird die Beziehung verlieren, die sie mit ihrem Mann aufgebaut hat, sowie einige gemeinsame Freunde. Vielleicht ist sie auch imstande, den möglichen Verlust ihres eigenen weiblichen Erwachsenenlebens einzuräumen – das hängt von dem Grad ihrer Depression ab und davon, wie weit ihre Identifikation mit der Hexe geht. Oft sind der Groll und die Bitterkeit über die Identifizierung mit der Hexe zu einem Schutzpanzer gegen jeden Anspruch auf Selbstwert, Freude an den eigenen Talenten und auf eigene Kompetenz geworden. Auch hält sie meistens eine Neubelebung der eigenen Weiblichkeit nicht mehr für möglich.

Die Geschichte von Sir Gawain und Lady Ragnell liefert uns drei Konstellationen, mit deren Hilfe man sich die Entwicklung eines Paares von grundlegendem Mißtrauen bis hin zur Wiederherstellung von Vertrauen vorstellen kann. Die drei Konstellationen zeigen den allmählichen Rückgang von Themen, die um Macht, das heißt um Dominanz und Unterwerfung, kreisen, um danach Themen Platz zu machen, die um Liebe, das heißt um Bindung und Trennung, kreisen. Sie können in einer Therapie als Leitfaden verwendet werden, wenn der Therapeut einem Paar hilft, sich zu ändern und Einblicke in Entwicklungen zu gewinnen, die in der Lebensmitte stattfinden. Die erste Konstellation ist von dem Wunsch nach Dominanz und Besitz gekennzeichnet, die zweite vom Verständnis für das unterdrückte Weibliche und die dritte von der Macht, in Liebesdingen frei zu wählen.

Dominanz und Besitz

Der ursprüngliche Bann, mit dem Gromer Ragnell belegt hat, kann als ein Bann gedeutet werden, der durch die Heirat selbst in Kraft tritt, und zwar durch den Wunsch, zu beherrschen oder beherrscht zu werden. Inwieweit beeinträchtigen Machtprobleme Gesundheit und Glück in der Ehe? Von unserer Geschichte ausgehend, können wir antworten, daß die Vorbedingung für Lebendigkeit in einer intimen Partnerschaft zwischen Erwachsenen die Souveränität über das eigene Leben ist. Souveränität in einer intimen Beziehung gründet sich auf einer Anerkennung der gegenseitigen Abhängigkeit, auf Austausch, der auf wechselseitigem Vertrauen basiert, und nicht darauf, daß ein Partner den anderen beherrscht.

In der Realität hat die Institution Ehe niemals die Freiheit des Mannes beschnitten, war sie niemals ein Garant für seine Monogamie, seine Verantwortung für die finanzielle Unterstützung von Frau und Kindern oder für das Führen einer romantischen Liebesbeziehung mit seiner Frau. Folglich konzentriert sich das Problem von Dominanz und Unterwerfung in der traditionellen Ehe gewöhnlich auf die Dominanz des Mannes und die Unterwerfung der Frau. In ihrer kürzlich erstellten Studie über verheiratete und alleinlebende Menschen zeigte Jessie Bernard, daß unverheiratete Frauen gesünder und glücklicher sind als ihre verheirateten Pendants; sie bewies es anhand einer Vielzahl von Meßdaten, die die Symptome für psychische Leiden, die Beeinträchtigung der geistigen Gesundheit, die körperliche Gesundheit, das Einkommen, die Neigung zu Verbrechen, zu Selbstmord und Alkoholismus berücksichtigten.[4] Auch fand sie heraus, daß Ehemänner im allgemeinen sowohl gesünder als auch glücklicher waren als ihre Frauen. Die rechtliche und finanzielle Macht liegt in traditionellen Ehen vorwiegend beim Ehemann. Und es scheint, daß eben diese Souveränität dazu führt, daß der Ehemann gesünder und glücklicher ist als seine Frau.

Innerhalb der legalen Institution der Ehe läßt es die Frau sich absichtlich oder unbewußt gefallen, daß sie in bezug auf ihre Entfaltung von Autorität und Kompetenz in eine unterlegene Position gerät. Diese Unterwerfung unter den Ehepartner führt letztlich zu Unzufriedenheit, insbesondere in den mittleren Jahren, wenn die Frau sich vergegenwärtigen muß, was in ihrer eigenen Identität verdrängt wurde. Wenn die Frau keine Wertschätzung oder legitime Autorität durch ihre eigenen Leistungen erfahren kann – die sie ja gewöhnlich auf dem Gebiet der Fürsorge und der menschlichen Beziehungen erbringt –, dann wird ihre Selbstachtung ziemlich stark abnehmen. Eine geringe Selbstachtung und ein niederer sozialer Status konfrontieren die Frau mit einem Verlust an Lebendigkeit und einem fehlenden Glauben an die Zukunft. Berechtigte Ängste über berufliche Inkompetenz, die Identifizierung mit als zweitrangig geltenden menschlichen Eigenschaften und die unvorhersehbare Angst aufgrund des negativen Mutterkomplexes im Familienleben erzeugen gewöhnlich ein Gefühl von Hilflosigkeit bei der Frau. Dieses Gefühl beherrscht zunehmend das interpersonale Feld der Paarbeziehung. Gleichzeitig ist sehr gut möglich, daß auch der Mann in den mittleren Jahren sich mit Enttäuschungen abfinden muß, die aus seinen früheren – nun geplatzten – Träumen von Erfolg und von einer durchweg befriedigenden Partnerschaft herrühren. Das offenkundigste Symptom bei Paaren im mittleren Alter, die eine Psychotherapie beginnen, ist daher ihre Niedergeschlagenheit.

Solange der Mann in der Beziehung weiterhin die Entscheidungen fällt und für die Dinge zuständig ist, die Autorität gewährleisten, werden beide Partner den negativen Mutterkomplex ausagieren und – zunehmend verzweifelt – versuchen, ihm zu entgehen. Obwohl der Mann annehmen mag, seine dominierende Haltung sei Teil seiner gesellschaftlichen Rolle und seines Vorrechts als Ehemann, muß man ihm klarmachen, daß die Lebendigkeit der partnerschaftlichen Bindung durch die ständig wiederkehrenden Verhaltensmuster (Dominanz und Unterwerfung) gefährdet ist. Nur der drohende Verlust wird einen dominanten Ehemann wahrscheinlich dazu veranlassen, bewußt anzuerkennen, wie wichtig Gleichberechtigung in der Beziehung ist.

Wir wollen einige Voraussetzungen für eine gleichberechtigte Partnerschaft anführen, um den Hintergrund der Probleme zu erhellen, denen ein Paar gegenübersteht, wenn Beherrschung das zentrale zwischenmenschliche »Kampfthema« ist. Zuneigung und Vertrauen entstehen durch Gegenseitigkeit und Austausch und gründen sich auf eine gefestigte, eigene Identität. Um einen anderen Menschen als starkes und unabhängiges Gegenüber zu sehen und ihm zu vertrauen, muß man sich zuerst selbst befreien. Eine Vorbedingung für eine gegenseitige Partnerschaft scheint deshalb das Vorhandensein einer eigenen Persönlichkeit zu sein.

Sullivan entdeckte, daß eine gleichberechtigte Beziehung gewöhnlich zum ersten Mal zwischen Gleichaltrigen in der Vorpubertät oder Pubertät entsteht. Er spricht von kameradschaftlichen Beziehungen als notwendigen Grundlagen für eine spätere reife Liebe. Während wir in Eltern-Kinder-Beziehungen Fürsorge-Zuneigung-Verhaltensweisen und Dominanz-Unterwerfung-Verhaltensweisen entwikkeln, entwickeln wir gegenseitiges Vertrauen nur in gleichberechtigten Beziehungen. Gegenseitiges Vertrauen entsteht, wenn man erlebt, daß man imstande ist, die Bedürfnisse und Einstellungen eines anderen Menschen als ebenso legitim und wertvoll anzusehen wie die eigenen (und nicht mehr oder weniger).

Sullivans Entdeckung hinsichtlich der reifen Liebe ist in etwas anderer Form von Jean Piaget in seinen Studien über die Entwicklung von Gerechtigkeitssinn und Moral bei Kindern ausgeführt worden.[5] Piaget entdeckte, daß die Ideale von Gleichheit und Gerechtigkeit ganz direkt aus Beziehungen mit Gleichaltrigen herrühren und nicht aus Beziehungen mit Autoritätsfiguren (wie Eltern und Lehrer). Spiele mit Gleichaltrigen zwingen Kinder, die Bedeutung von Vertrauen, Ehrlichkeit und Fairneß zu erkennen und nicht nur Lippenbekenntnisse abzugeben, mit denen sie die Prinzipien ihrer Eltern imitieren.

Bei unserer Arbeit mit Paaren entdeckten wir immer wieder, wie wichtig es ist, Menschen deutlich zu machen, daß das *Teilen* von Aufgaben des täglichen Lebens ganz direkt mit der Achtung zusammenhängt, die jeder Partner für den anderen als Gleichberechtigten empfindet. Gleichberechtigung zwischen Erwachsenen bedeutet fortwährende Bestätigung der Autorität, des Wertes und der Kompetenz des anderen Partners. Gleichberechtigung erfordert jedoch nicht, daß jeder Partner in demselben Maße alle Aufgaben versieht. Ein jeder kann sich auf bestimmte

Aufgaben spezialisieren wie Betreuung der Kinder, tägliche Versorgung oder Verdienen des Lebensunterhaltes, aber jeder sollte die Stärken des anderen respektieren und und dem anderen zutrauen, die Entscheidungen für sein eigenes Leben zu treffen.

Wenn ein Paar, das mit Dominanzproblemen kämpft, eine Therapie beginnt, dann hat die Ehefrau die Täuschung erkannt, die mit ihrer Abhängigkeit einhergeht. Obwohl sie es vielleicht nicht ausdrücklich sagt, weiß sie bereits, daß sie sich in einer Atmosphäre von implizierter Unterlegenheit oder Abhängigkeit nicht entwickeln kann. Sie hat sich bewußt mit der Hexe verbündet. Die Hexe hat eine bittere, klagende, unabhängige Stimme (»Nur *ich* kenne die Antwort«).

Der Ehemann kann rational nicht begreifen, was »falsch« an seiner Meinung sein soll, daß er für die Entscheidungen zuständig ist und den Unterhalt garantiert, oder an seiner Erwartung, aufgrund seiner mutigen, heldenhaften Haltung in der Welt – seiner Bereitschaft, »hinauszugehen und zu kämpfen« – als überlegenes Familienmitglied behandelt zu werden. Überdies kann er nicht nachvollziehen, inwiefern die Verzweiflung seiner Frau irgend etwas mit ihm zu tun hat. Obwohl er Wutanfälle haben mag (oft »aufgestaute Wut« genannt), möglicherweise aggressiv mit den Kindern umgeht und seiner Frau in keiner Weise hilft, sieht er keine Verbindung zwischen diesen Tatsachen und seiner Rolle als dominanter Partner in der Beziehung. Häufig werden die Therapeuten entdecken, daß dieser Mann sich emotional isoliert fühlt, unter Schuldgefühlen leidet und traurig ist, obwohl er behauptet, solche Gefühle nicht zu haben. Von seinem heroischen Blickwinkel aus wird er diese Gefühle abstreiten und nur auf den abstrakten Prinzipien seines »Rechtes« beharren, demzufolge er als Ernährer der Familie und

Oberhaupt seiner kleinen »Herde« mit Respekt und Liebe behandelt werden müßte. Obwohl sein eigener Anima-Komplex auf recht irrationale Weise seinen Ausdruck finden mag, wird er dies auf seine Frau projizieren, die sich bereitwillig als »verrückt« bezeichnen läßt.

Das lebendige emotionale Feld zwischen diesen beiden Partnern, die sich in der Phase von Dominanz und Unterwerfung befinden, ist Verlust. Verlust ist die Erfahrung, sich von etwas oder jemandem zu trennen, das oder der als Teil der eigenen Persönlichkeit geschätzt wurde. Gewöhnlich erlebt die Frau dies eher bewußt, wohingegen der Mann es unbewußt erlebt. Wenn die Frau sich bei der ersten Sitzung selbst vorstellt, werden die Therapeuten sofort den Verlust von Selbstachtung registrieren. Sie können bereits vorhersehen, daß der Mann erst einmal einen Rückschlag in seiner Selbstachtung erleben wird, wenn er das verdrängte Weibliche in sich selbst konfrontiert. Die Situation kann gar nicht anders sein, denn er wird den zornigen, schamhaften und destruktiven Anteilen in sich selbst ebenso ins Auge blicken müssen wie der Aussicht, zukünftig Rollen und Einstellungen zu übernehmen, die von unserer Gesellschaft nicht wirklich honoriert werden.

Die Herausforderung an den Mann in dieser Phase der Therapie besteht darin, sich seinen verborgenen, destruktiven Anteilen zu stellen, die er auf seine Frau und seine Kinder projiziert hatte. Die Herausforderung an die Frau besteht darin, auf ihre bislang nicht geltend gemachte Autorität und Kompetenz zu pochen – um sich dem verdrängten Weiblichen in sich zu stellen.

Das verdrängte Weibliche

Eine Verlagerung zur zweiten Phase der Therapie – zu der Konstellation, in der Ragnell die Autorität des Königs ganz offen herausfordert und Gawain bereitwillig die Aufgabe akzeptiert, die Hexe zu nehmen – ist besonders schwer für den Mann. Oberflächlich gesehen hat man den Eindruck, als seien alle Privilegien und alle Macht auf seiner Seite. Und inwiefern könnten die Selbstachtung oder der soziale Status eines Mannes auch steigen, wenn er ein Gefühlsleben entwickelte oder seine Abhängigkeit von Frau und Kindern anerkennen würde? Männer, die sich bewußt mit dem Tyrannen oder der Heldenrolle identifizieren, mögen sogar fragen: »Was gewinne ich dabei, wenn ich mich ändere?« Die Therapeuten müssen darauf mit der Gegenfrage: »Was verlieren Sie, wenn Sie sich nicht ändern?« antworten.

Die Betonung muß beim Mann auf den Verlust gelegt werden, und die Therapeuten müssen in allen Einzelheiten die schockierenden Verluste veranschaulichen, die ein Mann zu erwarten hat, wenn er sich dem nicht stellt, was in ihm selbst verdrängt wurde. Wie das Ehepaar Coleman in seiner Studie über die gemeinsame Versorgung und Betreuung von Kindern bemerkt, steht der Mann in diesem Punkt vor der größeren Herausforderung:

»Er muß einige Vorrechte aufgeben, der die Gesellschaft größte Achtung entgegenbringt. Der Vater als Teil einer Zweiheit muß akzeptieren, daß seiner beruflichen Karriere Grenzen gesetzt sind, denn er kann nicht länger die volle Unterstützung und Selbstaufopferung seiner Arbeitskollegen erwarten, wenn die Anforderungen des Berufs sich mit seinem häuslichen Leben überschneiden. [...] Wenn ein Mann erwartet, daß die Ehe eine ernsthafte, dauerhafte Beziehung ist, die alle Bereiche seines Lebens durchdringt, werden die Einschränkungen wie die ›Arbeit‹ empfunden werden, dank derer man dieses Ziel erreicht.«[6]

Der Mann wird einfühlsame Unterstützung benötigen, wenn er vor einer solchen Situation steht. Seine Frau sollte seine wichtigste Unterstützerin bei den Veränderungen in ihrer Beziehung sein. Die Therapeuten werden ihr helfen, Anspruch auf ihre eigene Autorität und Kompetenz zu erheben.

Wenn die Frau eine gebieterische Stimme gefunden hat (die Stimme der Ragnell, wenn sie den König herausfordert), sind mehrere Faktoren wirksam, die sich von denen unterscheiden, die in der früheren, von Dominanz und Unterwerfung geprägten Phase ausschlaggebend waren. Die Frau ist nun eine selbstsicherere Hexe, und der Mann ist ein rationaler, mutiger Held. Während die Frau ihre Gefühle der eigenen Hilflosigkeit im wesentlichen überwunden hat, fühlt sie sich deswegen noch nicht weiblich, noch traut sie jetzt der Liebe ihres Partners.

In der Geschichte wird die Situation folgendermaßen dargestellt: Die Antwort von Ragnell hat dem König den Kopf gerettet, und sie hat Gawain gewonnen; nun sitzen sie an der Hochzeitstafel, umgeben von Höflingen, die das Besondere ihrer Beziehung nicht verstehen. Ragnell weiß, daß sie ein Geheimnis besitzt, das zur Intimität zwischen ihr und Gawain führen wird, aber sie ist nicht imstande, die Lebendigkeit ihrer eigenen verborgenen »Prinzessinnen«-Identität zu erlangen. Dies ist die Konfiguration vieler »befreiter« Paare, die eine Therapie beginnen.

Die befreite Frau macht eine Fortbildung, oder sie hat ihren Beruf wiederaufgenommen oder hat es anderweitig gelernt, an ihren eigenen Wert als Individuum zu glauben. Sie hat ihrem Partner bestimmte Hausarbeiten übertragen und ihren Haushalt gemäß ihren neuen Zielen organisiert. Sie hat ein Gespür für die eigene Kraft bekommen, fühlt sich aber immer noch ungeliebt und »von den anderen« zu wenig geschätzt. Immer noch besteht ein hohes Risiko, daß solch ein Paar in seiner Entwicklung einen Fehlschlag erleidet, da es sich, obwohl es auf dem Weg zu Gleichberechtigung und Lebendigkeit zu sein scheint, als unfähig betrachtet, wirklich in einer Partnerschaft zu leben.

Aus unserer Geschichte wissen wir: Die Hexe muß es ablehnen, sich, wenn sie Forderungen stellt, mit Lippenbekenntnissen zufriedenzugeben, und sie darf sich nicht von kollektiven Signalen leiten lassen, die ihr bedeuten, sie sei unterlegen oder dominierend. Sie muß weiterhin voll Selbstsicherheit ihrer Intuition folgen, die ihr sagt, daß ihr Partner sie und ihre häusliche Arbeit noch nicht vollständig akzeptiert hat. Dies ist sowohl für die Frau als auch für die Therapeuten, die sie unterstützen, schwer, denn die rationalen Argumente des heldenhaften Gawain klingen oft sehr überzeugend.

Der Held Gawain scheint offen für die Vorstellungen und die Initiativen seiner Partnerin zu sein, da er ständig fragt: »Was will sie wirklich?« Obwohl er sich augenscheinlich viel Mühe gibt, werden die Therapeuten bald entdecken, daß er nie richtig zuhört, wenn man ihm etwas erklärt – sei es seine Partnerin oder seien es die Therapeuten. Er vertritt den für ihn vernünftigen Standpunkt, er könne nicht viel Sinn darin sehen, sich der nichtrationalen Welt der Kommunikation oder Erfahrung zu öffnen (das heißt, seine Träume zu verstehen), und zieht sich möglicherweise in die Tyrannenrolle von Gromer zurück, wenn er zu weit getrieben wird, ohne daß man ihm eine adäquate Unterstützung gewährt.

Bei einem Paar, mit dem mein Partner und ich arbeiteten, zeigte sich diese Art von Rückzug in die Tyrannenhaltung in der vierten Therapiesitzung sehr deutlich, gerade als wir anfingen zu glauben, daß das Paar sich ganz wesentlich geändert habe. In der dritten Sitzung hatte die Ehefrau von ihrem Wunsch nach mehr emotionaler Offenheit zwischen ihr und ihrem Partner gesprochen und sein Einverständnis verlangt, gemeinsam offener über ihre Vorstellungen von der Erziehung ihres Stiefsohnes zu sprechen. (Es handelte sich um seinen Sohn aus einer früheren Ehe.) Sie wollte, daß ihr Mann sie dabei unterstützte, wenn sie den Jungen anhielt, mehr Aufgaben im Haus zu übernehmen. In früheren Sitzungen hatte der Mann sich gesträubt, seine Vertrautheit mit seinem Sohn aufzugeben, die sich in einer unbewußten Vater-Sohn-Allianz gegen die Frau äußerte. Außerdem hatte der Mann immer wieder den »rationalen« Standpunkt vertreten, es helfe nicht, wenn man über Gefühle spreche. Er glaubte, die Therapeuten würden »Meinungsverschiedenheiten provozieren«, indem sie den Wunsch seiner Frau nach mehr Diskussionen über ihrer beider Gefühlsleben unterstützten. Aber in der dritten Sitzung erklärte sich der Ehemann mit einigen besonderen Vereinbarungen einverstanden, die seinen Umgang (und auch den seiner Frau) mit dem Jungen betrafen.

Unmittelbar nachdem er nach Hause gekommen war, erklärte er jedoch seinem Sohn, nur er selbst sei derjenige, der »hier Befehle erteile«, womit er jedes Vertrauen und jede Achtung zwischen dem Sohn und seiner Stiefmutter praktisch unmöglich machte. Während der vierten Sitzung war die Frau kaum imstande zu sprechen; anstelle von Worten kamen nur Tränen und tiefe Seufzer. Sie war wieder »im Wald«, und ihr Ehemann stellte nun sehr rational fest, daß der Plan der Therapeuten »nicht funktioniert« habe; er sei »sicher«, daß »seine Frau nie in der Lage« sein würde, bezüglich des Sohnes »Ruhe zu geben«, da sie »eifersüchtig« auf die Beziehung sei, die er über die Jahre hinweg mit dem Jungen aufgebaut habe. Er hatte seine tyrannenhafte Ablehnung des Therapieprogrammes als »Beweis« genommen, daß wir unrecht hatten und daß seine Frau eigentlich eine Außenseiterin der Familie war. Der Ehemann triumphierte sarkastisch über seine Demonstration unseres Fehlschlags und äußerte sich ganz offen in verächtlicher Weise über unsere angebliche Sachkenntnis.

Bei einem solchen Rückzug auf die Tyrannenhaltung besteht unsere Strategie darin, den Held mit seinen eigenen Waffen zu schlagen. Da die heldenhafte Haltung von einer Faktenfülle und rationalen Leitbildern untermauert wird, zählen wir unsererseits nun Ergebnisse aus vielen Studien auf, die zeigen, daß es für die Gleichberechtigung in der Partnerschaft förderlich ist, wenn man sich die Verrichtung der alltäglichen Aufgaben der Betreuung und Fürsorge teilt. Studien, die zeigen, daß Männer im selben Maße wie Frauen im Bereich von Fürsorge und Beziehungen kompetent sind, können sich in dieser Phase bei einem Helden sehr bewähren. Wenn auch der Held zu verstehen wünscht, was die Frau will, so steht hinter seiner heroischen Haltung doch die abwehrende Überzeugung, daß weder ihre Worte noch ihre Welt »sinnvoll« seien. »Biologie ist Schicksal« ist das stillschweigende Argument, das die scheinbar rationale Haltung vieler Männer untermauert. Sie glauben, daß Frauen sich von ihren natürlichen Anlagen her einfach besser für die emotionale Ausdrucksfähigkeit und die Betreuung der Kinder eignen. Tatsächlich schließt diese Überzeugung auch die Annahme ein, die weiblichen Fähigkeiten der Fürsorge seien bei Frauen von vornherein voll entwickelt und nicht etwa das Ergebnis von Übung oder gelernter Sachkenntnis. Diese Überzeugung, daß Frauen von Natur her die Fürsorglicheren sind, daß Fürsorge keinen Lernprozeß und keine Entwicklung bedingt und daß sie bei Leistungen, die mit rationaler Ausdrucksfähigkeit und dem Treffen von Entscheidungen zu tun haben, unterlegen seien, ist für beide Partner problematisch. »Biologie ist Schicksal« bedeutet vor allem, daß die *weibliche* Biologie Schicksal ist und daß sie bei allen Frauen und immer im selben Maße ihren Ausdruck findet. Solche Überzeugungen entstehen, wenn Frauen und Männer das Weibliche in sich verdrängt haben, und sie sind das Ergebnis der Unterdrückung von Frauen in unserer Gesellschaft.

Obwohl Hormonhaushalt und Gehirnstruktur bei Männern und Frauen eindeutig unterschiedlich sind, hindern diese Unterschiede Männer nicht daran, einfühlsam zu reagieren und die Fähigkeiten der Betreuung zu lernen, zu weinen oder ihre Abhängigkeit von anderen positiv zu werten. Wir alle sind imstande, »mütterlich« zu handeln und uns liebevoll zu verhalten, obwohl wir unterschiedliche Schwellen für Antrieb und Auslösen von fürsorglichen, zärtlichen Reaktionen haben mögen. Der Psychologe John Money, der die Entwicklung der Geschlechteridentität bei Männern und Frauen ausgiebig erforscht hat, glaubt, daß die meisten »geschlechtsspezifischen« Verhaltensweisen (mit Ausnahme der Zeugung bei Männern und dem Menstruieren, dem Austragen der Kinder und dem Stillen bei Frauen) im Grunde bei beiden Geschlechtern möglich sind. Er schreibt:

»Die allermeisten verhaltensbedingten Geschlechtsunterschiede sollten nicht als unveränderliche feste Größen verstanden werden, sondern als Verhaltensweisen, die von der Stärke der Schwelle abhängig sind, die ihre Manifestation reguliert. Mit anderen Worten, die meisten scheinbar geschlechtsspezifischen Verhaltensweisen können im Grunde bei beiden Geschlechtern vorkommen; unterschiedlich ist der Punkt, an dem sie beginnen.«[7]

131

Money hat viele Variationen der typischen hormonell bedingten und geschlechterspezifischen Verhaltensmuster studiert und ist zu der Schlußfolgerung gelangt, daß die Sozialisation eine wichtigere Rolle für die Geschlechteridentität spielt als die Biologie. Natürlich wirken beide im Leben eines jeden Menschen wechselseitig aufeinander ein, aber Money hat herausgefunden, daß die Attribute und Konstrukte hinsichtlich dessen, was Menschen für »männlich« beziehungsweise »weiblich« halten, einen viel stärkeren Einfluß bei der Herausbildung der Identität haben als eben die Hormone und das Geschlecht. Er zitiert einen Fall von fürsorglichem Verhalten bei männlichen Laborratten:

»Man kann erreichen, daß selbst ein widerspenstiges Rattenmännchen ein Nest baut und auf die Jungen aufpaßt, auch wenn es keine Lust hat, sich um die Jungen zu kümmern, sofern man es eine Woche lang jeden Tag – mehr oder weniger regelmäßig – mit einem Wurf junger Ratten zusammenbringt. [...] Am Ende beginnt das Männchen, ein Nest zu bauen, sich ständig an der Seite der Jungen aufzuhalten, sie herbeizuholen, wenn sie sich entfernen, und sich um sie zu kümmern. Es zeigt dasselbe fürsorgliche Verhalten, welches das Weibchen an den Tag legt.«[8]

Wenn es den Archetyp der Großen Mutter unter männlichen Ratten gibt, so gibt es ihn unzweifelhaft auch unter Männern. Eine solche Studie zeigt, daß Zuneigung und fürsorgliches Verhalten von der Biologie her nicht auf Frauen begrenzt sind; sie werden von der Gesellschaft begrenzt.

Auch die Untersuchungen des Ehepaars Harlow sind lehrreich für einen heldenhaften Ehemann, der überzeugt werden muß.[9] Die Forscher fanden heraus, daß die Fürsorge von Affenmüttern, die sich nach der Geburt ihrer

Jungen sofort um diese kümmern, offenbar eher das Ergebnis sozialer Einflüsse als biologische Notwendigkeit ist. Sie erzeugten weibliche Affen im Labor, die erbärmlich schlechte Mütter wurden, weil man sie von Geburt an von ihren eigenen Müttern entfernte und isoliert aufzog. Wenn diese isolierten Affenweibchen befruchtet wurden und Junge gebaren, legten sie kein normales mütterliches Verhalten an den Tag, ja sie waren sogar aggressiv gegenüber ihrer Nachkommenschaft. Bei Affen wie bei Menschen ist das Erlernen von liebevollem Verhalten eine Erfahrung, die einerseits aus der frühen Bindung und andererseits aus der fortwährenden Interaktion in Beziehungen herrührt, die jemand im Laufe seines Lebens hat.

Während ihrer Studie der Manus auf Neuguinea entdeckte Margaret Mead einen Stamm, in dem die Männer eine wichtige Rolle bei der Pflege der Babys spielten.[10] Die Männer spielten mit den Kindern und schienen es zu genießen (sie taten es nach dem morgendlichen Fischen), während die Frauen arbeiteten. Die Mütter brachten den Kindern bei, bestimmte Gefahren zu vermeiden, indem sie die Babys lehrten, sich am Hals eines Erwachsenen festzuhalten, nicht ins Wasser zu fallen und nicht an Feuer zu rühren. Es ist nicht verwunderlich, daß Mead beobachtete, daß die Kinder in Anwesenheit ihrer Väter aufmerksam und fröhlich waren und ihren Müttern im allgemeinen auswichen. Die Mütter wurden häufig vor den Augen der Kinder von ihren Männern und den Verwandten der Männer schlecht behandelt, und die Kinder entwickelten eine große Anhänglichkeit an den Vater. Als Mead in diesem Stamm Spielzeugpuppen verteilte, spielten die Jungen – aus eigenem Antrieb – mehr mit ihnen als die Mädchen.

Diese Beispiele zeigen, wieviel Potential für fürsorgliches und betreuerisches Verhalten vorhanden ist, das sowohl bei Männern wie bei Frauen entwickelt werden

133

kann. Doch in unserer Gesellschaft – wie auch in den meisten anderen entwickelten Gesellschaften – nehmen die Männer nur selten an diesen Aktivitäten teil. Man schenkt der Kompetenz und den damit verbundenen Qualifikationen wenig Beachtung, und immer wieder werden Stimmen laut, die unterstellen, daß die Fähigkeit für solche Aktivitäten angeboren sei.

Das Neubewerten der Fürsorge ist ein Prozeß, in dem zum einen ein Anspruch auf die Wertschätzung dieser Aktivitäten erhoben werden und zum anderen entschieden werden muß, wie sie von den beiden Geschlechtern geteilt werden. Oft haben feministische Paare, die uns wegen einer Therapie aufsuchten, es versäumt, diesen ersten Schritt zu tun. Infolgedessen hat keiner der beiden Partner das Gefühl, etwas Wertvolles oder Wichtiges zu leisten, wenn er und sie die alltäglichen Aufgaben der Fürsorge versehen.

Will man das verdrängte Weibliche akzeptieren, so muß man die Unterdrückung der Frauen, den Nutzen der fürsorglichen Aktivitäten sowie die Komplexität und die Kompetenz, die damit verbunden sind, verstehen und zudem die weiblichen Elemente in die eigene Persönlichkeit integrieren. Dies kann sowohl für Männer wie für Frauen ein ambivalenter Prozeß sein.

In der Gawain-Hexen-Konfiguration des negativen Mutterkomplexes verharrt die Frau im wesentlichen in ihrer Hexen-Identität, wohingegen ihr Ehemann ihren Forderungen nachzukommen scheint. In Wirklichkeit aber gibt er lediglich einem Idealbild, das er hat, ein Lippenbekenntnis ab, und beiden Partner ist dies auch klar, auch wenn sie vielleicht nicht in der Lage sind, es zu artikulieren.

Wenn die Frau sich den Therapeuten vorstellt, zeigt sich, daß sie das Interesse an ihrer Rolle als Ehefrau und Geliebte und auch an der der Mutter und Betreuerin der Familie weitgehend verloren hat. Auch dem Sex mag sie gleichgültig gegenüberstehen, und ganz sicher ist sie vollkommen desinteressiert an Versprechungen von Schmuck oder anderen Reichtümern, die der Mann ihr im Austausch für ihre Dienstbarkeit geboten hat. Obwohl sie vielleicht unbewußt von ihrer inneren Haltung überzeugt ist (»Ich habe die Antwort«), wird sie sie nach außen hin in Zweifel ziehen. Diese Zweifel an der Wirklichkeit ihrer eigenen Erfahrung und auch an ihrem Wunsch, ihre fürsorglichen Fähigkeiten und ihr Gefühlsleben wertzuschätzen, können dazu führen, daß sie glaubt, sie »würde allmählich verrückt«. Da sie sehr wohl um die »Fakten« ihres sozialen Umfeldes weiß und anerkennt, wie wichtig Rationalität ist, wird sie die mangelnde Rationalität ihrer eigenen Haltung sehr beunruhigend finden. Wie kann sie weiterhin so eine Hexe sein, wo doch ihr Ehemann alles zu tun scheint, worum sie ihn bittet? Sie hat Schuldgefühle, weil sie so empfindet, und schämt sich über ihre Wut und den Zorn, die sie oft zu quälen scheinen. Tatsächlich aber wünscht sie sich vielleicht mehr Autonomie und Freiheit in ihrem Gefühl für das Selbst (der Integration des Animus), doch ist sie nicht imstande, diesen Wünschen zu trauen, ebenso wie sie nicht in der Lage ist, der »guten Absicht« ihres Partners zu trauen, sie und ihre Welt anzunehmen.

Gewöhnlich nimmt dieser Mangel an Vertrauen stetig zu; nach und nach wird die Frau praktisch alle Männer – ja selbst andere Frauen – unter diesem Blickwinkel sehen. In ihrer Hexen-Identität gefangen, glaubt die Frau, niemand könne verstehen, wie furchtbar wertlos, dumm und häßlich sie sich fühlt. Anderen mag es sogar so vorkommen, als schwelge sie geradezu in ihrem unglücklichen Los und halte krampfhaft an Selbsthaß, Schmerz und Leiden fest.

So wie der Mann rationale Argumente benötigt, um das Weibliche in sich selbst und anderen zu verstehen, so benötigt die Frau eine rationale Stimme, die ihr den Wert und die Komplexität ihrer nichtrationalen Welt überzeugend erklärt. An dem Punkt, wo sie sich zwar noch immer mit der Hexe identifiziert, sich aber schon stärker und unabhängiger fühlt, können die Therapeuten ihr »Worte geben«. Das bedeutet nicht, daß sie ihr sagen, was sie denken soll, sondern vielmehr, daß sie ihr rationale Argumente und empirische Beweise zur Verfügung stellen, um ihr zu zeigen, daß sie tatsächlich eine machtvolle Stellung als Fürsorgerin und Betreuerin der Familie hat. Besonders beeindruckt wird sie sein, wenn sie hört, daß ihre unausgesprochenen Gedanken in einem »heldenhaften Bezugssystem« aufscheinen, das ihren Ehemann überzeugt. Die Berechtigung ihres Leidens und auch die Komplexität ihrer Rolle müssen im Kontext von weitreichenderen gesellschaftlichen Themen artikuliert werden, die mit der Unterdrückung der Frau und der mangelnden Möglichkeit für Männer, als Betreuer der Familie zu fungieren, zu tun haben.

Wenn wir unseren Klienten Anhaltspunkte für die Legitimität der nichtrationalen Welt geben, spüren wir gewöhnlich, daß beide Partner darüber erleichtert sind. Der Mann ist erleichtert, da er entdeckt, daß seine Frau nicht verrückt ist und daß sie gute Gründe dafür hat, sich verletzt, zornig und isoliert zu fühlen. Die Frau ist erleichtert, da sie jetzt weiß, daß sie intuitiv recht hatte, als sie sich weigerte zu glauben, ihr Ehemann habe ihre Welt ganz und gar akzeptiert. An diesem Punkt können wir zusammenarbeiten, um Lösungen für das Problem zu finden, wie die fürsorglichen Aufgaben zwischen beiden Partnern aufzuteilen sind.

Gleichberechtigung, Gegenseitigkeit und Aufgabenteilung können in einer Partnerschaft nicht auf einer rationalen Ebene erreicht werden. Ein großes Hemmnis hierbei sind rigide Festlegungen wie: »Du trägst den Müll montags und mittwochs runter, und ich kümmere mich donnerstags und samstags um die Wäsche.« Diese Art von Einteilung mag zwar das letztendliche Resultat der Übereinkunft sein, doch ist ein ständiger, lebendiger Austausch vonnöten, der nicht auf eine starre Festlegung hinauslaufen darf. Gegenseitigkeit, die sich auf Vertrauen gründet, beruht nicht auf rationaler Problemlösung oder einfach nur auf dem Treffen von Entscheidungen. Sie ist vielmehr das fortwährende Verstehen und Akzeptieren der Stärken, Talente, Bedürfnisse und Fähigkeiten des anderen im Kontext der eigenen Stärken, Talente, Bedürfnisse und Fähigkeiten. Selten führt diese Art der Gegenseitigkeit dazu, daß jeder Partner genau die Hälfte aller Aufgaben versieht. Manchmal scheint der eine Partner mehr zu geben und mehr zu übernehmen; dann wieder ist es umgekehrt. Krankheiten, persönliche Belastungen, Befähigung und besondere Interessen müssen immer berücksichtigt werden. Es gibt kein Patentrezept für das Erreichen von Gleichberechtigung – Voraussetzung für das Annehmen von verdrängten weiblichen Anteilen ist das Bestreben, dem anderen und sich selbst zu trauen.

Das Bemühen, einen anderen Menschen zu verstehen und die Individualität des anderen so sehr wie die eigene zu achten, ist ein kontinuierlicher lebenslanger Prozeß. Rationales Planen und Festlegen der Aufgaben führen nur neuerlich zu einem Kampf. Das fortwährende archetypische Problem in der Liebesbeziehung zwischen Erwachsenen erfordert jene Art Selbstkritik und Akzeptanz, die das Fundament für die Individuation bildet. Letztlich kann man einen solchen Kampf gar nicht wirklich in Worte fassen, was mit dem Wesen der Sprache an sich zu tun hat. Durch Worte gibt man Hinweise, und ihre Struktur ist weitgehend rational und folgerichtig. Dadurch ist es schwer, einem Paar dieses Problem der Gegenseitigkeit verständlich zu machen; beide Partner müssen es in ihrem eigenen Kampf erfahren, bei dem es darum geht, die verborgenen, schamhaften, zornigen, emotionalen und schwachen Elemente in sich selbst neu zu bewerten.

Anfangs müssen die Paare genau die Zeit festlegen, in der sie ihre Meinungsdifferenzen besprechen. Auf den ersten Blick scheint dieses Festlegen von Zeit nicht zu der Aufgabe zu passen, die darin besteht, wieder Vertrauen und ein Gefühl der gegenseitigen Verbundenheit herzustellen. Doch sehen wir als Therapeuten keine Möglichkeit, dies zumindest anfänglich zu umgehen, da das Leben der Paare, die einen negativen Mutterkomplex ausagieren, von »Kampflinien« geprägt ist und jeder seine eigene, vom anderen getrennte Existenz führt. Schließlich wird die Zeit, die beide Partner zum Besprechen reservieren, als natürlicher empfunden werden und ein Eigenleben entwickeln. Sie verlangt die Aufmerksamkeit beider, da sie ein Klima des Vertrauens aufrechterhalten wollen.

Gewöhnlich wird der Mann anfangs die Idee, regelmäßige Zeiten für Besprechungen mit seiner Partnerin festzulegen, gutheißen, doch bald wird er finden, diese Stunden seien für ihn verlorene Zeit. Auch wird er mehr Vorbehalte dagegen haben, die weiblichen Aspekte seines Lebens neu zu bewerten, da er sich bisher dagegen gewehrt hat, seelischen Schmerz – insbesondere tiefgreifende Verletzungen – bei sich und anderen zu fühlen. Der heldenhafte Gawain-Ehemann stellt sich selbst als »hohlköpfiger« Held dar; er ist bereitwillig, aber dumm. Dies ist bei ihm der Haken (oder der Fluch). Er mag sich als »befreiter« Mann sehen, doch er richtet seine Intelligenz nicht auf das Weibliche – weder auf die gewöhnlichen Belange des täglichen

Lebens noch auf die nichtrationale Bedeutung dessen, was seine Frau ihm mitteilt. Er weigert sich, wirklich zuzuhören. Wenn er sich emotional zu sehr in die Enge getrieben fühlt, kann er sich in die Tyrannenhaltung zurückziehen.

Über den Kampf um eine »dyadische«, eine gemeinsame Elternschaft schreibt das Forscherehepaar Coleman:

»Um auf einer tiefen, intrapsychischen Ebene arbeiten zu können, braucht die dyadische Elternschaft Mythen, Bilder und Legenden, Götter und Göttinnen, heilige Paare und androgyne Bilder – es bedarf sowohl einer Unterstützung auf einer unbewußten wie auf einer bewußten Ebene.

Wenn zwei Menschen wirklich zusammenarbeiten müssen, so ist es nicht leicht, die Entscheidungen aufeinander abzustimmen, die Zeitpläne in Einklang zu bringen und sich über bestimmte Vorgehensweisen zu einigen; auch haben nicht immer beide dieselben Vorteile davon. Im Fall der Elternschaft mag dies besonders kompliziert sein, denn sie rührt an Emotionen und Einstellungen, die in der Kindheit entstanden und den Menschen gar nicht wirklich bewußt sind. Aufgrund dieser unbewußten Überzeugungen kann sich die Art, wie ein Mann und eine Frau miteinander als Eltern umgehen, sehr davon unterscheiden, wie sie miteinander als Liebespaar, als Ehemann und Ehefrau, umgehen. Mädchen sind so sozialisiert, daß sie mit größerer Wahrscheinlichkeit als Jungen erwarten, daß die Elternschaft später eine wichtige Aufgabe in ihrer Ehe – ja möglicherweise sogar ihre Lebensaufgabe darstellt. Daher ist die Erfahrung einer dyadischen Elternschaft für die Männer viel einschneidender.«[11]

Was das Ehepaar Coleman hier als »Elternschaft« bezeichnet, ist für uns das Weibliche: die Fähigkeit, offen und genau auf die Bedürfnisse des anderen und auf das gesamte familiäre Umfeld zu reagieren. Wir haben herausgefunden, daß diese Fähigkeit in beträchtlichem Maße Einfluß auf die Befriedigung hat, die ein Paar mittleren Alters in allen Bereichen der intimen Beziehung verspürt. Sexuelle Intimität, emotionale Geborgenheit und Vertrauen sowie gegenseitige Achtung hängen von der Bereitschaft beider Partner ab, die Fähigkeit zur Fürsorge bei sich selbst und beim anderen wertzuschätzen.

Wir sind uns klargeworden, daß der Kuß, den Gawain Ragnell am Ende gibt, eine heldenhafte Tat ist. Der Mut, sich gegenüber der schrecklichen und gefürchteten Hexe, gegenüber der potentiellen Flut von Zerstörung und Desintegration zu öffnen, die sie verkörpert (sie saugt einem die Seele aus dem Leib!), ist wahrhaft heroisch. Wenn ein Mann für eine solche Beziehung zu sich selbst und zu anderen bereit ist, muß das große seelische Härten und Depressionen mit sich bringen – schon allein wegen seiner gesellschaftlichen Stellung und seiner Gewohnheit, Abhängigkeit und Schwäche abzulehnen. Nimmt man die Hexe an, so erfährt man einen negativen Druck seitens der Gesellschaft und leidet unter Schuldgefühlen. Doch weigert sich der Mann, sie anzunehmen, wird er einen viel tiefgehenderen Verlust erleben – den Verlust seiner eigenen Weiterentwicklung und wahrscheinlich auch den Verlust einer intimen lebendigen Partnerschaft mit seiner Frau in den späteren Lebensjahren.

Der Mann kann sich auf vielerlei Weise gegen die möglichen Depressionen schützen – zum Beispiel, indem er sich Unterstützung von anderen Männern holt; das kann ihm helfen, die Zweifel und Ängste zu zerstreuen, die er notwendigerweise erleben wird. Die Hexe zu küssen ist eine schwierige heroische Tat, eine, die in einer Gesellschaft, die den Männern Überlegenheit und den Frauen Unterlegenheit zuschreibt, immer wieder neu gewagt werden muß.

Was wollen Frauen wirklich? Anhand unserer Geschichte entdecken wir, daß es das Recht auf Souveränität über das eigene Leben ist. Das ist keine einfache Angelegenheit, da es dafür der Partnerschaft mit den Männern bedarf. Wahre Souveränität beruht auf Vertrauen in sich und den anderen. Dieses Vertrauen erfordert die Verpflichtung zur Gegenseitigkeit.

Um dieses Ideal zu erreichen, muß ein Mensch ein wirkliches Individuum sein, das Verantwortung für die eigene Entwicklung übernimmt, und er muß ein soziales Wesen sein, das die gegenseitige Abhängigkeit im menschlichen Leben schätzt. Das letztendliche Ziel des Wunsches der Frauen nach Souveränität ist nicht Individualismus. Wenn die Geschichte nur von einer Befreiung Ragnells vom Banne Gromers gehandelt hätte, hätten wir sie nicht für ein geeignetes Beispiel für die Entwicklung einer Paarbeziehung gehalten.

Letztlich ist Ragnell darauf angewiesen, daß Gawain ihre Unabhängigkeit anerkennt, und auch darauf, daß er sich daran gebunden fühlt. Im Gegenzug ist Gawain darauf angewiesen, daß sie ihm vertraut, daß er sich aus freien Stücken zu dieser Anerkennung durchringen kann; sie hätte ihn nicht gewählt, wenn es anders wäre.

Die Angst des Mannes, die Frau wolle sein Leben beherrschen, ist eine kindliche Angst vor dem mächtigen Mutterkomplex, der fast gänzlich auf die Frau projiziert wird. Tatsächlich scheint das gesunde Selbstwertgefühl von Frauen zu einem Großteil davon abzuhängen, ob und welchen Einfluß sie auf einen anderen haben. Offenbar können sie zu abhängig von dieser Anerkennung werden, was mit dem kindlichen Wunsch verbunden ist, sich den Konflikten nicht stellen zu müssen, die mit der Verantwortung für die eigene Unabhängigkeit einhergehen. Letztendlich könnte man sagen, daß der Wunsch nach

Souveränität, den Ragnell zum Ausdruck bringt, der Wunsch ist, daß Männer ihnen zuhören und die Erfahrungswelt von Frauen wirklich verstehen.

Liebe und freie Wahl

Die letzte Phase der Begegnung von Gawain und Ragnell beginnt, nachdem Gawain die Hexe zum ersten Mal geküßt hat. Er sieht das Potential für das lebendige Weibliche in seiner Frau (der Prinzessin), aber er wird vor eine Entscheidung gestellt. Die Entscheidung ist eine – für ihn unbekannte – Prüfung und zeigt, inwieweit er sich Ragnells Unabhängigkeit wirklich verpflichtet fühlt.

Im Mittelpunkt der Geschichte steht die Macht der Schönheit: Gawain muß sich entscheiden, ob seine Frau am Tage im Schloß schön sein soll und seinen Freunden gegenüber ihren bezaubernden Liebreiz entfaltet, oder ob sie des Nachts in ihrem Schlafgemach schön ist, so daß er sie dann in ihrer wahren Gestalt umarmen kann.

Diese zwei Pole der weiblichen Schönheit, die öffentliche Macht und das private Vergnügen, sind häufig zwei unvereinbare Gegensätze, wenn es darum geht, wie Männer »wirkliche« Frauen erleben. Der Mann, der die kultivierte, gebildete und starke Frau »für den Tag« (in seinem Bewußtsein) sucht, kann entdecken, daß er unfähig ist, »des Nachts« (in seinem instinktmäßigen Unterbewußtsein) intim mit ihr zu verkehren. Die unerforschliche, geheimnisvolle und ungebildete Frau – einer meiner Analysanden nannte sie die »Insel-Frau« – wird möglicherweise zum Mittelpunkt seiner sexuellen Begierden.

Die Aufspaltung zwischen der Macht der Frau bei Tag und bei Nacht ist für Männer schon immer ein Problem bei der Entwicklung intimer Frauenbeziehungen gewesen, insbesondere wenn sie mit einem Mutterkomplex zu kämpfen haben. In unserer Geschichte stößt Gawain in einer Prüfung auf dieses Problem und ist imstande, es auf einfache Weise zu lösen. Bei Ehepaaren im wirklichen Leben ist diese Herausforderung ein fortwährendes Problem für Männer, die im öffentlichen und im privaten Leben mit feministischen Einstellungen zu kämpfen haben.

Von der Tradition her ist die Frau Eigentum des Mannes, und ihre Schönheit, ihr Charme und ihre Kultiviertheit sind ein Zeichen für *seinen* guten Geschmack und Erfolg. Wenn die Frau eines Mannes allzu unabhängig auftritt und »Raum einnimmt«, ist seine Würde bedroht, und er muß vor aller Augen ein Stück zurückweichen. Wenn ein Mann seiner Frau Unabhängigkeit zugesteht und dann merkt, daß sie zu einer starken Persönlichkeit mit eigenen Rechten wird, kann er sich in seinem sexuellen Besitzrecht bedroht fühlen und folglich in ihrem Beisein impotent werden.

Was die Geschichte uns zu verstehen gibt und was wir in unserer Arbeit mit Paaren im mittleren Alter erleben, ist, daß eine Frau wieder lebendig und schön wird, wenn ihr Partner ihr die Machtbefugnis über ihr eigenes Leben zugesteht.

Zuweilen haben wir schon in einer einzigen Therapiesitzung erlebt, daß sich eine verwirrte, weinende, grollende Hexe in eine selbstbewußte, lebendige Prinzessin mit eigenen Einsichten zu verwandeln begann. Doch wird eine solche unmittelbare Veränderung nicht sofort integriert und kann sich schnell wieder in nichts auflösen. Dennoch kann man die Veränderung in Aussehen, Stimme und Gebaren der Frau feststellen und sie in dem Prozeß, in dem es um die Wiederherstellung von Vertrauen geht, recht bald schon positiv vermerken.

Weder die Hexe noch die Prinzessin sind ein dauerhafter Identitätszustand für eine erwachsene Frau. Beides sind unbewußte Komplexe, die um archetypische Bilder herum gruppiert sind; sie sind vorübergehende Zustände des täglichen Lebens. Die Prinzessinnenidentität, die darin besteht, sich als Frau schön, lebendig und geliebt zu fühlen, ist ganz wichtig für die Selbstachtung einer Frau, wenn sie älter wird; je ungezwungener sie sich in dieser Hinsicht fühlt, desto besser wird sie in der Lage sein, dauerhaft an ihren eigenen Wert und ihr Gutsein zu glauben. Der Glaube an das eigene Gutsein ist der entscheidende Punkt bei der Entwicklung in den mittleren Lebensjahren. Ist bei einer älteren Frau kein Anzeichen für eine Prinzessinnenidentität zu spüren, so zeigt dies, daß sie deprimiert ist und daß sie in ihrer Entwicklung stagniert.

Was in der letzten Episode unserer Geschichte durch die Verwandlung Ragnells in eine klarsichtige, junge Frau symbolisiert wird, ist die Macht der Entscheidung. Gawain steht vor einem Dilemma, das mit rationalen Mitteln – das heißt durch Abwägen der bestehenden Alternativen – nicht lösbar ist. Wenn er *für* Ragnell die Entscheidung getroffen hätte (wenn er *seine* Vorliebe kundgetan hätte), hätte er verloren. Doch statt zu versuchen, eine individuelle Lösung zu finden, die auf seinen eigenen Bedürfnissen und Wünschen beruhte, vertraute Gawain Ragnell und gab ihr damit die Freiheit und Verantwortung für ihre eigene Entscheidung. Auch wäre Ragnell niemals dem Fluch entronnen, wenn Gawain für sie entschieden hätte; sie mußte unbedingt wieder ihr volles Recht über ihre Person haben, ehe sie zu ihrem wahren, lebendigen Selbst gelangen konnte.

Der Prozeß, der damit begann, daß Ragnell Anspruch auf ihre eigene hexenhafte Autorität erhob (»*Ich* habe die Antwort«) und Gawain sich bemühte, sie zu verstehen, erreicht seinen Höhepunkt in der Erkenntnis des Mannes, daß er von einer Frau (einer Person mit eigenen Rechten) abhängig ist, und im Eingeständnis der Frau, daß sie für ihr Leben selbst die Verantwortung übernehmen muß. Dieses Annehmen des verdrängten Weiblichen ist für beide Partner befreiend. Obwohl es ideal zu sein scheint, wenn Ragnell – ohne Gawains Segen – auf irgendeine weniger »komplizierte« Weise ihre rechtmäßige Wahl treffen könnte, stellt sich die Situation in unserer Geschichte anders dar: Wenn der Mann anfängt, durch die Ehe von der Frau Besitz zu ergreifen, und die Frau beginnt, sich mit der Vorstellung vertraut zu machen, daß sie Besitztum sein wird, dann muß der Mann seine Abhängigkeit von ihr eingestehen, und sie muß eingestehen, daß sie darauf vertraut, daß er ihr ihre Freiheit zurückgibt. Man könnte darüber spekulieren, ob eine Frau es verhindern könnte, ihre persönliche Autorität auf einen Mann (oder Männer) zu projizieren, doch das ist reine Theorie. Tatsache ist, *daß* die meisten Frauen diese Autorität projizieren, und die meisten Männer nehmen an, daß Frauen es tun *sollten*.

Letzten Endes jedoch bedeutet die Verbindung des ritterlichen Gawain mit der Prinzessin Ragnell die Erkenntnis, daß Autonomie und Empathie Hand in Hand gehen. Abhängigkeit und Unabhängigkeit gehören zusammen, es sind zwei Pole der menschlichen Liebe. Die Hexe bei sich selbst und einem anderen Menschen annehmen bedeutet, seinen Verletzungen, seinem Zorn und seiner Schwäche Ausdruck zu verleihen. Erlaubt man diesen Stimmen, sich zu artikulieren, so führt dies nicht zu undifferenziertem Zorn oder Schimpfkanonaden, sondern erzeugt sensibles und feinnerviges Einfühlungsvermögen, in dem diese ihre Bedeutung finden. Das Akzeptieren der vergessenen weiblichen Kultur bedeutet, seine Aufmerksamkeit und Intelligenz auf den Tatbestand zu richten, daß wir voneinander abhängig sind. Die Fürsorge um Menschen und Dinge, die um uns herum sind, kann nicht in den Bereich unbewußter, gewohnheitsmäßiger »Mechanismen« verbannt werden, die um Ängste und Wünsche herum konstruiert sind. Auch können Betreuung und Fürsorge nicht zur »Frauensache« erklärt werden. Den Weg »aus den Wäldern« – und aus der Entfremdung von Hexe und Tyrann – findet man mit Hilfe der Hexenstimme. Indem man mit ihr mitfühlt und ihre Erfahrungen und ihr Leiden anerkennt, fördert man eine Neubelebung des Beziehungslebens.

Wir wollen nun zu Louise und Larry zurückkehren, um zu verstehen, wie diese Versöhnung in einer Beziehung aussehen könnte.

Louise und Larry nehmen die Hexe an

Im Laufe einer ganzen Reihe schwieriger Therapiesitzungen mit Larry, die darauf abzielten, seine rationalen Schutzwälle zu durchbrechen, die er gegen Louises emotionale Ausdrucksfähigkeit errichtet hatte, waren wir als Therapeuten in der Lage, Larry zu zeigen, wie unmöglich seine Einstellung gewesen war. Obwohl er immer wieder verlangt hatte, die Therapeuten und Louise sollten ihm sagen, was er wegen der Unzufriedenheit seiner Frau unternehmen könne, machte er jede Möglichkeit, die wir ihm anboten, schlecht. Er bestritt den Wert des Gefühlslebens. (»So denke ich eben nicht. Für mich bedeutet das nichts, und ich kann ihre Worte und Erfahrungen nicht akzeptieren, wenn sie nicht auf mich zutreffen.«) Überdies kritisierte er unablässig die Art und Weise, wie sich Louise als Mutter verhielt. (»Ständig versucht sie, die Kinder zu kontrollieren; ich glaube nicht, daß sie es erträgt,

weniger als fünfzehn Minuten ohne sie zu sein. Und –
Herrgott noch mal! – es kann doch nicht so viel Zeit
kosten, wenigstens gelegentlich ein richtiges Abendessen
zu kochen. Ich bin diese kalten Mahlzeiten einfach leid.«)
Obwohl er Louise kritisierte, gab er durch sein alltägli-
ches Verhalten nicht zu verstehen, daß er gewillt wäre, seinen Zeitplan umzustellen, was ihm ermöglicht hätte, sich
mehr Koch- und Putzkenntnisse anzueignen und damit
seiner Frau zu helfen. (»Was soll ich denn noch alles tun?
Ich arbeite ja schon den ganzen Tag. Soll ich vielleicht in
meiner Mittagspause das Abendessen kochen? Wenn ich
aufhören würde zu arbeiten, würden wir ohnehin verhun-
gern, da sie noch nicht einmal genug verdient, um eine
halbe Person damit zu ernähren, ganz zu schweigen von
einer vierköpfigen Familie.«) Larry setzte die Fähigkeiten
herab, die mit der Betreuung einer Familie einhergehen,
und lehnte es ab, sich daran zu beteiligen; aber er kehrte
ständig zu einer rationalen Haltung zurück. (»Wenn ich
nur verstehen würde, womit ich sie glücklich machen
könnte, ich würde alles tun, das können Sie glauben.«)
Mit Hilfe der Therapeuten begriff Larry schließlich, daß
seine – immerhin – erwachsene Ehefrau ihn wahrscheinlich verlassen würde, wenn er sich nicht änderte. Ob sie
ihm die Kinder lassen würde oder sie mitnähme – ganz
sicher würde sich sein Leben mit ihrem Auszug radikal
verändern. Er begann zu erkennen, daß er von ihr abhängig war. (»Vieles von den Dingen, die du mit den Kindern
tust, finde ich gut. Ich glaube nicht, daß sie ohne deine
Hilfe durch die Schule gekommen wären.«) In einer trä-
nenreichen Sitzung stellte sich Larry schließlich seiner
Ablehnung der eigenen weiblichen Aspekte und gestand,
daß er die Verantwortung für seine Gefühle und sein krea-
tives Leben auf Louise projizierte. (»Ich schäme mich
dafür, wie abhängig und träge ich hinsichtlich unserer

Freunde, der Kirche, ja sogar der Kinder gewesen bin. Ich glaube nicht, daß ich ein sehr guter Vater war, aber ich dachte immer, du würdest dich um alle Belange der Kinder kümmern. Manchmal fürchte ich, daß ich auf der ganzen Linie versagt habe – in meiner Arbeit und zu Hause. Ich habe nicht erreicht, was ich wollte, und vieles, was ich in meiner Arbeit tue, kommt mir so hohl, so oberflächlich vor. Du und die Kinder, ihr zankt euch ständig, und ich weiß, ich sollte nicht einfach versuchen, es zu ignorieren, aber genau das tue ich.«)

Larry erkannte seinen eigentlichen Wunsch nach einer vollkommen einfühlsamen Mutter, die klaglos und bereitwillig jedem seiner Bedürfnisse nachkam. Auch offenbarte er seine zuvor verborgenen Gefühle von Trauer, Zorn und Scham über das, was er für Mißerfolge in seiner Karriere und seiner Rolle als Familienoberhaupt hielt. Und auf den Hinweis der Therapeuten hin räumte Larry schließlich ein, daß er insgeheim immer gefunden hatte, seine Frau und seine Kinder seien ihm in vieler Hinsicht unterlegen. Er hatte gemeint, sie sollten ihm für *alles* dankbar sein, was er ihnen zukommen ließ, ganz gleich, ob das, was er ihnen gab, ihren Bedürfnissen entsprach oder nicht.

Nachdem Larry seine Abhängigkeitsbedürfnisse und seine geheimen Versagensängste eingeräumt hatte, bat er Louise um Unterstützung. Louise reagierte sofort offen und positiv auf Larrys Verletzlichkeit. Sie bot ihm an, ihm bei seiner besseren Integration ins Familienleben zu helfen. In der Folge übernahm Larry einige Aufgaben im Haus (zuerst unter Louises Anleitung) und entwickelte ein erstaunliches Talent fürs Kochen. Als er anfing, die Aufgaben des täglichen Lebens neu zu bewerten, entdeckte er einen neuen Sinn im Familienleben und fand heraus, daß seine Kinder ihn gerne idealisierten und seine Führung suchten.

Nach anfänglicher intensiver Unterstützung war Louise schließlich in der Lage, genügend auf ihre Erfahrungen zu vertrauen und ein paar Worte (andere als »ich weiß nicht«) zu finden, um Larrys rationalen Herausforderungen zu begegnen. Sie äußerte den Wunsch, mehr Zeit allein mit Larry zu verbringen, damit einer mehr am Innenleben des anderen teilhaben könnte. Wir baten Louise, selbst einmal eine Sitzung zu leiten und uns zu zeigen, was sie von Larry wollte. Bei ihrer Deutung von nichtrationaler Kommunikation erfuhr sie mehr über ihre eigene Kompetenz und Autorität. Sowohl innerhalb als auch außerhalb der Sitzungen entwickelte sie eine größere Wertschätzung für ihre »weibliche Intuition« und für die neuen Einsichten, die sie nun in ihre Beziehung und in ihr eigenes Leben einbringen konnte. Während der Sitzungen unterstützten wir sie in ihren Gedanken und Vorstellungen und halfen ihr bei deren Ausarbeitung, so daß sie allmählich Anspruch auf ihre Autorität erhob.

Schließlich führte dieser Prozeß dazu, daß sie ihre Niedergeschlagenheit über die »verlorenen Chancen« ihres Lebens eingestand. Sie sprach über ihre Dummheit, ihren Mangel an Bildung und ihre Ängste, mit anderen konkurrieren zu müssen; diese Ängste hatte sie immer, wenn ein möglicher Konflikt drohte. In diesen Sitzungen hoben wir weiterhin ihre Stärken und die Errungenschaften in ihrem Beziehungsleben hervor, und wir bemühten uns, ihr ein besseres Bild von ihrer eigenen Mutter zu vermitteln (die sie als schwach und abhängig gesehen hatte). Schließlich begann Louise, ihren eigenen Bedürfnissen auf den Grund zu gehen, insbesondere ihren Wünschen bezüglich der sexuellen Intimität. Sie war über ihr Sexualleben enttäuscht und wollte sich mit Larry sexuell mehr ausleben. (Er zeigte sich darüber begeistert, aber wir wollten, daß Louise auch weiterhin die Führung im Gespräch behielt.)

Sie sprach über ihre sexuelle Erregung in der Zeit ihrer
ersten Liebe, und wir schlugen vor, sie sollten auf diese
Ebene der Interaktion zurückkehren. Die gesellschaftlichen Zwänge, die in ihrer Zeit der Werbung geherrscht
hatten, hatten dazu beigetragen, ihre aufkeimenden sexuellen Empfindungen zu steigern (beispielsweise durch
Schmusen an geheimen Orten). Während Louise dabei
war, etwas von dem Geheimnis ihrer ersten Liebe wieder-
zuentdecken, kam es zu ihrer Konfrontation mit ihrem
eigenen Körper (»Ich hasse ihn«).

Louises Arbeit an ihrem Körper und ihrer Sexualität
war ein entscheidender Punkt in der letzten Phase der
Therapie. Sie räumte ihren Wunsch nach Perfektion (»Es
ist blöd, aber ich denke ständig daran, wie faltig meine
Haut ist und wie fett meine Schenkel sind«) und ihre
Angst vor dem Älterwerden ein. Für eine Frau ist der Prozeß, in dem sie ihrer weiblichen Schönheit nachtrauert,
schwierig, aber auch anregend. Sowohl die Therapeuten
als auch Larry waren überrascht, bis zu welchem Grade
und bis in welche Einzelheiten Louises Selbsthaß reichte.
In ihrer beharrlichen Überzeugung, sie sei fett und häßlich, war sie fast taub für Aufmunterungen oder Kompli-
mente. Schließlich war sie doch imstande, dies zu sehen.
Dadurch, daß sie ihr Äußeres pausenlos herabsetzte und
negierte, daß sie damit auch Macht ausüben könne, hatte
sie andere gezwungen, ihr ständig zu versichern, wie gut
sie aussähe. Auch andere positive Reaktionen auf ihr
Äußeres hatten ihren Selbsthaß nicht mindern können, da
sie beharrlich an einem herabgewürdigten Selbstbild fest-
hielt. Sie mußte einfach aufhören zu sagen, ihr alternder
Körper könne nicht »schön« oder »machtvoll« sein. Teils
deswegen, weil sie Nacktfotos anderer Frauen ihres Alters
anschaute, aber auch durch das Einfühlungsvermögen der
Therapeutin fing Louise an, ihren eigenen Körper anders

zu sehen. Am Ende fand sie wieder etwas Vergnügen daran, sich zurechtzumachen, und bekam mehr Verständnis dafür, wie ihre Persönlichkeit in den Konturen und Farben ihrer Gestalt zum Ausdruck kam.

Wir haben hier einen Überblick über den teilweisen Verlauf der letzten Phase in der Arbeit mit Paaren gegeben, jedoch nicht das ganze Bild – allein schon deshalb, weil wir es nicht kennen. Der Kampf um die Akzeptanz des verdrängten Weiblichen ist nie zu Ende, und er ist großenteils noch unerforscht. Doch in unserer Arbeit sind wir nach und nach zu der Überzeugung gelangt, daß bestimmte Elemente gewöhnlich in der Phase, wo es um die Wiederherstellung von Urvertrauen geht, anzutreffen sind. Bei dem Mann sollten wir Anzeichen für das Eingeständnis von Abhängigkeit, Schamgefühl und Zorn sehen; zudem müßte man erkennen, daß er einen Teil seiner Kraft und Intelligenz auf einige Bereiche der Fürsorge richtet. Bei der Frau sollten wir einige Hinweise auf eine neue Lebendigkeit, auf Autorität und ein gesteigertes Selbstwertgefühl bemerken können. Diese Autonomiebestrebungen sollten von einem Erfahrungsprozeß begleitet sein, in dem sie lernt, anderen Menschen zuzutrauen, ihr Aufmerksamkeit und Ermutigung zu schenken. Indem sie aus ihrer schmerzlichen Abhängigkeit heraustritt und ihre Autonomiebedürfnisse nicht mehr projiziert, wird sie den realistischen Wunsch entwickeln, eine eigene Persönlichkeit zu werden, und ihrem Partner nicht die Schuld für ihre Begrenzungen geben. Bei beiden Partnern sollte man ein zunehmendes Verständnis dafür konstatieren, daß die Basis für Empathie und Vertrauen darauf beruht, daß man die Autonomie des anderen schützt und die eigene wahrt.

Das Eingeständnis der eigenen Begrenzungen, Verletzbarkeiten und Unvollkommenheiten ist die Grundlage für das Akzeptieren dieser menschlichen Eigenschaften beim anderen. Erst wenn man die unentwickelten oder schwächeren Seiten bei sich selbst schätzen lernt, kann man sich von einer trügerischen und verbissenen »Selbständigkeit« lossagen. Unsere Schwächen und Verletzlichkeiten können dann in einer liebevollen Partnerschaft ausgeglichen und verstanden werden, wenn genügend Vertrauen aufgebaut und aufrechterhalten wird.

Der Wunsch nach gegenseitigem Vertrauen muß in einer Paarbeziehung in den mittleren und späteren Lebensjahren immer spürbar sein. Zusammen Zeit zu verbringen und Erlebtes zu teilen sind die einzigen Möglichkeiten, durch die Vertrauen gefördert werden kann. Natürlich ist es nicht nur wichtig, einfach gemeinsam Zeit zu verbringen, aber dies ist eine entscheidende Voraussetzung. Bei solchen Gelegenheiten wird das Paar den Sinn entdecken, der hinter ihren unbewußten Mitteilungen und nichtrationalen Ausdrucksgebungen steckt. Der regelmäßige Austausch von Einsichten und Bildern aus Träumen und Phantasien, von Ängsten und Verletzungen wird die Basis für das tiefergehende intuitive Verstehen der Psyche des Partners werden. Dadurch, daß wir die Grenzen unserer gewohnten Projektionen überschreiten und unsere Partner nicht mehr für unsere eigenen Beschränkungen verantwortlich machen, entsteht das Fundament für die Individuation in den späteren Lebensjahren. Da wir nur so wenige Vorbilder für Erwachsenenbeziehungen haben, die von absolutem Vertrauen ineinander geprägt sind, müssen wir alle nach Bildern suchen, die uns inspirieren. Ragnell und Gawain können uns dabei als Leitfiguren dienen. Ihre Ehe beginnt am Ende der Geschichte.

FÜNFTES KAPITEL

Methodik der Paartherapie

Zwei Einstellungen sind in der Psychotherapie mit Paaren besonders hilfreich: *sachkundiges Entdecken* und *objektive Empathie*.

Sachkundiges Entdecken ist eine Haltung der Offenheit, mit der die Therapeuten bewußte Pläne und Vorstellungen in die therapeutische Beziehung einbringen, sie jedoch versuchsweise in einem Geist der »Entdeckung« halten. Die Betonung sollte auf »bewußt« liegen, weil Paartherapie einen Bezugsrahmen für die Handhabung und die Leitung der Arbeit und auch einen Zugang zu den eigenen momentanen Eingebungen erforderlich macht. Das ist deshalb so, weil die Komplexität des interpersonalen Feldes, das ein Klientenpaar und ein Therapeutenpaar umfaßt, größer als in der Einzeltherapie ist. Objektive Empathie ist die Fähigkeit des Therapeuten, die Erfahrungen eines anderen Menschen genau zu verstehen und nachzufühlen, als habe er, der Therapeut, sie selbst gemacht, wobei er das *als ob* nie außer acht lassen darf.

Beiden Haltungen ist eine innere Spannung gemeinsam. Sachkundiges Entdecken verlangt eine Spannung zwischen leitenden Konzepten und einfühlsamer Vorstellungskraft. Objektive Empathie verlangt eine Spannung zwischen dem intensiven Einfühlen in einen Klienten und dem objektiven Beurteilen dessen, was gerade stattfindet.

Sachkundiges Entdecken entwickelt man durch Ausbildung in mehreren therapeutischen Richtungen und durch die eigene Erfahrung in der Therapie (als Klient und als Therapeut). Dies bedeutet, bei anderen zu lernen, die sowohl die »ideale« als auch die »reale« Seite der therapeutischen Praxis bewältigt haben. Diese beiden sich überlappenden Ausbildungswege sollten eine breite Palette verschiedener begrifflicher Bezugssysteme und Anwendungsarten mit einschließen und von der eigenen Persönlichkeit gelenkt werden.

Studenten der Psychologie und Psychotherapie müssen imstande sein, ihren eigenen Vorlieben in bezug auf ihre Vorstellungen und Möglichkeiten bei der Verwendung der ihnen zur Verfügung stehenden Techniken und Theorien zu folgen. Wenn jemand eine »kritische Masse« dieses Lehrstoffs erworben hat, fühlt er sich mehr wie ein *Mensch*, wenn er in der Rolle des Therapeuten auftritt; er hat besseren Zugang zum eigenen Ideenfundus und besitzt mehr Selbstvertrauen in seinem Handeln als verantwortungsbewußter Spezialist. Wird er in dem bestehenden Irrgarten aus verschiedenen Konzepten über Theorie und Praxis von seinen eigenen Vorlieben gelenkt, so wird er sich nicht wie ein Student fühlen, während er doch schon Therapeut ist.

Wenn man diesen Einstieg in den Therapeutenberuf geschafft hat, kann man mit einer Einstellung sachkundigen Entdeckens an die Arbeit gehen. Sachkundiges Entdecken basiert darauf, daß man seine Konzepte und Techniken so gut beherrscht, daß man sich im Falle einer neuen Erfahrung nicht krampfhaft daran festhalten muß. Wir glauben, daß dies die Einstellung ist, die Jung empfahl, als er Analytikern den Rat gab, sich von ihrer offiziellen Ausbildung und Theorie freizumachen, wenn sie mit einem Analysanden in eine therapeutische Beziehung treten. Das heißt natürlich nicht, daß man an die therapeutische Beziehung ohne konzeptionellen Hintergrund herangehen darf (das wäre eine Unmöglichkeit), sondern man sollte die Therapiearbeit mit einer so gründlichen Integration dieses

Wissens in den eigenen Wortschatz und die eigenen Handlungen tun, daß es einem vollkommen natürlich vorkommt. Der Beweis, daß dies gelungen ist, ist unserer Meinung nach erbracht, wenn der Therapeut fähig ist, Abstand von seiner beruflichen Orientierung zu gewinnen und sie mit Humor und Phantasie zu betrachten.

Objektive Empathie ist die Folge sachkundigen Entdeckens; sie stellt sich ein, wenn es einem nach und nach gelungen ist, die eigenen Handlungen und Gedanken vollkommen zu verstehen. Durch die eigene Psychotherapie, die eigene Entwicklung und einen ganzheitlichen Lebensansatz (den Prozeß der Individuation) kann der Therapeut mit der Zeit alle Bereiche des menschlichen Leidens in seiner eigenen Psyche nachvollziehen. Die Verbindung aus bewußten objektiven Plänen oder Strategien und Kenntnis der eigenen Psyche sollten dazu befähigen, andere Menschen so zu sehen, als stecke man in ihrer Haut. Objektive Empathie erzeugt also sowohl mitfühlende Nähe mit dem Leiden des anderen Menschen als auch die objektive Fähigkeit, das Leiden im Gesamtzusammenhang als bedeutsam für die Reifung zu sehen.

Natürlich sind diese Einstellungen Ideale. Niemand erfüllt sie ganz und gar – vielleicht nicht einmal in einer einzigen therapeutischen Sitzung –, aber sie bleiben Leitlinien für die Therapiearbeit. Der Therapeut muß sie jedoch als Ideale oder Prinzipien durch fortwährende eigene Entwicklung, durch Rücksprache mit Kollegen sowie durch seine Aus- und Fortbildung wahren. Anhand unserer Erfahrung als Lehrer und Praktiker der Psychotherapie sind wir nach und nach zu der Überzeugung gelangt, daß es niemandem gelingt, dauerhaft ein Gefühl für Objektivität, Empathie und Entdeckung zu bewahren, wenn er nicht stetig an sich selbst arbeitet – insbesondere an den eigenen Fehlschlägen und Schwachpunkten.

Folglich lenken Fehlschläge und Schwachpunkte unsere Entwicklung als Psychotherapeuten – so wie sie unsere Entwicklung als Menschen lenken. Ein wesentlicher Beitrag Jungs für die Praxis der Psychotherapie bestand darin zu zeigen, daß eine Schwäche, ein Mißerfolg oder eine deprimierende Erfahrung der Schlüssel für die weitere Entwicklung sein können. Mehr als jede andere betonte seine Psychologie, daß ein Defizit oder eine Schwäche eben nicht »nur« ein Defizit oder eine Schwäche sind. Ein Mißerfolg vermittelt Einsichten, die eine Entwicklung begünstigen, doch sie vollzieht sich nicht immer schnell; vielmehr besteht eine Spannung zwischen dem eigenen Bewußtsein für eine mögliche Entwicklung, die durch den Mißerfolg in Gang gesetzt werden kann, und der Erfahrung des Mißerfolgs an sich.

Wir wollen diese allgemeinen Prinzipien im Hinterkopf behalten, wenn wir nun einige unserer besonderen Leitlinien für die Paartherapie betrachten.

Leitlinien für Therapeuten

Unserer Erfahrung zufolge ist es für Therapeuten vorteilhaft, zusammen mit einem Partner in der Paartherapie zu arbeiten – zum Teil deswegen, weil dabei sehr komplexe Sachverhalte zutage treten. Einfach ausgedrückt: Zwei Köpfe sind besser als nur einer. Wenn man mit einem Ko-Therapeuten zusammenarbeitet, kann man gemeinsam mit ihm beobachten, interpretieren und beraten. Selbst für zwei Therapeuten ist es schwierig, die miteinander konkurrierenden Wirklichkeitsebenen in der Paartherapie zu verstehen, und für einen einzigen können sie unter Umständen kaum zu bewältigen sein.

Obwohl vielfach argumentiert wird, daß eine größere

Kohärenz von Strategie und Technik gewährleistet ist, wenn ein Therapeut allein arbeitet, sind wir der Meinung, daß die Vorteile der Gemeinschaftstherapie überwiegen. Folglich beruht das Bezugssystem, das wir in diesem Kapitel vorstellen, auf der Voraussetzung, daß mindestens zwei Therapeuten mit dem Paar arbeiten. Wir können nicht behaupten, uns seien alle Bedeutungsebenen zugänglich, die in den Strategien und Techniken, die wir hier vorstellen, stecken. Im Interesse einer einfachen Sprache und einer zweckmäßigen Anleitungsform werden wir uns auf das Deskriptive konzentrieren und darüber sprechen, was man in anderen sehen und was man mühelos bei sich selbst beobachten kann.

Zunächst einmal ist die Wahl des Partners für die Ko-Therapie an sich schon eine komplizierte Angelegenheit. Das Therapeutenpaar ist auf vielen Ebenen der Interaktion ein Spiegelbild des Klientenpaares. Auf der Imitations- oder Lernebene sollte das Therapeutenpaar imstande sein, durch seine Handlungen und Gespräche ein Gefühl für gegenseitige objektive Empathie an den Tag zu legen. Auch sollten beide Therapeuten in der Lage sein, die Formen der Kommunikation und der Interpretation zu demonstrieren, die sie dem Klientenpaar näherbringen wollen. Überdies sollten sie als »übereinstimmende Experten« auftreten, von denen jeder seine besonderen Stärken und Kompetenzen hat. Schließlich müssen sie sowohl als Menschen wie als Partner wahrgenommen werden und dürfen nicht wie eine symbiotische Einheit wirken (das heißt, indem sie jeweils die Sätze und Gedanken des anderen zu Ende führen). Die Arbeit mit einem Therapeutenpartner setzt ein vertrauliches und auf Gegenseitigkeit beruhendes Verhältnis voraus. Die Wahl eines Arbeitspartners ist natürlich nicht so bedeutsam wie die Wahl eines Partners für eine intime, eheliche Beziehung, aber in punkto zwischenmenschliche Anforderungen gibt es durchaus Ähnlichkeiten.

Bei der Wahl eines Ko-Therapeuten sollte man sich vom eigenen Gefühl für Harmonie, Achtung und Stil leiten lassen. Ideal wäre es natürlich, mit einer ganzen Reihe von Ko-Therapeuten zu arbeiten, ehe man die entscheidende Wahl trifft. Eine Möglichkeit könnte sein, zuerst einmal zu testen, wie man mit einem Ko-Therapeuten zusammenarbeitet, und zu sehen, ob die beiden Kommunikationsrhythmen zusammenpassen. Doch viele Therapeuten haben diese Freiheit nicht, besonders, wenn sie in einem Krankenhaus oder einer ähnlichen Institution arbeiten. Doch wenn man die Freiheit hat, sollte man sie nutzen.

Wie lauten nun unsere Leitlinien? Erstens: Finden Sie jemanden, mit dem Sie frei und offen kommunizieren können. Das ist die wesentlichste Voraussetzung. Wenn Sie sich gegenseitig nicht in Ruhe zuhören und einfühlend aufeinander reagieren können, werden Sie auch nicht in der Lage sein, anderen zu helfen, es zu tun. Zweitens: Prüfen Sie, wie gut Sie sich auf der gefühlsmäßigen Ebene mit ihrem potentiellen Partner fühlen. Wenn Sie bei Ihren Begegnungen mit dem anderen Therapeuten zumeist unruhig oder ängstlich, ärgerlich oder unterwürfig sind, werden Sie dieselben Gefühle – und zwar in noch viel stärkerem Maße – haben, wenn Sie gemeinsam Therapiesitzungen leiten.

Schließlich sollten Sie sicher sein, daß Ihre theoretischen und praktischen Orientierungen übereinstimmen. Das heißt nicht, daß beide Therapeuten aus derselben konzeptionellen Richtung kommen müssen – wenn es auch oft hilfreich ist –, sondern daß die Orientierungen miteinander vereinbar sein müssen. Idealerweise sollten die Partner »auf die bestmögliche Weise unterschiedlich« sein, so daß sie voneinander lernen können. Bestmögliche Unterschiede bringen Disparitäten in Vorstellungen und Ansätzen mit sich, die gerade unterschiedlich genug sind, um jeweils beim anderen nicht zu viel Ängstlichkeit hervorzurufen, sondern als Herausforderung zu wirken.

Auch Unterschiede in Geschlecht, Alter und ethnischem Hintergrund sind zu beachten. Hierfür gibt es keine einfachen Leitlinien. Sie sollten sich wie ein Paar fühlen – ein Paar von Freunden oder von Vertrauten. Manchmal arbeiten Ehepartner gut als Ko-Therapeuten zusammen, aber nicht immer. Wenn beide Ehepartner eine ausgeprägte Persönlichkeit haben, so daß sie sich selbst als autonom und einfühlsam erleben, sind sie möglicherweise gute Therapiepartner. Wenn die Ehepartner jedoch in ihrer eigenen Beziehung viel persönliches Leid erleben, wird sich dies notgedrungen in ihrer Therapiearbeit niederschlagen. Das Leid kann hilfreich sein, wenn es auf eine Weise gegenwärtig ist, die zu Entdeckung und Herausforderung beiträgt, nicht aber Ängste fördert. Ist das Leid allzu spürbar, wird es nur Ängste erzeugen.

Übrigens können auch Paare desselben Geschlechts effizient in der Ko-Therapie zusammenarbeiten, wenn die Beziehung gut ist. Von großen Unterschieden in Alter oder Volkszugehörigkeit ist bei einer Ko-Therapie im allgemeinen abzuraten. Da sich während der Therapie eine Menge – mit der Herkunftsfamilie zusammenhängender – Gesprächsstoff ergibt, können diese Unterschiede zu beträchtlichen Meinungsverschiedenheiten beitragen, und wenn sie von den Ko-Therapeuten nicht geklärt worden sind, können sie sich störend auf die Kommunikation in den Sitzungen auswirken.

Zu diesen interpersonalen Erwägungen kommen noch einige, die beruflicher Natur sind. Mit welcher Art von Paaren und/oder Familien wollen Sie arbeiten? Kernfamilien, Großfamilien, homosexuellen Familien, nichtehelichen Lebensgemeinschaften, Einelternfamilien und gemischtrassige Familien sind nur einige der Familien- oder Paarkonstellationen, mit denen Sie zu tun haben können. Es ist ratsam, daß die Therapeuten eigene Erfahrungen mit der Art der Paar- oder Familienkonstellation besitzen, die sie in der Therapie vor sich haben. Persönliche Vorurteile und ungeprüfte Meinungen würden sich auf den Erfolg der Paartherapie sicherlich negativ auswirken. Beispielsweise sollten Sie, falls Sie mit einer homosexuellen Mutter und ihrer Geliebten arbeiten, mit den Auffassungen und dem Lebensstil eines solchen Paares vertraut sein. Wenn Sie Ihren Ko-Therapeuten wählen, dann dürfen Sie nicht vergessen, daß Sie es nur mit Paaren zu tun haben sollten, denen Sie beide ein »Spiegelbild« geben können. Versuchen Sie nicht, Menschen zu behandeln, denen gegenüber Sie voreingenommen sind, über die Sie nicht Bescheid wissen oder von deren Problematik Sie sich überfordert fühlen. (Eine gute Regel ist, sich im großen und ganzen darauf zu spezialisieren, Paaren zu helfen, die in ihrer Gestalt Ähnlichkeiten zu der eigenen Paarbeziehung aufweisen.)

Die Dynamik, von der das Therapeutenpaar geprägt ist, wird die Dynamik beeinflussen, die in der Therapie entsteht und die die Therapeuten bei ihren Interventionen leitet.

Schließlich benötigen die Therapeutenpartner Zeit, um sich vor und nach den Sitzungen auszutauschen. Wir nehmen uns eine halbe Stunde davor und eine Stunde danach, um unsere Gedanken, Gefühle, Pläne und Beurteilungen zu besprechen. Da wir im allgemeinen für eine Sitzung zwei Stunden veranschlagen, bedeutet dies, daß wir dreieinhalb Stunden mit jedem Paar arbeiten.

Natürlich ist der Faktor Zeit auch bei Fragen des Geldes von Belang. Ko-Therapeuten werden im allgemeinen mehr für ihre Arbeit berechnen müssen als Einzelthera-

160

peuten. Da es unmöglich ist, den »Nutzen« von zwei Therapeuten mit dem von einem zu vergleichen, erfordert das Problem des Honorars ständigen Meinungsaustausch, ja sogar die Beratung mit anderen Therapeuten. Das ständige Disponieren wegen der durchschnittlichen »Ausfallrate«, die Diskussionen über die finanziellen Möglichkeiten Ihrer Klienten, über die Anzahl und den Zeitpunkt der von Ihnen empfohlenen Sitzungen und über Ihre finanziellen Bedürfnisse (und last not least über Ihre eigenen Komplexe in punkto Geld) werden ein ständiger, interaktiver Prozeß sein. Auch wer von Ihnen beiden das Honorar in Empfang nehmen soll, auf welchem Wege Sie diese Gelder erhalten und wie Sie Ihre Dienste berechnen, wird immer wieder zu erörtern sein. Wenn Sie mit einem potentiellen Ko-Therapeuten nicht über Geld reden können, dann sind Sie beide füreinander auch nicht die geeigneten Partner.

Wenn Sie sich in einer Situation befinden, in der Sie keine Gelegenheit haben, selbst einen Ko-Therapeuten auszuwählen (falls Sie in einer Klinik tätig sind oder an einem Forschungsprogramm mitwirken), müssen Sie sich darüber im klaren sein, daß zu Beginn eine Menge Probleme auftreten können. Arbeiten Sie mit einem Ihnen unbekannten oder Ihnen zugewiesenen Ko-Therapeuten, dann dürfen Sie keine wirkliche Partnerschaft und auch keine sehr effizienten Therapiesitzungen erwarten. Sie sollten auch möglichst intensiv auf die nonverbale Kommunikation achten und sich vor und nach der Sitzung viel Zeit nehmen, um über Ihre Arbeit zu sprechen. Wenn Ihnen diese Zeit nicht zur Verfügung steht, so sollten Sie im voraus mit einem hohen Maß an Frustration rechnen und auf keinen Fall versuchen, Ihre Frustration während der Therapiesitzung »auszuagieren«. Rücksprache und Supervision sind unter Umständen die einzigen Gelegenheiten, bei denen Sie Ihre Beziehung zu dem Ko-Thera-peuten erkunden können. Nutzen Sie diese Gelegenhei-ten, denn die Beziehung zu dem Ko-Therapeuten ist genauso wichtig wie das, was während der Therapiesit-zung geschieht und gesagt wird. In meiner Lehrerfahrung, die ich im Krankenhaus und in der Supervision gemacht habe, habe ich oft erlebt, daß ein Student und ein »fach-männischer« Ko-Therapeut mit den Problemen ihrer eige-nen Beziehung befaßt waren, anstatt sich auf die Belange des Klientenpaares zu konzentrieren.

Meiner festen Überzeugung nach wird die Richtung der therapeutischen Interaktion mehr von den »besetzten Ele-menten« der Therapeuten als von denen der Klienten beeinflußt, wenn sich die Therapeuten dieser Elemente nicht bewußt sind. Besetzte Elemente sind jene emotiona-len Ausdrucksformen, die die archetypischen Komplexe in einem interpersonalen Feld ordnen. Da die Klienten bei den Therapeuten Sachkenntnis voraussetzen, kann es leicht geschehen, daß sie mehr von den Interessen und Fra-gen der Therapeuten geleitet werden als von ihren eigenen. Wenn die Ko-Therapeuten ärgerliche oder verwirrte oder in Machtkämpfe verstrickte Partner sind, neigen sie gewöhnlich dazu, das interpersonale Feld mit ihren eige-nen Problemen zu belasten. Anfänglich werden die Klien-ten zwar zur Kooperation bereit sein, da ihre Rolle eine unterlegene Position mit sich bringt (denn sie befinden sich in einer schwierigen Lage, und überdies wissen sie nicht – zumindest nicht mit Bestimmtheit –, welche Art Hilfe sie erhalten sollten). Doch wenn solche Störungen allzu häufig erfolgen, werden die Klienten nicht wieder-kommen, weil sie nicht das Gefühl haben, es würde ihnen geholfen. Natürlich ist dies nicht der einzige Grund, warum Klienten eine Therapie abbrechen, aber es kann ein wichtiger Grund sein. In einer Ko-Therapie hat das Therapeutenpaar vielleicht mehr Gelegenheit, die eigenen Komplexe zum Ausdruck zu bringen als in einer Einzeltherapie, wo nur der Klient und der Therapeut in Beziehung zueinander treten.

Wenn Sie sich während der Sitzungen hin und wieder mit dem Videoband aufnehmen, so wird Ihnen das bei Ihrer Arbeit von großem Nutzen sein. Auch wenn Video- und Tonbandaufnahmen die private Sphäre der Psychotherapie beeinträchtigen, sind sie notwendig für den Lernprozeß in einer Ko-Therapie. Die Therapeutenpartner können ihre kontinuierlichen thematischen Beiträge für das interpersonale Feld besser verstehen, wenn sie sie im Kontext mit den verschiedenen Paaren sehen. Auch das Beobachten anderer Ko-Therapeuten bei der Arbeit trägt dazu bei, die eigenen Besonderheiten zu verstehen, vor allem im Bereich der Gestik, der Sprechweise und anderer Ausdrucksformen nichtrationaler Komplexe.

Zum Schluß noch ein paar wichtige Anmerkungen zum interaktiven Feld in der Beziehung eines Therapeutenpaares. Ich ziehe es im allgemeinen vor, von einem interaktiven Feld in der Psychotherapie zu sprechen, anstatt die Begriffe Übertragung und Gegenübertragung zu verwenden. (Bestenfalls sind wir uns im unklaren darüber, wie wir diese mitwirkenden Faktoren aus dem interpersonalen Feld heraussondern sollen; schlechtestenfalls tendieren wir dazu, dualistisch zu denken, was bedeutet, daß wir dem einen oder anderen Mitwirkenden des Feldes die »Schuld« geben.) Natürlich wird sich das Therapeutenpaar in denselben nichtrationalen Komplexkonstellationen befinden, die es in den intimen Beziehungen anderer Menschen antrifft. Mutter-, Vater- und Gottkomplexe sind am häufigsten anzutreffen (neben gelegentlichen Kindeskomplexen).

Sieht man sich Videoaufnahmen an und arbeitet mit

vielen unterschiedlichen Paaren, wird man bald wissen, mit welchen Komplexen man es selbst in der eigenen Ko-Therapeutenbeziehung zu tun hat. Man kann sie bei bestimmten kreativen, aktiven Interventionen nutzen, auf die wir noch eingehen werden (zum Beispiel in der Rollenumkehrung), und kann lernen, sie als gewohnte Begleiter der therapeutischen Arbeit zu betrachten. Wenn Sie finden, daß Sie beide sehr störende negative Komplexe einbringen – wie den häufig beobachteten negativen Mutterkomplex –, sollten Sie sich Rat holen. Indem Sie die aus Ihrer Herkunftsfamilie stammenden Botschaften und Interaktionsmuster erkennen, die zu Ihren Komplexen beitragen, und indem Sie zuhören, wenn »die Komplexe sprechen«, können Sie herausfinden, was kreativ und nützlich für das nichtrationale Feld zwischen Ihnen ist. Außerdem können Sie lernen zu vermeiden, was nicht zweckdienlich ist.

Da Komplexe außerhalb der intentionalen Kontrolle liegen, sollte das Therapeutenpaar, wenn sein eigener Komplex eine Sitzung zu beherrschen droht, sich am besten zurückhalten und dem Klientenpaar für eine Weile die Interaktion überlassen. Wie wir an späterer Stelle noch erklären werden, können die Therapeuten die Klienten zum Beispiel anweisen, über das momentane Gesprächsthema zu diskutieren, und selbst dabei zuhören, oder sie können die Klienten auch auffordern, einer bestimmten Aufgabe nachzugehen, während die Therapeuten ihnen dabei zusehen. Diese Art der Klienteninteraktion kann eine »Verschnaufpause« in einer Sitzung ermöglichen, in der die Komplexe des Therapeutenpaares verwirrend oder störend geworden sind. Dank Ihrer Erfahrung und Ausbildung werden Sie – wenn bestimmte Themen angesprochen werden – allmählich wissen, welche Komplexe zwischen Ihnen und Ihrem Partner gewöhnlich zum Tragen kommen, und Sie werden lernen, wie Sie diese Komplexe auf konstruktive Weise in der therapeutischen Sitzung nutzen können.

Erster Kontakt mit den Klienten

Unsere Klienten kommen entweder durch eine Überweisung oder durch direkten Kontakt zu uns, oder indem Sie uns – ohne uns zu kennen – aus einem Verzeichnis, zum Beispiel dem Telefonbuch, heraussuchen. Wir benötigen eine Methode, mit der wir in kurzer Zeit einschätzen können, mit welcher Art von Familie, Paar oder Einzelpersonen wir es zu tun haben. (Wir haben zudem schon im voraus zwischen uns vereinbart, wen wir in Behandlung nehmen und wen wir an andere Therapeuten weiterleiten.)

Wir finden, daß wir am besten mit Paaren arbeiten, die unsere Hilfe in Anspruch nehmen wollen, nachdem sie uns in einem öffentlichen Vortrag gehört haben (oder die durch Freunde an uns verwiesen wurden, welche wiederum bei einer Veranstaltung über die von uns entwickelte Paartherapie zugegen waren). Diese Menschen rufen uns dann gewöhnlich an und teilen uns mit, daß sie über unsere Arbeit Kenntnis haben und daß sie innerlich bereit für eine Therapie mit uns sind. Fast immer stellt die Frau eines heterosexuellen Paares den Kontakt her und vereinbart den Termin für das erste Gespräch. Bei einem solchen, uns »geläufigen« Paar sind wir darauf vorbereitet, unser vollständiges Interventionsprogramm – das wir an späterer Stelle beschreiben – zur Anwendung zu bringen. (Gewöhnlich treten Paare im mittleren Alter oder feministisch orientierte heterosexuelle Paare an uns heran.)

Paare, die nicht in diese »Kategorie« passen, werfen ein Problem auf, das bei unserer Anfangsbeurteilung im Mittelpunkt unserer Aufmerksamkeit steht: Ist das Paar uns ähnlich genug, um aus unseren Interventionen einen Nutzen ziehen zu können? Beim ersten telefonischen Kontakt fragen wir das Paar, wie sie von unserer Arbeitsmethode erfahren haben. Wenn dem Anrufer nicht bekannt ist, daß wir Jungianer und zudem feministische Therapeuten sind, vermerken wir uns, daß wir das Paar eingehend beurteilen müssen, ehe wir mit der Arbeit beginnen.

Unser Hauptinteresse konzentriert sich vornehmlich darauf, ob das Paar in der Lage ist, von unseren Interventionen zu profitieren, die Überlegung und Vorstellungsvermögen voraussetzen. Wenn einem oder beiden Partnern des Paares eine solche Arbeit absolut befremdlich oder beunruhigend vorkommt oder vollkommen jenseits ihrer gewohnten Ausdrucksmittel liegt, müssen wir uns fragen, ob für uns überhaupt die Möglichkeit besteht, diesem Paar zu helfen.

Als nächstes konzentrieren wir uns auf das vorherrschende Problem. Manchmal stellt der Anrufer das Problem am Telefon so dar, als sei es eigentlich das Problem des Partners. Beispielsweise sagt eine Anruferin: »Ich möchte, daß mein Mann Hilfe durch eine Therapie erhält; und weil er nicht von selbst hingeht, werde ich ihn begleiten.« Schon in dieser frühen Phase ist es wichtig, das bestehende Problem klar zu definieren. Wir sagen in solch einem Falle: »Wenn Sie glauben, daß Ihr Mann eine Einzeltherapie oder eine Beratung benötigt, dann sprechen Sie mit ihm darüber und sagen Sie ihm doch, er solle einen Termin für sich selbst vereinbaren.« Bereits in diesem Stadium heben wir die Tatsache hervor, daß ein Paar bei einem Problem, das beide Partner betrifft, sich immer wechselseitig beeinflußt. Es kommt auch vor, daß zwei Ehepartner eine Therapie wünschen, weil ihre Kinder sie darauf »stoßen«, indem sie die Probleme ihrer Eltern durch schulische Mißerfolge oder auffälliges Sozialverhalten zum Ausdruck bringen. Viele Paare wurden von Schulpsychologen an uns verwiesen, da ihre Kinder Probleme haben. In einem solchen Fall bitten wir die Eltern, zu uns zu kommen, um »darüber zu sprechen, was mit Ihrer Tochter/Ihrem Sohn los ist«.

Bei der ersten Sitzung mit einem Paar gehen wir folgendermaßen vor: Wir bitten die beiden Partner, sich einander gegenüberzusetzen, und nehmen selbst auf Stühlen Platz, die seitlich hinter den beiden Partnern stehen. Wir eröffnen die Sitzung mit den Worten: »Wir hätten gern, daß Sie miteinander sprechen, so wie Sie es vielleicht während Ihrer Autofahrt hierher getan haben; sprechen Sie darüber, was Sie sich von der Therapie erhoffen.« Wenn ein spezielles Problem bereits genannt worden ist, dann bitten wir sie, darüber zu reden. Beispiel: »Wir hätten gern, daß Sie darüber sprechen, wie Sie das Problem sehen, das Ihre Tochter in der Schule hat.« Wir betonen ausdrücklich, daß beide Partner, während sie nun reden und wir ihnen zuhören, sich in die Augen sehen sollen. Wir selbst sitzen jeweils außerhalb des Gesichtsfeldes des einen Partners und vermeiden ganz bewußt den Blickkontakt mit dem anderen Partner.

Manchen Menschen verursacht diese Vorgehensweise Ängste, da wir im Beratungszimmer keinerlei gesellschaftsübliche Konventionen pflegen. (Natürlich schütteln wir dem Paar bei der Begrüßung die Hände und bieten, je nach Wunsch, Tee oder Kaffee an.) Wir beobachten, wie sie – einerseits – die Befremdlichkeit dieser Anfangssituation aufnehmen und – andererseits – damit zurechtkommen, daß sie unseren Blicken so »schutzlos« ausgesetzt sind. Unser Anliegen ist es, einzuschätzen, ob und inwieweit sie für die Methode, die wir bei Paaren gewöhnlich anwenden, geeignet sind.

Wir stellen uns selbst die folgenden Fragen:

1. Wieviel Angst macht es den beiden Partnern, vor uns zu sprechen, und wie kommen sie damit zurecht, daß ein Therapeut außerhalb ihres Gesichtsfeldes sitzt (zum Beispiel: Wie oft dreht sich ein Partner nach dem Therapeuten um, den er nicht sehen kann)?

2. Wie gut können sie zusammen sprechen (Augenkontakt, Ungezwungenheit, Gestik und allgemeiner Eindruck), inwieweit »helfen« beide Partner sich gegenseitig?

3. Wieviel Zuspruch benötigen sie von uns, um weiterzureden?

4. Werden sie durch ihre eigenen Gefühle – wie Zorn, Traurigkeit, Kränkung – dazu angeregt, bestimmte Dinge in ihrer Beziehung zu ändern?

5. In welchem Maße bringen sie Aggression oder Feindseligkeit zum Ausdruck?

6. Wie leicht tun sie sich bei der Hin- und Herübertragung von einer metaphorischen zur eigentlichen Bedeutung?

Wir versuchen herauszufinden, ob ein Paar in der Lage ist, sich in einer schwierigen und angsteinflößenden Umgebung gegenseitig zu stützen. Im allgemeinen sehen wir bei den Paaren mehr Grund zur Hoffnung auf Veränderung, wo wir irgendein Anzeichen für Ärger, Verletztheit, Groll, Bitterkeit, Verzweiflung oder Niedergeschlagenheit bemerken, denn solche Emotionen werden zu Anfang der Therapie motivierend wirken. Wenn dagegen viel Wut, Feindseligkeit oder Aggression (seien sie ausgesprochen oder nicht ausgesprochen) bei dieser Gelegenheit zum Ausdruck kommen (gewöhnlich werden sie von den Männern geäußert, die entweder körperlich oder emotional ausfallend sind), sind die Partner keine guten Anwärter für die anregenden, aber auch anspruchsvollen Therapietechniken, die wir verwenden.

Die Partner sollten in ihrer Persönlichkeit gefestigt genug sein, um ein kurzes Gespräch führen zu können, ohne daß sie allzuoft nach unserer Zustimmung suchen. Wenn sie nur ein oder zwei Worte zueinander sagen und uns daraufhin fragen: »Was sollen wir denn jetzt tun?« sind sie keine geeigneten Anwärter für die Entwicklung des interpersonalen Feldes, das wir für die Therapie benötigen. Und schlußendlich, wenn sie offenkundig nicht in der Lage sind, gebräuchliche metaphorische Anspielungen zu verwenden, sondern sprachlich mit nur wenig aussagekräftigen Adjektiven wie »fein«, »okay« und einigen wörtlichen Bezeichnungen operieren, so ist es unwahrscheinlich, daß sie unsere Interventionen verstehen werden, die eine sinnbildliche Wirklichkeit beinhalten.

Nachdem die Ko-Therapeuten den beiden Partnern fünf bis zehn Minuten Gelegenheit gegeben haben, miteinander zu sprechen, führen sie nun ihrerseits einen Dialog über das, was sie eben gehört haben. Wenn ein Klientenpaar für unseren jungianischen Ansatz geeignet zu sein scheint, bringen wir das Gespräch sofort auf die Komplexe, die wir beobachtet haben. Wir verwenden das Wort »Komplex« nicht, sondern beschreiben das interaktive Feld mit Begriffen, die uns zum negativen Mutterkomplex hinleiten, das heißt, zum Helden, zum Tyrannen oder zur Hexe. Beispielsweise sagen wir: »Louise scheint das Gefühl zu haben, daß Larry sie überhaupt nicht versteht. Sie hat es fast schon aufgegeben, mit Worten zu beschreiben, was sie eigentlich fühlt. Ich denke, sie hat den Glauben an die Beziehung ganz und gar verloren, da sie so lange gelitten hat.« Oder wir sagen vielleicht: »Larry ist ein sehr rationaler Mensch, der gerne Probleme löst, sogar schon ehe er sie überhaupt versteht.«

Doch wir sprechen nicht nur über ihren Identitätszustand, sondern auch über ihre Projektionen – das, was jeweils der eine am anderen zu brauchen und zu fürchten scheint. Möglicherweise deuten wir auch auf unausgesprochene Emotionen hin, indem wir sagen: »Ich denke, beide Partner sind momentan ziemlich zornig, aber sie sind nicht imstande, ihren Zorn offen auszudrücken.« Wir versuchen, die Partner dazu zu bewegen, bislang versteckte Gefühle, wie Gekränktsein, Groll, Angst und Verzweiflung zu äußern, da sie uns bei unserer Arbeit helfen können. Auch bemühen wir uns, wenn möglich, eine gewisse Portion Humor mit einfließen zu lassen. Beispiel: »Ich dachte eben, Larry wolle aus dem Zimmer gehen – so weit weg hat er seinen Stuhl von Louise gestellt.« Uns interessiert, inwieweit die Partner fähig sind, sich selbst ganz objektiv zu sehen und über die eigenen Übertreibungen zu lachen.

Wenn das Paar für unsere Art der Arbeit nicht geeignet zu sein scheint, haben wir mehrere Möglichkeiten zu reagieren. Einer von uns Ko-Therapeuten teilt zum Beispiel dem anderen mit, einer der beiden Partner benötige momentan eine Einzelbehandlung: »Ich denke, ich stelle Louise jetzt ein paar Fragen, während du und Larry uns einfach zuhören.« Oder wir sagen zueinander, daß wir nun jeweils mit dem Partner des eigenen Geschlechts reden wollen, um einige Dinge im persönlichen Gespräch zu erfragen. Beispiel: »Wir sollten eine Zeitlang mit Larry und Louise getrennt sprechen, um jeden Partner erst einmal kennenzulernen.« Wenn wir glauben, daß sie für keinerlei Paartherapie geeignet sind, werden wir sofort darauf hinweisen, daß wir zu einer Einzeltherapie raten, oder wir wählen einen anderen Weg – zum Beispiel die Empfehlung, sich einer Gruppe anzuschließen. (Ausführliche Informationen über diese Vorgehensweise werden im folgenden Kapitel gegeben.)

Wenn wir beschließen, mit unserem üblichen Verlauf

der Sitzung fortzufahren, stellen wir unsere Stühle gemeinsam mit dem Paar zu einem Kreis auf und sprechen einige Minuten lang mit ihm darüber, wie wir die erste Einschätzung erlebt haben. Uns interessieren die Reaktionen des Paares auf die Beobachtungen, die wir über sie gemacht haben, und ferner, wie es den Umstand aufnahm, daß beide Partner unseren Blicken ausgesetzt waren, während sie miteinander diskutierten. Gewöhnlich müssen wir sie nicht lange bitten, sich zu äußern; schon indem wir die Stühle zusammenrücken, signalisieren wir, daß sie jetzt sprechen können, und sie tun es dann auch. Da wir mit dem Beurteilungsprozeß erst begonnen haben, wollen wir nicht, daß sie sich in dieser Phase allzu ausführlich äußern, daher versuchen wir, ihre Kommentare und unsere Reaktionen auf maximal fünf Minuten zu begrenzen.

Wenn die Frau bei dieser Gelegenheit viel weint, benötigt sie möglicherweise gesonderte Aufmerksamkeit, ehe wir fortfahren. In erster Linie wird sie einfühlsame Unterstützung benötigen, da sie verzweifelt ist. Da wir im allgemeinen sofort auf die schmerzlichsten Gefühle, die zwischen ihnen bestehen, eingehen, ist es unvermeidlich, daß wir ihr Leiden eher steigern als lindern. Manchmal sind wir bei dieser Gelegenheit selbst niedergeschlagen und müssen uns gegenseitig Unterstützung signalisieren. In Extremfällen kommt es auch vor, daß wir das Zimmer verlassen, um uns kurz miteinander zu beraten; dabei versuchen wir, das, was eben geschieht, im richtigen Kontext zu sehen. (Zum Beispiel stellen wir uns gegenseitig Fragen über nicht bewältigtes Leiden, mögliche körperliche Mißhandlungen, heimliche Liebschaften u. ä.)

Beurteilung des interpersonalen Feldes

Die Beurteilung macht den Großteil der Anfangssitzung aus, aber wir bringen auch sofort einige Techniken zur Anwendung. Indem wir vor dem Paar einfach über unsere Gedanken sprechen, schaffen wir einen Kontext für eine offene Kommunikation, insbesondere über die nichtrationalen Elemente des interpersonalen Feldes (im folgenden als »das Feld« bezeichnet). Gewöhnlich sind wir vor unserer abschließenden Sitzung nicht imstande zu verstehen, was sich im Feld wirklich abspielt. Wir verwenden eine ganze Reihe von Maßnahmen, um die Komplexe festzustellen, die im Feld und in den Bereichen Kompetenz und Verwundbarkeit der Personen vorhanden sind, und versuchen eine Einschätzung ihres alltäglichen Lebenskontextes (insbesondere der darin enthaltenen Belastungen).

Häufig machen wir eine kurze Übung, die ich als Studentin von Professor Thomas Allen von der Washington University in St. Louis gelernt habe.[1] Sie erlaubt uns, in kurzer Zeit einzuschätzen, wie gut es den beiden Partnern gelingt, sich ineinander einzufühlen, und wie jeder von ihnen das Feld zwischen ihnen begreift.

Ein Therapeut stellt die Übung vor, indem er – mehr oder weniger wörtlich – folgende Anweisungen gibt:
Wir möchten Ihnen gerne ein paar Fragen stellen, zu denen Sie kurze Antworten aufschreiben sollen. Ihre Antworten werden uns helfen, besser zu verstehen, was Sie zu uns führt. Es gibt keine richtigen oder falschen Antworten auf unsere Fragen, und wir möchten, daß Sie so ehrlich wie möglich sind. Hier ist ein Block, auf den Sie Ihre Antworten notieren können. Vermerken Sie zuerst rechts oben Ihren Namen und numerieren Sie die Antworten.

Die erste Frage: Geben Sie auf einer Skala von 0 bis 10 an, wie wichtig Ihnen Ihre Beziehung ist. Die Zahl 0 am unteren Ende heißt, daß sie Ihnen kaum mehr etwas bedeutet und daß Sie sich nahezu vollkommen losgelöst davon fühlen. Die 10 am oberen Ende besagt, daß die Beziehung für Ihr Wohlergehen ebenso wichtig ist wie die Luft, die Sie atmen. Antworten Sie jetzt sofort.

Die zweite Frage: Was stellt Ihrer Meinung nach in Ihrer Beziehung derzeit das größte Problem dar? (Jeder sollte zur Beantwortung soviel Zeit wie nötig zur Verfügung haben.)

Die dritte Frage: Was verschafft Ihnen in Ihrer Beziehung derzeit die größte Befriedigung? Was schätzen Sie in dieser Beziehung am meisten?

Die vierte Frage unterscheidet sich ein wenig von den anderen: Notieren Sie die Zahl, von der Sie annehmen, Ihr Partner habe sie der ersten Frage zugeordnet. Welche Bedeutung hat Ihr Partner wohl der Beziehung in ihrem/seinem Leben gegeben?

Die fünfte Frage: Was hält Ihr Partner – seiner Aussage nach – momentan für das schwierigste Problem in Ihrer Beziehung? (Häufig erfordert die Beantwortung dieser Frage mehr Zeit als die der anderen.)

Die sechste Frage: Was hält Ihr Partner derzeit für den größten Vorzug in dieser Beziehung?

Wenn die Partner ihre Niederschrift beendet haben, sammeln wir die Blocks ein und lesen ihre Antworten. Gewöhnlich ruft unsere Auswertung anfänglich Ängste hervor, was wir ganz bewußt einkalkulieren. Beispielsweise war einmal ein Paar bei uns, bei dem der Ehemann der ehelichen Beziehung die Bedeutungsziffer 0 gegeben hatte, wohingegen seine Frau den Stellenwert mit 9 beziffert hatte. Wir fingen unsere Auswertung damit an, daß wir die Frau baten, sie möge ihren Mann fragen, wie er die Beziehung eingestuft habe, und ihm dann mitzuteilen, sie habe geglaubt, er stufe die Beziehung sehr hoch ein.

Die kurzen Antworten fördern eine Menge Informationen zutage; daher fahren wir so lange mit dieser »Austauschübung« fort, bis jeder der beiden Partner erläutert hat, was notiert worden ist. Manchmal helfen wir dem Paar, eine bestimmte Dimension der Dinge, die aufgezeichnet wurden, zu ergründen, indem wir die »Double«-Technik anwenden (die noch erklärt werden wird), wobei die Therapeuten jeweils als Alter ego für einen Partner des Paares fungieren.

Sobald mein Ko-Therapeut und ich die Übung ausgewertet haben, machen wir eine fünfminütige Pause, in der wir absprechen, wie unsere nächsten Schritte aussehen werden. Gewöhnlich fangen wir mit einer der Interventionstechniken an, die an späterer Stelle beschrieben werden, um etwaige seelische Verletzungen, Ärger und Groll noch weiter zu erkunden. Unser Ziel ist es, das Umfeld der seelischen Verletzungen soweit auszuforschen, daß jeder von uns spüren kann, daß der Verlust der Beziehung droht.

Die Beurteilung des Komplexes hat drei Dimensionen: Konfrontation mit dem Verlust; Darstellung der nichtrationalen Ausdrucksformen; Offenlegung von Geheimnissen.

Durch die Konfrontation mit dem Verlust wollen wir erfahren, wie die Partner die Aussicht auf einen möglichen Verlust aufnehmen. Wir sprechen Themen wie die Dauer ihrer Bindung, die Kinder, das häusliche Leben, die gemeinsamen Interessen und die sozialen Netzwerke, die übrige Familie, die Anfänge ihrer Liebesgeschichte (»Beschreiben Sie den Menschen, in den Sie sich vor zwanzig

Jahren verliebt haben«) und ihr Sexualleben an. Im allgemeinen verkehrt das Paar kaum oder gar nicht mehr geschlechtlich miteinander. Auch stellen wir Fragen über die finanzielle Abhängigkeit (manchmal antwortet die Frau auf die Frage nach dem größten Vorteil, den die Beziehung ihr biete, es sei das Geld), berufliche Verpflichtungen und Pläne in punkto Karriere. In dieser Phase unterstützen wir gewöhnlich die Stimme der Hexe, die nichts Gutes mehr an dem Leben sehen kann, das sie mit ihrem Partner aufgebaut hat, und deswegen verzweifelt ist. Indem wir diese Stimme zu Gehör bringen, stärken wir die Frau in ihrem Gefühl, daß sie berechtigterweise Schmerz über ihr Leben im »Wald« empfindet. Wir wollen herausfinden, wie schwer oder leicht es ihr fällt, einen eigenständigen Standpunkt zu formulieren. Davon ausgehend können wir feststellen, ob sie eine Ragnell im Anfangs- oder Spätstadium ist, das heißt, ob sie sich daran gewöhnt hat, isoliert zu sein, und viel Hilfe benötigen wird, um »aus sich herauszugehen«, oder ob sie nahe daran ist, zu sagen: »Ich habe die Antwort.«

In ähnlicher Weise wollen wir für den Mann herausfinden, inwieweit er den Verlust in seinem Erleben kompensiert hat und/oder inwieweit er im Laufe der Zeit ein aggressives oder dominierendes Verhalten angenommen hat, um seine eigenen Ziele zu erreichen. Auch die Frage nach körperlicher Mißhandlung der Kinder oder der Partnerin kann in unsere Erforschung der Tyrannenrolle mit einfließen. Wenn wir ahnen, daß Mißbrauch vorliegen könnte, tun wir alles, was wir können, um ihn zur Sprache zu bringen. Es ist ganz wichtig, daß dies in einer Atmosphäre geschieht, wo keine »Schuld« zugewiesen wird und Raum für die Verzweiflung und den Zorn des Mannes vorhanden ist.

Will man die nichtrationalen Ausdrucksformen erfassen, muß man auf die Gesten und implizierten Bedeutungen achten, die jeder Partner verwendet, um unartikulierte Gefühle innerhalb des Komplexes zu äußern. Zum Beispiel hatte eine Frau die Angewohnheit, immer dann, wenn sie wütend auf ihren Mann war, in ihr Zimmer zu gehen, die Türe hinter sich zu verschließen und zu weinen. Wir deuteten das als Ausdruck des Zorns. Während unserer Sitzung mit diesem Paar konnten wir der Frau nach und nach einige Worte für ihren Zorn vermitteln, auch wenn sie ihn zunächst weiterhin zumeist durch ihr Zurückziehen zum Ausdruck brachte. Wir konnten ihren Rückzug als Zorn begreifen, und ihr Ehemann war am Ende in der Lage, in geeigneter Weise darauf zu reagieren, indem er zwischen sich und seinem Sohn die Grenzen setzte, die seine Frau gewünscht hatte. Während wir implizierte Bedeutungen im archetypischen Ausdruck von Gesicht, Gestik und Bildern beobachten, verwenden wir ganz bestimmte Worte, um die ausgedrückten Gefühlszustände zu benennen. Wir verfolgen etwa eine bestimmte Geste zurück zu der Bedeutung, die sie in der Herkunftsfamilie hatte, und definieren sie in imagistischen Begriffen. Beispielsweise ging ein bestimmtes Kopfnicken eines Mannes auf die passiv-aggressive Haltung seines Großvaters zurück. Wenn der Mann auf diese Weise mit dem Kopf nickte, sagte einer von uns immer: »Ich glaube, Großpapa Smith ist wieder unter uns – wie mag er wohl hier hereingekommen sein?«

In dieser ersten Sitzung entdecken und benennen wir lediglich die archetypischen Verhaltensweisen, die grundlegende menschliche Emotionen ausdrücken – insbesondere die, welche von dem Paar abgestritten oder verheimlicht werden.

Schlußendlich wollen wir einschätzen, inwieweit »geheime Bannflüche« in den unausgesprochenen Verträgen und Übereinkünften enthalten sind. Carl Sagers Arbeit auf diesem Gebiet ist uns dabei eine große Hilfe.[2] Wenn zwei Partner eine Beziehung beginnen, haben sie einen unausgesprochenen Vertrag geschlossen, der jedem ermöglicht, seine Bedürfnisse zu befriedigen. Beispielsweise kann der Vertrag für die Frau darin bestehen, die Haushaltsführung zu übernehmen und für die Kinder zu sorgen, wofür der Mann, im Gegenzug, die finanzielle Unterstützung der Familie gewährleistet. Gewöhnlich ist auch die sexuelle Monogamie ein Teil des Vertrages zwischen den beiden Partnern.

Bestehende »Unterverträge« lassen andere verborgene Interessen erkennen, zum Beispiel, wer die Initiative beim Sex ergreift, welche sexuelle Freiheiten jeder Partner hat, wer das Geld verwaltet und so weiter. Obwohl diese Verträge nicht explizit in Worte gefaßt werden, sind sie wichtig für die Aufrechterhaltung von Übereinstimmung und Vertrauen zwischen zwei Partnern. Wenn das Urvertrauen zerstört ist, ist auch immer von einem oder von beiden Partnern der ursprüngliche Vertrag verletzt worden. Häufig wurde er nie durch eine andere Übereinkunft ersetzt, die für beide Seiten befriedigend war; dadurch sind beide Partner ärgerlich und fühlen sich verletzt. Unsere angeführte Übung gibt uns Hinweise darauf, welche Dinge im Vertrag noch eingehalten werden und wo Vertragsbruch begangen wurde. Auch die Annahmen und Projektionen, die jeder Partner hat, geben Hinweise auf den ursprünglichen Vertrag und seine Verletzungen.

Bei vielen Paaren im mittleren Alter wird der Vertrag erstmals von der Frau gebrochen, indem sie sich weigert, in irgendeiner Hinsicht weiterhin eine dienende Rolle zu spielen. Entweder macht sie noch einmal eine Ausbildung, oder sie lehnt es ab, weiterhin die Hausarbeit zu übernehmen, oder sie befriedigt ihre emotionalen Bedürfnisse bei einem Geliebten. Durch ihr Verhalten sagt sie »Nein« zu der ursprünglichen Übereinkunft, kraft derer sie von den Bedürfnissen ihres Mannes beherrscht wurde. Doch hat sie nichts getan, damit die Aufgaben, die sie nun nicht mehr zu übernehmen bereit war, in irgendeiner Weise ersetzt wurden. Obwohl dem Ehemann vielleicht gar nicht bewußt ist, daß sein Zorn die Reaktion auf ihren Vertragsbruch ist, ist es gut möglich, daß er sich so wie ein Mensch verhält, der betrogen worden ist.

Wenn entweder der eine oder beide Partner eine außereheliche Beziehung haben, kann dies ihren Schmerz über die Zerstörung des Urvertrauens zunächst kaschieren. Bei unserer Suche nach verborgenen Dimensionen des ursprünglichen Dominanz-Unterwerfung-Bannes gilt unser besonderes Interesse der Frage, wieviel rationale Toleranz der Ehemann für das aufbringt, was ihm an der Unabhängigkeit seiner Frau (die in ihrer Weigerung zu kooperieren zum Ausdruck kommt) offensichtlich mißfällt. Manchmal ist ein gesondertes Gespräch mit jedem der Partner die einzige Möglichkeit, um hinter ihre Geheimnisse zu kommen. Oft jedoch kommen die Geheimnisse im Dialog des Paares von selbst zum Vorschein.

In einer Atmosphäre, die frei von Schuldzuweisung ist, ermutigen wir das Paar, über seine Geheimnisse zu sprechen. Sobald wir ein Geheimnis, von dem ein Partner nichts weiß (gewöhnlich hat es mit sexuellem oder finanziellem Betrug zu tun), erahnt oder entdeckt haben, tun wir alles, was wir können, um es ans Licht zu bringen (doch wir enthüllen es nicht selbst). Bewährt hat es sich dabei, über die »magische Bindekraft« von Geheimnissen zu sprechen, die die Partner voneinander isoliert, und darüber, wie zweckmäßig es ist, Geheimnisse zu offenbaren. Decken wir als Therapeuten einige verborgene oder geheime Aspekte unserer eigenen Interaktionen auf, kann dies eine Offenheit schaffen, die das Paar dann übernimmt. In jedem Fall bringen wir klar zum Ausdruck, daß Geheimnisse im Bereich ihres Beziehungsvertrages es uns erschweren, ihnen bei der Neubelebung ihrer Beziehung zu helfen. Oft bezeichnen wir das Urvertrauen als eine Flamme, die erlöschen kann, wenn sie nicht entsprechend genährt und nicht ausreichend mit Brennstoff und Luft versorgt wird. Geheimnisse ersticken die Flamme gewöhnlich.

Natürlich erwarten wir, daß beide Partner eines Paares sowohl ein Privatleben als auch ein »Paarleben« haben; daher treten wir nicht für die Offenlegung aller Dinge ein, die das persönliche Leben eines Menschen betreffen. Nur da, wo es um Geheimnisse geht, die die Bindung eines Menschen an die Partnerschaft beeinträchtigen, plädieren wir für »klare Verhältnisse«.

Wir machen deutlich, daß die Beziehung während des Therapieprozesses unbedingt monogam werden muß. Wir glauben, daß die Paarbeziehung – mehr noch als die Beziehung zwischen Klient und Therapeut – das interaktive Feld darstellt, das den Rahmen einer Paartherapie bildet. Wenn sexuelle oder emotionale Bedürfnisse bei einem Menschen, der außerhalb des Paares steht, befriedigt werden, kann die Therapiearbeit an Wirksamkeit verlieren. Wenn wir den Verdacht haben, daß einer oder beide Partner den anderen sexuell oder emotional betrügt, geben wir eine darauf hinzielende Stellungnahme ab.

Ungefähr in den letzten fünfzehn Minuten unserer ersten Sitzung sprechen wir vor dem Klientenpaar darüber, wie wir das interpersonale Feld beurteilen, wobei wir bestimmte Themen aus allen Bereichen, die wir angeschnitten haben, hervorheben. Dabei sprechen wir nicht nur über den möglichen Verlust der Beziehung, sondern auch über die vielversprechenden Aspekte, die Stärken der beiden Partner sowie über die Grundlage ihrer Bindung. Wir erklären, daß wir um das Leiden der Frau wissen und sie in ihrer Isolation und ihrem Kampf unterstützen. Gleichermaßen erklären wir, wie sehr wir die Toleranz des Mannes schätzen, und bringen zum Ausdruck, daß wir uns seiner Verpflichtungen und seiner Isolation bewußt sind. Gewöhnlich sind mittlerweile beide Partner gesprächig geworden und schließen sich den Überlegungen der Therapeuten an. In diesen letzten Minuten erteilen wir immer irgendeine »Hausaufgabe«, die das Paar während der Sitzungsintervalle zu tun hat. Wenn es sich um eine Einzelsitzung handelt, bei der es lediglich um die Einschätzung der Gesamtsituation geht, dann schlagen wir Aufgaben vor, die in der Zukunft hilfreich sein könnten.

Der therapeutische Vertrag

Am Ende der Beurteilung legen wir bestimmte Ziele fest, die sich auf das gründen, was wir in dieser ersten Sitzung verstanden haben. Die Ziele sind so konkret und verhaltensorientiert wie nur möglich und tragen dem bestehenden Problem Rechnung. Es kann sein, daß wir von einer wünschenswerten Verbesserung der nichtrationalen Kommunikationsformen sprechen, diese erläutern und einige von ihnen in Worte fassen. Oder wir sprechen über die »gewöhnlichen Lebensaufgaben« und das Teilen von Hausarbeit und betreuerischen Tätigkeiten. Oft formulieren wir ein Ziel, das das Paar dazu bringen soll, vertrauter miteinander umzugehen und mehr Zeit miteinander zu verbringen. Wenn ein Kind (oder mehrere Kinder) in das bestehende Problem mit einbezogen ist, formulieren wir unsere Ziele so, daß sie darauf abgestimmt sind. Zumindest halten wir fest, daß das »Problem Kind« ein »Problem der Paarbeziehung« ist. Oder wir schließen bestimmte Pläne, die das Kind betreffen, in die Ziele mit ein. Beispielsweise erklären wir, daß wir die beiden Partner gerne einmal mit ihrem Kind (bzw. ihren Kindern) sehen wollen – doch gewöhnlich ist dafür die letzte oder vorletzte Sitzung vorgesehen.

Den meisten Paaren schlagen wir fünf zweistündige Therapiesitzungen vor, die auf das Erstgespräch folgen sollten. Zwischen den Sitzungen ist je ein einmonatiger Abstand. Eine siebente Sitzung soll sechs Monate nach der letzten der fünf Sitzungen stattfinden. Wir erklären den Partnern, daß der größte Teil der Therapie »draußen«, in ihrer Beziehung, vonstatten geht, und daß wir bei diesem Prozeß nur als Berater fungieren. Wenn die beiden Partner Probleme damit haben, die ihnen zugewiesenen »Hausaufgaben« zu verrichten, so sollen sie uns lieber anrufen, als darauf zu verzichten. Wenn sie einen dringenden Grund haben, uns außerhalb der vereinbarten Sitzungen aufzusuchen, können sie telefonisch einen gesonderten Termin vereinbaren. Außerdem teilen wir den Klienten mit, daß wir im Anschluß an jede Sitzung bezahlt werden möchten (unsere Honorarforderungen haben wir ihnen schon bei der telefonischen Festsetzung des ersten Termins mitgeteilt).

Strategien und Techniken

Die folgenden Strategien sind Basisprinzipien der Psychotherapie, die für die meisten Therapien gelten und von allen Theorieschulen anerkannt werden. Jede dieser Strategien kommt innerhalb des speziellen Bezugsrahmens einer therapeutischen Beziehung zum Tragen. Sie zeigen auf, inwiefern die Psychotherapie eine einmalige zwischenmenschliche Beziehung ist, die sich von jeder anderen vertrauten Beziehung unterscheidet. Die entsprechenden Charakteristika wurden im zweiten Kapitel dieses Buches bereits erwähnt und kurz erklärt. Sie werden unterteilt in: Leitung der therapeutischen Beziehung; Bedeutungsrekonstruktion; Lernen von Neuem; Erweiterung des Vokabulars zur Bedeutungsfindung.

Ich persönlich glaube, daß diese Strategien für jede Therapie grundlegend sind, die den Namen »Psychotherapie« trägt. Sie tragen alle dazu bei, Menschen zu helfen, ihre bewußten Einstellungen, ihren Lebensstil sowie ihre gewohnheitsmäßigen Handlungen und Gedanken zu ändern. Sie kommen bei Einzel-, Paar-, Familien- und Gruppentherapien zum Tragen, in denen unterschiedliche Techniken angewendet werden. Während ich jede dieser Strategien in bezug auf die jungianische Paartherapie erläutere, werde ich einige der mit der Strategie zusammenhängenden Beziehungsmerkmale beschreiben und danach ein oder zwei Techniken erklären, die wir bei der Anwendung der Strategie nutzen. Eine Technik ist eine besondere Form der Intervention; sie ist leichter zu beschreiben und besser erkennbar als die Strategie selbst. Einige unserer Aktionstechniken sind vom Psychodrama her abgeleitet, wohingegen die Interpretationstechniken von der Verhaltenstherapie kommen. Wir finden, daß diese Kombination aus Aktions- und Interpretationsinterventionen bei der Arbeit mit Paaren besonders wirksam und anregend ist.

Das Leiten der therapeutischen Beziehung

Die therapeutische Beziehung ist das interaktive Feld, in dem die Therapie stattfindet. Von unserem Blickwinkel aus ist es ein Feld, das ganz allgemein von grundlegendem

Vertrauen oder einem Austausch zwischen den Mitgliedern gekennzeichnet ist. In einer Einzeltherapie wird dieser Austausch (oft »Rapport«, »positive Übertragung« oder »therapeutisches Bündnis« genannt) über einen ziemlich langen Zeitraum hinweg aufgebaut. Bis er zustande kommt, besteht das therapeutische Feld im allgemeinen aus dem, was William Goodheart als die »die Persona wiederherstellenden« Aspekte der Beziehung bezeichnete.[3] Beide Beteiligten werden sich hinter der Persona verschanzen: der Therapeut hinter der Handlungsweise des »Experten« und der Klient hinter der Handlungsweise des »gewöhnlichen Patienten« oder des »Leidenden«. Bis der Austausch aufgebaut worden ist, wird nur wenig gemeinsame Arbeit geleistet werden.

In der Paartherapie besteht der Austausch zwischen den beiden Partnern eines Paares bereits, obwohl er zu der Zeit, wo die Therapie beginnt, in irgendeiner Weise gestört sein kann. Die Angst und der Druck, die von der augenblicklichen therapeutischen Sitzung ausgehen, stellen ihn gewöhnlich wieder her und »schweißen« sie zu einer Einheit zusammen (außer, wenn die Partner dabei sind, sich zu trennen). Diese Einheit der Paarbeziehung ist das primäre Feld, das es in der Paartherapie darzustellen gilt. Die Ko-Therapeuten haben ihren eigenen Austausch und stehen etwas außerhalb der therapeutischen Beziehung des Paares.

Wollen die Therapeuten als Experten oder Autoritätspersonen ernst genommen werden, müssen sie glaubhaft machen können, daß sie wissen, was sie beim Leiten der therapeutischen Sitzung tun. Obwohl sie unter Umständen zeitweilig mit dem einen oder mit beiden Partnern des Paares einen Austausch eingehen, betreten sie das Feld als Experten. Um das therapeutische Feld bei Paar- und Familientherapien zu leiten, müssen die Therapeuten als Autorität auftreten und die Aktionen innerhalb der Paarbeziehung steuern. Diese Vorgehensweise unterscheidet sich grundlegend vom Aufbauen des Austausches und seiner Anwendung in einer Einzeltherapie. Manche Menschen finden diese Rolle der »Leiters« oder Beraters wenig reizvoll und eher angsteinflößend. Da die Klientenbeziehung sich ja allmählich entwickelt hat und für Außenstehende nicht ohne weiteres »zugänglich« ist, werden die Therapeuten verschiedene Techniken anwenden müssen, um Einfluß auf sie nehmen zu können. Eine Technik, derer wir uns verschiedentlich bedienen, um auf das therapeutische Feld innerhalb der Sitzung einzuwirken, hat die Form eines – von uns so bezeichneten – *Empathiegesprächs.*

Empathiegespräch: Wählen Sie ein besetztes oder schwieriges Thema aus (zum Beispiel mangelndes Vertrauen bezüglich des Geldes) und sprechen Sie den Partner des Paares an, der davon mehr betroffen ist. Gewöhnlich funktioniert ein solches Gespräch am besten, wenn der Ko-Therapeut mit dem Klienten desselben Geschlechts spricht. Der andere Ko-Therapeut und der andere Klient ziehen ihre Stühle ein Stück weit nach hinten und beobachten das Gespräch, ohne sich einzumischen.

Dieses Gespräch sollte den grundlegenden Leitlinien für einfühlsames Verstehen folgen:

a) Erleichtern Sie den Rapport zwischen Therapeut und Klient, indem Sie ein Gefühl der Gemeinsamkeit aufbauen (zum Beispiel: wir beide »verstehen« dieses und jenes). Vermitteln Sie den Rapport, indem Sie zum Zwecke einer fundierten Ausforschung des schwierigen Themas einen gewissen Druck ausüben.

b) Erleichtern Sie das bessere Verständnis für das Thema, indem Sie seine Bedeutung anhand neuer symbolischer oder interpersonaler Verhaltensweisen formulieren.

Formulieren Sie beispielsweise einen Akt des Rückzugs als einen ausdrücklichen Akt des Zorns.

c) Hören Sie gut zu und geben Sie sorgsam überlegte Antworten, die das emotionale Erleben des Klienten intensivieren.

d) Integrieren Sie den Archetypus als solchen (Gesten), den archetypischen Komplex (Erläuterung der implizierten Bedeutung) und die ausgedrückte persönliche Realität, wo immer es möglich ist. Diese Aufschlüsselung von verschiedenen Bedeutungsebenen sollte mit den Erfahrungen des Klienten übereinstimmen.

Wenn das Gespräch beendet ist (gewöhnlich dauert es zehn bis fünfzehn Minuten), wenden sich die Beobachter einander zu, und der andere Ko-Therapeut fragt den Partner des Klienten: »Was haben Sie gefühlt oder beobachtet, während Sie eben zusahen?« Der »Stoff«, welchen das Gespräch ergab, sollte die Fähigkeit eines Partners fördern, sich in seinen Partner besser einzufühlen. Außerdem kann er Wege zur besseren Erkundung der Gefühlsebenen eröffnen, die den Komplex betreffen, um den es geht. (Das besetzte Thema ist immer mit einem Komplex verbunden.)

Wenn Sie als Therapeuten einfühlsam zuhören und sondierende Antworten geben, können Sie die Paarbeziehung besser beeinflussen und einen gewissen Druck ausüben; dies geschieht, indem Sie Aufgaben zuweisen und die Sitzungen in einer bestimmten Weise lenken.

Durch ihre objektive Empathie vermitteln die Therapeuten, daß sie das Problem des Paares nachvollziehen können, und machen gleichzeitig deutlich, daß sie außerhalb des Problembereichs stehen. Stärker als in der Einzeltherapie wird der Therapeut in der Paartherapie dazu gezwungen, die Rolle des Experten einzunehmen, wodurch ein Eltern- oder Gotteskomplex entstehen kann. Empathietechniken helfen den Therapeuten, sich den Klienten verbunden zu fühlen und menschlich zu empfinden. Zudem ermöglicht die Einfühlung der Therapeuten dem Paar, sich wohl und richtig verstanden zu fühlen.

Das Gleichgewicht zwischen Empathie und Objektivität ist besonders wichtig beim Leiten des interaktiven Feldes eines Paares, denn bei der Paartherapie geben die Therapeuten viele Anweisungen. Zum Beispiel wird den Klienten gesagt, wohin sie sich setzen sollen, wann sie den Blickwinkel während der Sitzung ändern sollen, wie sie sich gegenseitig ansehen, wie sie miteinander sprechen und was sie nach der Sitzung tun sollen. Die Anweisungen enthalten nicht notwendigerweise auch Ratschläge. Sie sind mehr darauf ausgerichtet, Zusammenhänge herzustellen – und zwar innerhalb und außerhalb der Sitzungen –, in denen die Partner sich weiterentwickeln können. Andererseits kann ein Ratschlag notwendig sein, wenn eine Gefahr droht oder es um Mißbrauch/Mißhandlung und die damit verbundene Aggressivität geht; wenn nötig, geben wir Ratschläge über den Umgang mit Kindern, den Umgang mit Süchten. Doch geben wir ausdrücklich nur dann Ratschläge, wenn persönliche oder zwischenmenschliche Gefahren drohen.

Die Leitung der therapeutischen Beziehung konzentriert sich dann primär darauf, daß die Therapeuten geeignete Zusammenhänge schaffen und Menschen und Komplexe in das interaktive Feld der Paarbeziehung hineinstellen und wieder herausführen. Auch beinhaltet diese Leitung die Festsetzung des Rahmens, in der sich die Paarbeziehung abspielt; die Therapeuten tun dies, indem sie den Partnern sagen, daß sie sich während des sechsmonatigen Zeitraumes der aktiven therapeutischen Interventionen aneinander gebunden fühlen müssen (das heißt, sie müssen monogam leben). Wenn das Paar die Therapie erfolgreich durchlaufen hat, sind Urvertrauen und Lebendigkeit danach wiederhergestellt, und aus dem Abschlußgespräch, das nach einem sechsmonatigen Intervall stattfindet, hören wir fast immer heraus, daß sich die Partner auch weiterhin aneinander gebunden fühlen.

Bedeutungsrekonstruktion

Die Strategie der Bedeutungsrekonstruktion schließt das Neufassen von bewußten und unbewußten Paradigmen ein, die das Paar in die therapeutische Begegnung einbringt. Damit hilft man den Partnern, ihre Einstellungen, Erwartungen, Projektionen und Phantasien in bezug auf den anderen zu ändern, wodurch sie in der Lage sind, sich mehr wie »gewöhnliche Menschen« gegenüberzutreten. In jungianischen Begriffen ausgedrückt, helfen wir ihnen, zwischen archetypischer und persönlicher Wirklichkeit zu unterscheiden, und unterstützen sie in ihrem Anspruch auf eine persönliche Wirklichkeit. Das Ideal besteht darin, jedem Menschen zu ermöglichen, eine innere Dialektik dieser Wirklichkeiten – zum Schaffen von Bedeutungen – herzustellen, damit er einen direkten Zugang zu persönlichen Reaktionen und zu archetypischem Vorstellungsvermögen gewinnt.

Wenn ein Paar nicht mehr durch das Urvertrauen miteinander verbunden ist, haben gewöhnlich beide Partner archetypische Komplexe aufeinander projiziert und damit die persönlichen Reaktionen begrenzt, die zwischen ihnen möglich sind. Anstatt den anderen als einen Menschen mit einer eigenen Identität und einer entsprechenden begrenzten Verantwortung für sein Leben zu sehen, erleben sich die Partner gegenseitig als »Götter« oder »Göttinnen«. Es wirkt sich sehr negativ auf die persönliche Identität und auf den eigenen Handlungsspielraum aus, die Projektion einer Hexe oder eines Helden ertragen zu müssen. Wenn die Projektion verinnerlicht und als Identitätszustand ausgelebt wird, beeinträchtigt sie zudem die Individuation.

Indem ein Mensch zwischen archetypischer und persönlicher Realität unterscheiden lernt und eine innere Dialektik zwischen den beiden herstellt, erlangt er die Fähigkeit, sich weiterzuentwickeln. In gewissem Maße bedeutet dies, daß jeder Mensch mehr Verantwortung für seine Entwicklung trägt (was anfänglich manchmal als »Last« empfunden wird). Für ein Paar bedeutet die dialektische Haltung ebenso, daß jeder Partner die Entwicklung des anderen vorantreiben oder fördern kann, da er nun weiß, daß der andere die Wahl hat, dem Druck nachzugeben oder auch nicht.

Projiziert zum Beispiel eine Frau ihren Animus gewohnheitsmäßig auf ihren Ehemann, so nimmt sie sich selbst die Möglichkeit, ihren eigenen Machtbereich zu entwickeln; auch erhöht sich damit die Wahrscheinlichkeit, daß sie ihre Fähigkeit, die persönliche Entwicklung ihres Ehemannes zu fördern, falsch einsetzt. Gewöhnlich entdecken wir, daß in der Animusprojektion der Frau auf ihren Mann Elemente enthalten sind, die von ihrem Vaterkomplex und vom Animus ihrer Mutter herstammen. Oft stimmen diese unbewußten Elemente nicht mit den tatsächlichen Fähigkeiten und Interessen des Ehemannes überein – oder zumindest mit seinem persönlichen Lebensstil. Natürlich wird die Projektion anfänglich durch irgend etwas »abgeleitet«, doch gewöhnlich gehört diese »Ableitung« zum Verhaltensrepertoire des Ehemannes.

Hierzu ein Beispiel: Eine Frau nahm an, ihr intelligenter und beruflich gut ausgebildeter Ehemann würde »eines

Tages eine Menge Geld verdienen«, und begann ihr Eheleben mit der unbewußten Erwartung, daß sie beide irgendwann den hohen Lebensstandard haben würden, an den sie selbst aufgrund des guten Verdienstes ihres eigenen Vaters gewöhnt war. Als sie heirateten, waren sie beide »Hippies«, und der uneingestandene Wunsch nach materiellem Besitz war der Frau weder bewußt, noch trat er in ihrer Persönlichkeit zutage. Nach einigen Jahren, in denen ihr Mann karitative und schlecht entlohnte berufliche Tätigkeiten verrichtete, fing sie an, ihn zu drängen, mehr Geld zu verdienen. Obwohl er selbst verborgene Wünsche nach mehr Besitz hegte, waren diese bei weitem nicht so ausgeprägt wie bei seiner Frau. Als die Frau lernte, ihren Vaterkomplex von ihrem Ehemann zu trennen, war sie imstande, zu wählen, ob sie das zusätzliche Geld, das für den von ihr ersehnten Lebensstil notwendig war, *selbst* dazuverdienen wollte oder nicht.

Die Rücknahme und Integration von Anima- und Animuskomplexen ermöglicht beiden Partnern eine größere persönliche Freiheit. Sie sollten in ihrem täglichen Verhalten Veränderungen in ihrer Persönlichkeit an den Tag legen, die die Integration dieser Komplexe erkennen lassen. Gewöhnlich stellen wir beim Mann fest, daß er den Animakomplex auf seine Frau projiziert hat; für ihn erhebt sich damit die Frage, ob sie seiner Phantasie von einer »vollkommen verfügbaren« Frau entspricht oder nicht. Entweder hat er entschieden, daß sie fähig ist, diese unmöglichen emotionalen Bedürfnisse zu erfüllen, und ist zornig, weil sie »sich ihm versagt«, oder er hat entschieden, daß sie einfach nicht in der Lage ist, diese immer verfügbare Frau zu sein, und hat sich deswegen andere Frauen für seine Projektion gesucht. Auch ist er gewöhnlich davon überzeugt, daß die emotionalen Anforderungen seiner Frau »erdrückend und unmöglich zu befriedigen«

sind. Angeblich ist sie einfach »zu emotional« – zu niedergeschlagen, zu zornig, zu empfindlich – , um seine Unterstützung oder sein Engagement akzeptieren zu können. In Wahrheit bietet er seiner Frau nur wenig emotionale Unterstützung, da er der Meinung ist, daß sie sich um sich selbst und die anderen Familienmitglieder kümmern müßte.

Indem er seine eigene Anima integriert, bekommt er Zugang zu den emotionalen Bedürfnissen seiner Familie und zeigt nach und nach, daß er wirklich versteht, was andere wollen, wenn sie persönliches Engagement von ihm erbitten. Das Integrieren seiner Anima sollte sowohl in entsprechender emotionaler Empfänglichkeit während der Sitzungen (die nicht gleichzusetzen ist mit überwältigenden »Animastimmungen«) als auch im Übernehmen von Verantwortung bei häuslichen Pflichten seinen Niederschlag finden.

Eine nützliche Technik zur Förderung von Differenzierung und Integration von Animus- und Animakomplexen ist eine Psychodramaintervention, die wir *Doubeln* nennen.

Doubeln: Die Ko-Therapeuten fungieren als Alter egos der Klienten. Dies kann auf verschiedene Arten geschehen – zum Beispiel, indem jeder Ko-Therapeut einen der beiden Partner »doubelt«, normalerweise den gleichgeschlechtlichen Klientenpartner.

Stellen Sie die Stühle so auf, daß der Alter-ego-Therapeut außerhalb des Blickfeldes des Klienten ist, der spricht. Gewöhnlich empfiehlt es sich daher für den Therapeuten, dicht hinter der linken Schulter des Klienten, der gedoubelt wird, zu sitzen. Die Klienten sehen sich in die Augen.

Einer der Ko-Therapeuten gibt nun zum Beispiel folgende Anweisung: »Wir wollen Ihnen helfen, offener miteinander zu kommunizieren. Jeder von uns Ko-Therapeuten wird nun das aussprechen, was jeder von Ihnen zwar erlebt und fühlt, aber nicht verbal zum Ausdruck bringt. Wir werden so sprechen, als wären wir Sie. Wenn ich für Sie, Larry, spreche, werde ich Dinge sagen, von denen ich spüre, daß Sie sie fühlen oder denken, aber nicht sagen. Hören Sie mir zu, und wenn ich unrecht habe, ändern Sie bitte meine Worte ab, oder sagen Sie es mir einfach. Wenn ich recht habe, dann lassen Sie Louise antworten, so als wenn Sie mit ihr sprechen würden. Dann sprechen Sie selbst in diesem Sinne weiter. Ich möchte, daß Sie mit Ihren eigenen Worten ausführen, was ich angeschnitten habe – falls ich damit richtig liege. Wenn wir auf ein Problem stoßen, dann können Sie sich mit mir beraten. Ich bin eine Art Alter ego oder innere Stimme für Sie, aber ich bin auch Ihr Partner, und es kann notwendig sein, daß wir uns gelegentlich beraten. Mein Partner wird dasselbe für Louise tun. Haben Sie mich verstanden?«

Lassen Sie das Paar den Dialog beginnen. Sobald der Komplex hervortritt, formulieren die Therapeuten Worte, die seine eigentliche Bedeutung zum Ausdruck bringen. Die Worte sollten sich der Sprechweise des Klienten annähern und im allgemeinen seine Gefühle zum Ausdruck bringen. Beispielsweise sagt ein Klient: »Vielleicht sollten wir einfach den Entschluß fassen, zusammen am Wochenende zu verreisen, um uns wieder besser kennenzulernen.« Der Therapeut sagt: »Ich muß dich unbedingt in meinen Armen halten und deine Liebe spüren.« Der Therapeut hebt die unausgedrückten Emotionen hervor. Je nach der Phase, in der die Therapie ist, kann der Therapeut gegebenenfalls Gefühle der Verletztheit, des Zorns und der Niedergeschlagenheit/Verzweiflung oder der Freude, der Liebe, der Befriedigung und des Vergnügens hervorheben.

Da die Therapeuten besser über die Rollen von Tyrann, Hexe und Held im negativen Mutterkomplex Bescheid wissen als das Paar, sollten die Therapeuten beim Verstehen der Dinge, die in den Worten der Klienten enthalten sind, dem Paar immer »ein Stück voraus« sein.

Nachdem dieses Doubeln etwa fünfzehn oder zwanzig Minuten lang stattgefunden hat, kehren die Ko-Therapeuten zu dem Klientenpaar in den Kreis zurück und interpretieren mit seiner Hilfe, was sich zugetragen hat.

Das Doubeln führt ganz unvermeidlich zur *Interpretations*technik. Wir finden, daß eine nichtreduktive Interpretation (archetypische Bedeutungen) gewöhnlich zweckmäßiger als eine reduktive Interpretation (Muster, die von der Familie herstammen) ist.

Eine nichtreduktive Interpretation ermöglicht uns, Bedeutungen zu offenbaren, ohne Schuld zuzuweisen, da sie sich an symbolischen Bildern und Ausdrucksformen aus Mythen und Geschichten orientiert. Wenn wir auf die Bedeutung der Hexen- oder Heldenrolle zu sprechen kommen, dann reden wir eher über die typischen Anforderungen einer intimen Erwachsenenbindung als über die speziellen Einflüsse, die die eigenen Eltern und die frühkindliche Erziehung hatten. Da die Partner eines Paares im allgemeinen viele Auseinandersetzungen wegen ihrer Herkunftsfamilien hinter sich haben, können wir diesen Konflikt als »typisch« oder als »einfach zum menschlichen Leben dazugehörend« bezeichnen. Wir unterscheiden zwischen der emotionalen Realität, bei der man sich von einem inneren Zustand gezwungen oder getrieben fühlt, und der rationalen Realität, bei der man bestimmte Entscheidungen trifft und sich logisch verhält. Wir erörtern die persönliche Verantwortung, die jeder hat, wenn sie oder er die emotionalen Seiten der Beziehung ausagiert, und heben dabei hervor, wie wichtig es ist, dem anderen zuzuhören und sowohl das Emotionale wie auch das Rationale zu verstehen. Es kann die zwischenmenschliche Erfüllung beeinträchtigen, wenn ein Partner unmögliche Anforderungen an den anderen stellt, die auf den eigenen Phantasien und Idealen beruhen. Phantasien und Ideale können uns jedoch auch dazu anspornen, unser eigenes Bewußtsein zu erweitern, sofern wir die persönliche Verantwortung für sie übernehmen.

Bei dieser Art nichtreduktiver Interpretation konzentrieren wir uns auf die gegenwärtige bewußte Einstellung und veranschaulichen durch Beispiele, was momentan geschieht. So griff mich ein Mann sehr zornig an, nachdem ich seine Frau gedoubelt hatte; er behauptete, ich würde »Probleme wecken und Gefühle entfachen«, die seine Frau nie zum Ausdruck gebracht habe. Ich antwortete ihm, daß sich sein Zorn zu Unrecht an mich richte und daß ich sehen könne, wie sehr ihm die eigene Verantwortung für die seelischen Verletzungen seiner Frau angst mache. Ebenso sagte ich ihm, daß er durch sein tyrannisches Temperament gewöhnlich anderen Menschen Furcht einjage und sie veranlasse, sich von ihm zu distanzieren. Ferner sagte ich, daß er sich immer dann, wenn er auf diese Weise »in die Luft ging«, wahrscheinlich ängstige und einsam sei und sich zudem von den anderen isoliert fühle. In der Therapie wirke sein Zorn nicht erdrückend auf mich, sondern ich empfände ihn als ureigene Energie, die ihm die Möglichkeit gäbe, die Ziele zu erreichen, die für ihn erstrebenswert wären, die er aber bisher nicht verfolgt habe. Ich sagte ihm, er sei zweifellos eine starke Persönlichkeit; das sehe man an der Art, wie er die Leitung unserer Sitzungen übernehme. Er könne sich daher in anderen Situationen auf diese Kraft verlassen, wenn er sie zu nutzen wisse.

Die reduktive Interpretation, die das gegenwärtige Verhalten aus den früheren familiären und sozialen Einflüssen heraus erklärt, ist dann angebracht, wenn bestimmte Gesten und Stimmungen die Angst erwecken, die Vergangenheit könne sich wiederholen. Anstatt diese Art der Interpretation zu verfolgen, stützen wir uns auf die Dinge, die das Paar zur Sprache bringt. Zum Beispiel sagen einer oder beide Partner zu irgendeinem Zeitpunkt, etwas sei »genauso wie bei deinen Eltern«; oder sie sagen ganz mutlos, sie hätten das Gefühl, sie seien beide in dieselben Kämpfe verstrickt wie die eigenen Eltern. Wir erkunden die Herkunftsfamilie hinsichtlich der Gesten oder der implizierten symbolischen Bedeutung, die momentan damit verbunden ist. Wenn der Klient beispielsweise sagt: »Meine Mutter wurde immer krank und legte sich zu Bett, wenn sie wütend über uns war«, dann sagen wir etwa: »Jetzt haben Sie Ihre Mutter in dieses Zimmer gebeten. Was wollen Sie mit ihr tun?«

Im allgemeinen versuchen wir das Paar auf zweierlei Weisen von der Vergangenheit zu befreien: Wir zeigen den beiden Partnern, daß ihre Eltern einer anderen Generation angehörten, die nicht so bewußt lebte und über weniger individuelle Freiheit verfügte als das Paar selbst. (Ganz gleich, ob es stimmt oder nicht – es tut seine Wirkung. Oft zitiere ich den berühmten Ausspruch von George Santayana: »Jene, die nichts über die Geschichte lesen, sind dazu verdammt, sie zu wiederholen«, und erkläre dem Paar, daß wir lernen, »die Geschichte zu lesen«, um uns damit von ihr zu befreien.) Auch erklären wir, daß es einen Unterschied gibt zwischen dem kontextuellen Verstehen der frühkindlichen Lebenssituation und dem einfachen Ausagieren derselben. Wir ermuntern die Paare, Humor und Einfallsreichtum an den Tag zu legen, wenn sie sich mit Mustern auseinandersetzen, die aus der Herkunftsfamilie stammen.

Vor allem machen wir eine Unterscheidung zwischen der Realität der archetypischen Komplexe und der persönlichen Realität (dem, was »wirklich geschehen ist«). Der verinnerlichte Mutter- oder Vaterkomplex – der durchaus Ähnlichkeit mit den Merkmalen der Menschen haben kann, die unsere Eltern waren – ist nicht mit diesen Menschen gleichzusetzen. Die gegenwärtigen Probleme, die mit den Elternkomplexen verbunden sind, müssen von den wirklichen Eltern getrennt werden. Manchen Menschen hilft eine Hinwendung zu den wirklichen Eltern – das Stellen von Fragen und das Sammeln von Information –, die Komplexe von den Menschen zu trennen. Bei anderen Menschen ist das nicht möglich, oder es würde nur zu noch größerer Verwirrung führen. Vom jungianischen Blickwinkel aus gesehen ist es besonders wichtig, daß wir Menschen helfen, zwischen diesen Realitäten zu unterscheiden, anstatt bestimmte Ähnlichkeiten oder Unterschiede noch mehr zu verwischen. Viele Ansätze in der Familientherapie fördern eine Erkundung derjenigen Muster im weiteren familiären Umfeld, die gegenwärtig zu beobachten sind, ohne jedoch angemessen zwischen den Elternkomplexen und den Menschen, die die elterlichen Rollen gespielt haben, zu unterscheiden.

Obwohl eine Frau von der Depression ihrer eigenen Mutter und deren fehlender persönlicher Motivation geprägt sein kann, muß sie dieselben Charakterzüge bei vielen anderen Frauen – und bei sich selbst – erlebt haben, wenn sie im mittleren Alter mit dem Mutterkomplex belastet ist, den Schwäche und Niedergeschlagenheit kennzeichnen. Auch wenn sie mit ihrer eigenen Mutter darüber spricht, wird sie die Projektion dieses Komplexes auf ihre Mutter damit nicht rückgängig machen. Spürt sie dem Komplex jedoch während ihrer eigenen Therapie und in ihren Beziehungen nach, so hilft ihr das, seine Bedeutung zu verstehen und ihn nach und nach nicht mehr auf ihre gegenwärtigen wichtigen Beziehungen zu projizieren. Bei der reduktiven Interpretationsmethode müssen wir darauf achten, daß wir über die Mutter und den Vater »in uns« sprechen und nicht über die Mutter oder den Vater, »der im Norden des Staates New York wohnt«. Durch die deutliche Unterscheidung zwischen elterlichen Komplexen und tatsächlichen Eltern können wir einen Weg zur besseren Klärung der direkten Unterscheidungen eröffnen: Frau oder Mann gegen Hexe oder Held.

Die Bedeutungsrekonstruktion in der Paartherapie konzentriert sich also vorwiegend auf die Trennung der archetypischen Mutter-, Vater- und Anima- oder Animuskomplexe von der persönlichen Realität. Das Sichtbarmachen des Unterschieds zwischen emotionalen Zuständen oder unbewußten Motivationen, die zwingend und aufreibend sind, und der persönlichen Realität, die intentional und verantwortungsbewußt ist, sollte den Partnern die Freiheit geben, beide zu nutzen. Mit der Anerkennung, daß beide sinnvoll sind, wird der »heroische« Standpunkt untergraben, demzufolge alles auf rationalem Wege gelöst werden kann und jeder Mensch seine Emotionen besser kontrollieren sollte. Gleichzeitig wird die gelebte Wirklichkeit der Hexe untergraben, wonach Emotionen immer erdrückend und zwingend sind und man dagegen nichts tun kann.

Das Lernen von Neuem

Die Strategie, Neues zu lernen, ist in allen Therapieformen, ja sogar im Ritual der Therapie selbst enthalten. Da eine Therapie immer ein einzigartiger interpersonaler Kontext ist, lernen wir neue Wege des Seins, indem wir daran teilnehmen. Schon allein dadurch, daß der Klient einfach auf die Hinweise reagiert, die der Therapeut ihm gibt, lernt er Neues. Der Therapeut sagt: »Bitte erzählen Sie mir intime Dinge aus Ihrem Leben, aber verhalten Sie sich so, als sei dies eine berufliche Verabredung, zu der Sie pünktlich kommen, von der Sie pünktlich wieder weggehen und für die Sie mich bezahlen.« Der Umstand, daß man sich unpersönlich verhält, während man über persönliche Dinge spricht, führt zum Lernen von Neuem. Auch das Erlernen einer speziellen Therapiesprache – und jede Therapie hat eine besondere Sprache – ist eine Erfahrung, die den meisten Klienten neues Wissen vermittelt.

Wollen die Therapeuten diese Strategie bewußt anwenden, müssen sie sorgfältig Aufgaben planen, die die Klienten befähigen sollen, besser mit den persönlichen und interpersonalen Kontexten ihres Lebens fertigzuwerden. In der Paartherapie benutzen wir in der Hauptsache drei Techniken, um unsere Strategie zur Anwendung zu bringen: die *Hausaufgabe,* die *Videoaufnahme* und das *Therapeutengespräch.*

Hausaufgabe: Gewöhnlich werden die Aufgaben am Ende der Sitzung zugewiesen, aber die Therapeuten können sie auch zu jedem anderen Zeitpunkt erteilen.

Die Aufgabe sollte mit dem bewußten Wunsch des Klienten, einen Aspekt seines Lebens zu ändern, im Einklang stehen. Erteilen Sie keine Aufgaben, die für das bewußte Verständnis verwirrend sind oder im Widerspruch dazu stehen. Dies ist eine nichtparadoxe Einstellung zu einer Aufgabe, obwohl die Anweisung selbst ein »verborgenes Paradox« enthalten mag.

Häufig geben wir den Partnern die Aufgabe, einen Plan zu erstellen, wie sie mehr Zeit miteinander verbringen können. Zwar haben die Partner ausdrücklich den

Wunsch geäußert, vertrauter miteinander umzugehen, so daß die Aufgabe dem entspricht, was sie selbst wollen. Ihnen dies nun »zuzuweisen«, ist aber ein wenig paradox, denn wir verlangen genau das von ihnen, was sie in ihrem Leben gerne reduzieren wollen: das ständige Planen. Wenn sie dazu bereit sind, wird es sie veranlassen, aus eigenem Antrieb mehr Zeit füreinander zu finden. Wenn nicht, werden sie die Zeit nun einplanen, um »gute Klienten« zu sein (obwohl manche sich über unsere »Bevormundung« ärgern). Wie die Aufgabenzuweisung auch immer aufgenommen werden wird – sie wird der Therapie dienlich sein.

Die Aufgabe, gemeinsam verbrachte Zeit einzuplanen, ist für die meisten Paare im mittleren Alter – und vielleicht für die meisten Paare überhaupt – sehr schwierig. Wir erklären immer, daß eine Beziehung gepflegt werden muß, wenn man sie erhalten will. Mit humorvollen Worten zeichnen wir ein Bild des modernen Lebens, das die widersprüchlichen Gebote von »Romantik« und »Ehe« veranschaulicht: Die meisten Menschen unternehmen sehr viele Anstrengungen, um den richtigen Partner zu finden, mit dem sie ihr ganzes Leben teilen wollen (so wie sie sich die Ehe anfangs vorstellen); doch nachdem sie diesen Menschen gefunden haben, richten sie ihr Leben so ein, daß sie gezwungen sind, den Großteil des Tages von ebendiesem Menschen getrennt zu sein. Es ist fast so, als fänden sie einen Lebenspartner, um dann den Kontakt zu ihm zu verlieren.

Wenn ein Paar – wie von uns verlangt – mehr Zeit miteinander teilt, so hat dies gewöhnlich zur Folge, daß es sie »auf angenehme und intime Art und Weise verbringt«. Für manche Paare bedeutet dies, daß sie nach dem morgendlichen Aufwachen bewußt noch eine Weile miteinander liegenbleiben, um den körperlichen Kontakt wiederherzustellen. Für andere bedeutet es, daß sie neue Dinge miteinander tun. Wir unterstreichen, wie wichtig es ist, daß beide Partner sich während dieser Zeit »sexy« und »machtvoll« fühlen. Sich gut anziehen, Sex an ungewöhnlichen Orten praktizieren und die eigene Attraktivität spüren – das alles sind erfreuliche Konsequenzen, die mit dieser Aufgabenzuweisung verbunden sind.

Es kann aber auch ganz andere Aufgabenzuweisungen geben; das hängt von der Phase der Therapie und dem bestehenden Problem ab. Zu unserem Repertoire gehören Tätigkeiten, die die Elternschaft, die Entfaltung individueller Interessen, die bewußte Begrenzung der Arbeitsstunden und das Teilen von Hausarbeiten betreffen. Ganz besonders heben wir die Fähigkeiten und die Kompetenzen hervor, die im Zusammenhang mit der Betreuung von Familienangehörigen stehen, sowie die Notwendigkeit, etwas über die Aufgaben zu lernen, für die der jeweilige Partner nun herangezogen wird.

Im allgemeinen sollten die Aufgaben so formuliert werden, daß sie das erwartete Verhalten so klar wie möglich erklären. Sagen Sie zum Beispiel nicht: »Arbeiten Sie an Ihren Kommunikationsschwierigkeiten, die wir während der Sitzung entdeckt haben.« Sagen Sie statt dessen: »Jedesmal, wenn Louise die Tür zu ihrem Zimmer zuschlägt, sollte Larry zu sich selbst sagen: ›Sie ist verletzt und möchte, daß ich in ihr Zimmer komme‹, und dann auf diesen Wunsch reagieren, wenn er es will.«

Die Therapeuten sollten bei der Zuweisung von Aufgaben viel Phantasie entwickeln. Folgen Sie Ihrer Intuition. Etwas Ausgefallenes und Lebendiges, das Ihnen während der Sitzung einfällt, ist im allgemeinen besser als etwas, was Sie sich am Ende pflichtgemäß ausdenken. Normalerweise ist es erforderlich, daß sich die Ko-Therapeuten – ehe sie eine Aufgabe zuweisen – kurz beraten, damit jeder von ihnen über die Bilder sprechen kann, die während der Sitzung in ihnen aufgestiegen sind.

Mit dieser Zuweisung von Aufgaben ist für die Klienten das Lernen von Neuem verbunden; es geschieht dadurch, daß sie sich selbst während der Therapie in bestimmten Zusammenhängen sehen. Eine gut funktionierende Technik zur Vermittlung des Lernens von Neuem besteht darin, den beiden Partnern Gelegenheiten zu geben, ihr Interaktionsfeld in seinen archetypischen und persönlichen Dimensionen zu sehen. Hierbei hat es sich als nützlich erwiesen, kurze Abschnitte der Therapiesitzung auf ein Videoband aufzunehmen und diese danach mit den Klienten anzusehen.

Videoaufnahme: Nehmen Sie die ganze – oder einen Teil der – Sitzung auf ein Videoband auf. Wählen Sie zehn Minuten aus, die den wesentlichen Aspekt eines Komplexes oder eine Projektion von Anima oder Animus veranschaulichen. Bereiten Sie die Ausdeutung des Videobandes vor, indem Sie sich den Abschnitt vorher ansehen.

Ehe Sie das Band während der Sitzung ansehen, sollten Sie die Klienten darauf vorbereiten, indem Sie ihnen erklären, daß es durchaus möglich ist, daß sie sich unbehaglich fühlen, wenn sie sich zum ersten Mal auf Band sehen. (Es kann angsteinflößend sein, wenn man seinen ganzen Körper in Bewegung sieht.) Bitten Sie die Klienten, sich ihre Gedanken und Gefühle aus der Sitzung ins Gedächtnis zurückzurufen, wenn sie sich selbst auf dem Band sehen. Ermutigen Sie sie, »Stop« zu sagen, wenn sie etwas sehen oder hören, worüber sie gerne sprechen würden.

Während Sie das Band ansehen, halten Sie es jedesmal da an, wo Sie einen Einblick in eine symbolische Bedeutung, eine Geste oder einen anderen Aspekt des interpersonalen Feldes vermitteln können, die unbewußt zustande kamen, jedoch aufschlußreich für Ihre Arbeit mit dem Paar sind. Signifikante Gesten können in Bilder oder Worte übertragen werden, wodurch es möglich ist, bislang unbeachtete Gefühle zu erschließen. Jedesmal, wenn das Band angehalten wird, sollten Sie beide Partner fragen, was sie oder er zum Zeitpunkt der Sitzung dachte oder fühlte oder vermitteln wollte. Erläutern Sie die symbolischen Bedeutungen mittels Bildern aus Mythen, Legenden und Geschichten – wo immer es sich anbietet –, um dem Paar die nichtrationalen Dimensionen ihrer Ausdrucksformen verständlich zu machen.

Am Ende sollten Sie noch einmal alle Themen zur Sprache bringen, die durch das Band zum Vorschein gekommen sind. Sagen Sie zum Beispiel: »Louise, jedesmal, wenn Sie mit Larry sprachen, haben Sie weggeschaut. Ich hatte den Eindruck, daß Sie während der ganzen zehn Minuten ängstlich waren. Stimmt das?«

Wir haben uns selbst in einigen dieser »Erinnerungssitzungen« zusammen mit den Paaren auf Band aufgenommen und fanden dies auch für unser eigenes Lernen nützlich. Wir konnten damit überprüfen, inwieweit wir in der Lage waren, das interpersonale Feld »aus der Distanz« zu analysieren.

Videoaufnahmen eignen sich gut zur Vermittlung neuer individueller Kommunikationsmethoden. Man kann Beispiele für uneinfühlsames Reagieren und für die Projektion der eigenen Gedanken und Gefühle anführen und sie dann einfühlsamen Reaktionen gegenüberstellen. Oft lehren wir Klientenpaare, bestimmte Kommunikationsfähigkeiten einzusetzen, und legen ihnen beispielsweise nahe, nur über die eigene Erfahrung zu sprechen, anstatt dem anderen die Verantwortung für die eigenen Gefühle zuzuschreiben. Macht man einen anderen für das eigene

Unbehagen verantwortlich, so drückt sich dies in einem Satz wie »Du bist ärgerlich auf mich« aus. Eine einfühlsamere Feststellung wäre: »Ich fühle mich unbehaglich und frage mich, ob du wohl ärgerlich auf mich bist.«

Weitere Kommunikationsfähigkeiten, die Menschen gemeinhin helfen, sich von Komplexen zu befreien, bestehen darin, auf ärgerliche und aggressive Angriffe mit einer Erklärung zu antworten, die das widerspiegelt, was der Angriff bedeutet und welche Gefühle er bei einem auslöst, anstatt defensiv zu reagieren. Wenn Larry Louise anschreit und behauptet: »Du bist heute einfach gemein und nichts, was ich sage, ändert etwas daran«, kann Luise mit einem Satz wie: »Mit anderen Worten – ich habe auf *nichts* von dem, was du gesagt hast, reagiert. Ich werde ziemlich wütend, wenn du solche übertriebenen Behauptungen aufstellst«, antworten. Indem Louise Larrys Worte reflektiert und »bei sich« bleibt, vermeidet sie es, ihre persönliche Erfahrung auf Larry zu projizieren. (Das täte sie, wenn sie zum Beispiel sagte: »Du *machst* mich so ärgerlich.«)

Im allgemeinen legen wir unseren Klienten nahe, sich von der Auffassung zu distanzieren, andere Menschen wären dafür verantwortlich, daß sie dieses oder jenes fühlten oder glaubten. Eine derartige Externalisierung der Verantwortung führt dazu, daß nicht mehr klar zwischen einem Komplex und einer Person unterschieden wird.

Es sind nicht andere Menschen, die uns auf die eine oder andere Weise empfinden lassen; vielmehr reagieren wir selbst auf andere mit unseren eigenen Komplexen oder Anschauungen. (Beispielsweise ruft ein zorniger, Unflätigkeiten schreiender Mann auf der Straße nur selten bei den Vorbeigehenden Wut hervor. Sie meiden ihn oder lachen über ihn, da er keine Emotionen in ihnen auslöst.) Wir stehen den Emotionen anderer keinesfalls gleichgültig gegenüber; wir schaffen die Bereitschaft in uns, darauf in einer bestimmten Weise zu reagieren.

Die empathische Kommunikation von Gefühlen zu erlernen (eigene Reaktionen vom interpersonalen Umfeld zu differenzieren) ist im allgemeinen nützlich, wenn es um das Klären verworrener Kommunikationsabläufe geht. Die Verwendung des Videobandes in einem »Erinnerungsprozeß« ist ein wirksames Mittel für das Erlernen neuer Reaktionsweisen.

Auch indem die Klienten das Therapeutenpaar imitieren, können sie Neues lernen. Daher führen wir in jeder Sitzung mehrmals *Therapeutengespräche* – im allgemeinen eines zu Beginn der Sitzung, nachdem wir das Paar dazu aufgefordert haben, etwas Bestimmtes zu tun, und ein weiteres Gespräch vor der Schlußbesprechung (vgl. Anfang Kapitel 6).

Therapeutengespräch: Die Ko-Therapeuten sitzen auf den Stühlen der Klienten oder sich auch nur gegenüber, wobei sich die Klienten außerhalb ihres Blickfeldes befinden. Nun sprechen die Therapeuten darüber, welche Verhaltensmuster, Komplexe, nichtrationale Ausdrucksformen und spezielle Verhaltensweisen der Klienten sie beobachtet haben. Sie verwenden dafür eine allgemeinverständliche Sprache (keinen Fachjargon) und veranschaulichen das, was sie beschrieben haben, durch Beispiele. Sie zeigen, wie man einfühlsam reagiert, treffen Feststellungen über Gefühle und überprüfen gemeinsam die Genauigkeit ihrer Beobachtungen. Sie demonstrieren, wie einfühlsame Kommunikation vor sich gehen kann. Auch können die Therapeuten die Rollen des Klientenpaares spielen und damit zum Ausdruck bringen, wie sich die Partner zueinander verhalten.

Wenn das Gespräch zu Ende ist (gewöhnlich dauert es

drei bis fünf Minuten), rücken die Therapeuten ihre Stühle in einen Kreis mit den Klienten und verwenden dieselben Kommunikationsmethoden, um mit den Klienten über das zu sprechen, was sie eben gehört haben.

Diese Form der Beurteilung innerhalb der Sitzung ist sowohl auf der symbolischen wie auf der rationalen Ebene aufschlußreich. Der Inhalt des Therapeutengesprächs bezieht sich auf die Trennung von Archetypischem und Persönlichem. Anhand des Gesprächsverlaufs sehen die Klienten, wie sie kooperieren können, auch wenn sie vielleicht Meinungsverschiedenheiten haben. Im allgemeinen stellen wir fest, daß die Klienten sehr bald an dieser Intervention Gefallen finden und daß sie Humor und Entspannung in die Sitzung bringt – insbesondere, wenn wir die Klientenrollen übernehmen.

Die grundlegende Strategie des Lernens von Neuem besteht also darin, daß Therapeuten und Klienten zusammenarbeiten, um neue Fähigkeiten, Handlungsmodi und Sichtweisen für die zwischenmenschlichen Beziehungen zu entwickeln.

Neue Worte finden zur Bedeutungsgebung

Auch diese Strategie, die Erweiterung des Wortschatzes, kommt, wie das Lernen von Neuem, in den meisten Therapien zur Anwendung. Einfach ausgedrückt, zielt sie darauf, daß die Klienten sich klarer ausdrücken und mehr sprachliche Phantasie entwickeln können. Grundlage dieser Methode ist es, die Anwendung einer neuen Terminologie zu erleichtern, um menschliches Wirken, persönliches Handeln und impulsive Gefühle zu erklären.

Interpretation und *Bezugsherstellung* sind gängige Methoden, um den Wortschatz zu erweitern, mit dem der Klient in der Therapie vermittelt, was bestimmte Dinge für ihn bedeuten. Die Interpretation besteht unter anderem darin, daß man einer altbekannten Erfahrung eine neue Bedeutung zuerkennt oder eine alte Bedeutung durch eine neue ersetzt. Die Bezugsherstellung ist eine Technik, die einem Ereignis, das der Klient berichtet, einen anderen Bedeutungskontext gibt – zum Beispiel das »Sich-Aufspielen« eines Kindes in der Schule als Ausdruck dafür zu sehen, daß es in der Familie gekränkt und verletzt wird. Interpretation und Bezugsherstellung vermitteln Einsichten oder Verständnis für eine Erfahrung oder ein Verhalten, für das der Klient zuvor unempfänglich war. Wenn ein Klient lernt, seine eigenen Erfahrungen zu interpretieren, dann hat keine Erfahrung nur noch eine einzige mögliche Bedeutung; vielmehr eröffnen sich ihm dann viele Möglichkeiten, eine Bedeutung zu beschreiben und zu finden. Ein Mensch bekommt dadurch die »Freiheit«, ein Ereignis sowohl vom persönlichen wie vom archetypischen Standpunkt aus zu verstehen.

Zwei praktische Methoden, die wir in unserer Arbeit anwenden, tragen dazu bei, den Wortschatz für die Bedeutungsgebung zu erweitern und es den Partnern zu ermöglichen, die Ereignisse aus einem neuen Blickwinkel heraus zu betrachten. Es sind der *Rollentausch*, der vom Psychodrama herstammt, und der *Plätzetausch*, eine Variante des Rollentausches.

Rollentausch: Die Partner werden gebeten, für die Diskussion eines besetzten Themas ihre Rollen zu tauschen. Jeder Partner ist angewiesen, »zu schauen, zu fühlen und zu sprechen« wie der andere. Jede Person bekommt genügend Zeit, um die entsprechende Körperhaltung einzunehmen und auch die Kleidung zu wechseln, damit sie sich so gut wie möglich in die andere Person hineinversetzen kann. Auch erhalten die Partner die Anweisung, die Sprechweise des anderen anzunehmen.

Nun führen die Partner in diesen vertauschten Rollen ein zehn- bis fünfzehnminütiges Gespräch. Die Ko-Therapeuten können die Partner während dieses Gesprächs doubeln. Nach dem Gespräch stellen die Ko-Therapeuten ihre Stühle mit denen der Klienten zu einem Kreis auf und sprechen über die Erfahrung.

Bei der gemeinsamen Rekapitulation der Gedanken und Gefühle, die die Klienten in der Rolle des jeweils anderen hatten, sollte man ihnen helfen, den Unterschied in der Sichtweise oder dem Bezugssystem herauszuarbeiten, der durch das Imitieren des anderen zutage trat.

Rollentauschgespräche können auch von den Therapeuten untereinander geführt werden; dieser Tausch ermöglicht Einsichten in die nichtrationalen Ausdrucksebenen und in die Wirkung, die die Sprache auf emotionale Reaktionen hat. Außerdem können die Ko-Therapeuten dadurch einschätzen, wie genau jeder Partner den anderen beobachtet und verstanden hat. Wir haben herausgefunden, daß Frauen ihre Männer oft gut nachahmen können, wohingegen das Umgekehrte ziemlich selten zutrifft. Es ist wichtig zu wissen, ob ein Partner fähig ist, den anderen genau zu beobachten oder zu verstehen, oder ob hier Defizite vorliegen.

In den späteren Phasen der Therapie praktizieren wir manchmal den sogenannten *Plätzetausch*. Bei dieser Technik wird das Klientenpaar zum Therapeutenpaar, während die Therapeuten zu den Klienten werden. Diese Übung wird als Rollenspiel durchgeführt; dabei imitieren die Klienten die Therapeuten, und die Therapeuten imitieren die Klienten.

Plätzetausch: Die Ko-Therapeuten setzen sich auf die Stühle der Klienten und nehmen die für die Klienten typischen Körperhaltungen ein. Jeder Therapeut spielt den Klienten seines Geschlechts. Die Klienten setzen sich auf die Stühle der Therapeuten und nehmen deren typische Haltungen ein. Die Ko-Therapeuten diskutieren nun über ein besetztes Thema, als wären sie das Klientenpaar; dabei verwenden sie die typischen Gesten und Sprechweisen der Klienten. Die Klienten versuchen, die Therapeuten zu doubeln oder Fragen aufzuwerfen und ihr Verhalten zu deuten. Die Klienten sind angewiesen, sich so zu benehmen, wie sie es bei den Therapeuten gesehen haben.

Gewöhnlich dauert ein solches Gespräch kaum fünf Minuten, da es beim Klientenpaar Ängste hervorruft, denn es ist gezwungen, vielen verschiedenen Seiten seines interpersonalen Feldes Beachtung zu schenken. Wenn Sie als Therapeuten den Eindruck haben, die Klienten seien nahe daran »aufzugeben«, sollte man das Gespräch beenden und die Stühle in Kreisform rücken, damit alle darüber sprechen können, was sich eben zugetragen hat. Die Klienten werden bei diesem Rollentausch gewöhnlich für viele neue Bedeutungsebenen empfänglich gemacht.

Eine einfachere Anwendung dieser Technik besteht darin, daß die Therapeuten das Klientenpaar spielen, während die Klienten ihnen dabei zusehen.

Sowohl beim Rollentausch als auch beim Plätzetausch treten viele Verhaltensweisen zutage, die im Zusammenhang mit Komplexen, aber auch mit dem persönlichen Bewußtsein stehen. Der Wechsel des Blickwinkels, von dem aus man die Bedeutungsgesamtheit sieht, ermöglicht, alle drei Wirklichkeiten – den Archetyp als solchen (Gesten), den archetypischen Komplex (der das Symbolische impliziert) und die persönliche Dimension (die eigene Geschichte) – besser zu verstehen.

Erweitert man den Blickwinkel und den Wortschatz eines Klienten, so führt dies häufig zu einem neuen »Relativismus« seines Standpunktes, den er im interpersonalen Feld einnimmt. Nachdem er sich den Standpunkt des anderen zu eigen gemacht hat, ist er nicht mehr so geneigt, den anderen für die eigene Unzufriedenheit verantwortlich zu machen. Wenn diese Techniken zur Sinnerweiterung funktionieren, erkennen die Klienten besser, wie die Sprechweise, die Körperhaltung und die Gestik die Bedeutung, die ein Mensch einer Sache beimißt, beeinflussen.

Manchmal jedoch funktioniert diese Intervention nicht wie gewünscht und ist für die Klienten verwirrend. Spüren die Therapeuten, daß die Klienten verwirrt und ängstlich werden, wenn man ihnen diese Techniken erklärt, so sollten sie sie zuerst einmal vorführen. Nach der Demonstration sollten die Klienten die Bereitschaft haben, sie auszuprobieren – zumindest aber müßte das vorherige Unbehagen verschwunden sein. Wenn dies aber nicht der Fall ist, dann sollten die Ko-Therapeuten die Techniken am besten nur selbst anwenden. Rollentausch und Rollenspiele sind schwierig und erfordern ein hohes Maß an Integration und einfühlsamem Reagieren. Bei Menschen, die sich in einer Krise befinden oder besonders ängstlich sind, ist von diesen Techniken natürlich abzuraten.

Gestaltung der Sitzungen

Um noch genauer zu erklären, was wir als Paartherapeuten tun, möchte ich kurz noch einmal auf den typischen Verlauf einer zweistündigen Sitzung mit einem Paar eingehen. Natürlich ist kein Verlauf wirklich »typisch«, denn in jeder Sitzung improvisieren wir und stoßen häufig auf Phänomene, die wir nicht vorausgesehen haben. Dennoch haben wir eine Art Schema.

In den ersten zehn oder fünfzehn Minuten lassen wir das Paar gewöhnlich interagieren und sehen ihm dabei zu. Wir lassen die Partner sozusagen »warm werden«; dabei lösen wir in ihnen ein wenig Lampenfieber aus, da sie gewissermaßen auf der Bühne sind. Entweder sprechen sie über ein gegenwärtiges Anliegen oder über ihre »Hausaufgabe«. Wenn wir in unserem Abschlußgespräch der vorigen Sitzung ein bestimmtes Thema aufgespürt haben, weisen wir sie manchmal an, darüber zu sprechen, falls es noch nicht genügend beachtet worden ist.

Gewöhnlich führen wir danach ein kurzes Therapeutengespräch und gehen dann zum Doubeln oder einem Empathiegespräch über. Wenn starke Emotionen – insbesondere Zorn oder Gekränktheit – zutage getreten sind, ist ein Empathiegespräch unserer Meinung nach am zweckmäßigsten. Hierbei bewährt es sich am besten, wenn nur ein Klient im Mittelpunkt steht und die beiden anderen beobachten, weil damit etwas von der emotionalen Last eingedämmt wird. Zu Beginn einer Sitzung, in der heftige Gefühle zum Ausdruck kommen, sollte der erste Schritt in diesem Eindämmen bestehen. Das Ausagieren von Komplexen kann in einer Paarsitzung ziemlich destruktiv sein, wenn die Therapeuten nicht imstande sind, mit dem Ereignis umzugehen. Aggression und Feindseligkeit können das Urvertrauen in einer Sitzung ebenso wie in einer Paarbeziehung zerstören.

Nach unserer ersten Intervention und Diskussion darüber mit den Klienten machen wir oft eine kurze Pause, in der wir einen Plan für den Rest der Sitzung erstellen. Wir wählen dann ein Thema, das im ersten Teil der Sitzung in

Erscheinung trat, und prüfen, inwieweit es zu unserer Auffassung paßt, die wir in bezug auf die Geschichte von Gawain und Ragnell vom negativen Mutterkomplex haben. Manchmal führt uns die Geschichte zur nächsten Intervention.

Wenn es die Hexe drängt, ihre Antwort zu geben, dann arbeiten wir mit der Frau, um ihr eine eigene Stimme zu verleihen. Wenn der Held Fakten und Daten aufzählt, können wir ebenfalls mit Fakten und Daten aufwarten, um unseren Standpunkt zu untermauern, oder wir können mit der Hexe darauf hinarbeiten, daß sie ihn zur Rede stellt. In allen unseren Diskussionen über das Paar tauchen spezifische Bilder aus der Geschichte auf – zum Beispiel der Held, der »den Kopf verliert«, und die Hexe, die »draußen im Wald wohnt«. Wir nehmen die Geschichte nicht als wörtliche Anleitung für die Therapie; vielmehr verwenden wir sie als Hintergrund für unsere eigenen Ideen. Redewendungen, wie »draußen im Wald« oder »Souveränität, das Recht, über dein eigenes Leben zu entscheiden« sind für uns vertraut, und wir zitieren sie häufig in unseren Sitzungen. Themen aus der Geschichte – wie die Bedeutung von Eigentum für das Lebensgefühl von Männern und die der äußerlichen Erscheinung für das Lebensgefühl von Frauen – sind uns bei allem, was wir planen und tun, als Gedächtnisstütze gegenwärtig. Unsere Diskussionspausen während der Sitzungen geben uns Gelegenheiten, »auf die Geschichte zu hören« und uns Überlegungen zu machen.

Für die letzten etwa vierzig Minuten der Sitzung ziehen wir es vor, daß sie in emotionaler Hinsicht eher bewegt ablaufen. Deswegen nehmen wir uns dann die »heißesten« Themen vor. Der Grund dafür ist, daß das Paar dann, wenn es emotional erregt ist, mit großer innerer Bereitschaft arbeitet. Zudem werden die Partner entdecken, daß sie gemeinsam die Emotionen, die in der Therapie hochkommen, eindämmen können. Bei der Wahl des »heißen Themas« für unsere abschließenden Interventionen suchen wir das Problem heraus, das das Paar geheimzuhalten scheint oder über das es offenbar nicht gern reden möchte. Das können die außereheliche Affäre eines der beiden Partner, finanzielle Schwierigkeiten, Stiefkinder oder irgendeine alltägliche Meinungsverschiedenheit sein. Wir wollen ihnen damit zeigen, wie sie ihre Geheimnisse sprachlich ausdrücken und dadurch das gegenseitige Vertrauen erhöhen können. Die Techniken, die wir während der letzten vierzig Minuten am häufigsten anwenden, sind unter anderem Doubeln, Rollentausch und irgendeine Art Rollenspiel.

Wir sparen mindestens zehn (besser fünfzehn) Minuten auf, um die Sitzung zu schließen. Dann sitzen wir mit dem Paar in einem Kreis und fragen beide Partner einzeln, was sie in der Sitzung gelernt haben. Wir sprechen über das, was wir alle an Neuem gelernt haben, und erteilen eine Aufgabe, die auf diesem Gelernten basiert. Wenn wir unsere Beobachtungen zusammenfassen, finden wir es besonders nützlich, Redewendungen wie: »Sie beide gehören zu den Leuten, die …« oder »Sie sind der Typ von Mensch, der …« zu verwenden. Auf diese Weise lenken wir die Aufmerksamkeit auf die Frage der Identität. Solche Formulierungen ermöglichen uns gewissermaßen, die gegenwärtige bewußte Einstellung jeder Persönlichkeit zu konfrontieren.

Eine Schlußbemerkung: Wir sind in unseren Sitzungen immer aktiv. Selten bleiben wir, die Therapeuten, länger als zehn Minuten auf demselben Stuhl sitzen. Bei unserem Doubeln und dem Praktizieren verschiedener Gesprächsarten wechseln wir so häufig die Stellung, daß es manchmal schon wie ein »Tanz zwischen Therapeuten« anmuten mag. Die körperlichen Bewegungen, die wir ausführen, um verschiedene Rollen zu spielen oder verschiedene Bedeutungen verständlich zu machen, gestalten die Sitzungen lebendig. Wann immer es möglich ist, lassen wir Humor mit einfließen, um es sowohl uns als auch den Klienten zu erleichtern, die Dinge, die sich abspielen, neu zu sehen.

Phasen der Paartherapie

Ich möchte zu jeder der im vorigen Abschnitt besprochenen Phasen zurückkehren und kurz die Arten der Interventionen sowie die ihnen zugrundeliegenden Strategien vorstellen, die wir am häufigsten verwenden.

Der Wunsch zu dominieren

Die meisten Paare kommen in dieser Phase in die Therapie – das heißt, sie haben Probleme, die mit Dominanz und Unterwerfung zu tun haben. Anfänglich besteht unsere Hauptaufgabe natürlich darin, abzuschätzen, inwieweit sie fähig und bereit sind, weiterhin zusammenzubleiben. Wenn das Urvertrauen vollkommen abhanden gekommen zu sein scheint und einer oder beide Partner den festen Wunsch angedeutet haben, sich zu trennen, dann arbeiten wir in ein oder zwei Sitzungen auf eine Trennung hin. Trennungspläne schließen die Vermittlung bei Meinungsverschiedenheiten ein, denn es müssen selbstverständlich Vereinbarungen hinsichtlich des Eigentums und der Vormundschaft der Kinder ausgehandelt werden. Wir führen Empathiegespräche und setzen unsere Doubletechnik ein, wenn wir auf eine Trennung hinarbeiten. Wenn beide Partner jedoch Interesse daran haben, ihre Beziehung fortzuführen, dann arbeiten wir in den ersten zwei Sitzungen konfrontativ mit ihnen.

In den ersten zwei Gesprächen dieser Phase sind unsere Themen: die Konfrontation mit einem möglichen Verlust der Beziehung, die Wahrnehmung der Wirklichkeit des Partners und die Konfrontation mit den eigenen Komplexen. Am häufigsten bringen wir die Doubletechnik, die Therapeutengespräche und die Empathiegespräche zur Anwendung. Unsere zugrundeliegende Strategie besteht darin, den Rapport der Paarbeziehung so zu gestalten, daß jeder Partner zu der Erkenntnis gelangt, daß er sich ändern muß. Manchmal rufen die Gefühle der Hoffnungslosigkeit und der verzweifelten Frustration so starke Emotionen hervor, daß wir mit jedem Partner gesondert in einem anderen Zimmer sprechen.

Jeder Therapeut verbringt etwa zehn Minuten mit dem gleichgeschlechtlichen Partner des Klientenpaares und versucht dabei, sich eine klare Vorstellung von den Bedürfnissen und Ängsten zu machen, die der Partner mit der Beziehung verbindet. Auch während einer der ersten beiden Sitzungen werden getrennte Gespräche geführt, um den Verlauf des Sexuallebens eines jeden Partners zu erkunden (siehe Anhang für das Bezugssystem der psychosexuellen Beurteilung).

Unsere Ziele in dieser Phase sind die, jeden Partner dazu zu bringen, die Hexe in sich selbst zu konfrontieren und Kommunikationskanäle zu öffnen, durch die sich zwischen beiden objektive Empathie entwickeln kann. Wenn wir den Partnern beibringen, wie sie während dieser Phase miteinander sprechen und mit mehr Offenheit aufeinander reagieren können, wenden wir zuweilen bestimmte Techniken an, die vermitteln, wie man lernt, dem anderen besser zuzuhören.

Manche Paare kommen in dieser Phase in die Therapie. Das »befreite« oder »feministische« Paar tritt auf wie Ragnell und Gawain beim Hochzeitsbankett. Sie ist die Hexe, die emotionale Szenen heraufbeschwört, und sie hat das Gefühl, sie habe ein gewisses Recht dazu. Sie »weiß«, daß gefühlsmäßiger Kontakt und wirkliches Teilen des Lebensalltags wichtig für ihre Beziehung sind. Dennoch ist sie bitter, niedergeschlagen oder zornig – sowohl über ihre eigenen Einsichten als auch über das Gefühl der Leere in ihrer Paarbeziehung. Der Mann ist geduldig, scheinbar empfänglich für die Bedürfnisse und Vorstellungen seiner Frau und dabei sehr rational. Er ist der willige, aber dumme Held. Beide »wissen einfach nicht, was schiefläuft«, da sie alle nur möglichen Lösungen für ihre Probleme ausprobiert haben – wie das »Teilen der Hausarbeit« und sein Zugeständnis, »ihr alle Freiheiten« zu geben, damit sie sich in der Weise entfalten kann, wie sie es möchte.

Befinden sich die Partner in dieser Phase, so besteht unsere Aufgabe darin, ihr Mitgefühl füreinander zu wecken und beide vom Wert des Weiblichen in ihrem Leben zu überzeugen. Natürlich gehört zu dieser Aufgabe auch, die Partner aufzufordern, ihre Projektionen von Hexe und Held zurückzunehmen. Unser Leitgedanke hierbei ist die Souveränität, die darin besteht, daß jeder Partner seinen eigenen Weg entwickeln kann, auf dem er das Weibliche ausagiert und dabei an seiner Selbstwerdung arbeitet. Unsere Strategien sind unter anderem das Herstellen des Rapports, die Bedeutungsrekonstruktion und das Lehren von Neuem. Wir verwenden dafür folgende Techniken: Empathiegespräche, Doubeln, Videoaufnahmen und Rollenspiele. Wir versuchen, unser Hauptaugenmerk auf das Geheimnis oder die verborgenen Probleme zu lenken, die uns an dem Paar aufgefallen sind. Diese haben in der Regel mit dem Ehevertrag zu tun, der schon zu einem früheren Zeitpunkt gebrochen wurde, sowie mit den Folgen des verletzten Urvertrauens zwischen den Partnern.

Unsere Ziele sind es, die Vertrautheit zwischen den Partnern zu intensivieren, ihre sexuellen Gefühle und ihren Wunsch nach Körperkontakt anzuregen sowie die Barrieren zu entfernen, die dem Urvertrauen im Wege stehen. Gewöhnlich gelingt uns dies nicht ohne Mühe, denn manchmal stoßen wir auf heftigen Widerstand. Durch die Zurücknahme von Projektionen und durch neue Kenntnisse über nichtrationale Ausdrucksformen und das Beobachten der eigenen Komplexe wird jeder Mensch mit seinen alten Wünschen und Impulsen konfrontiert.

Auf seiten des Mannes ist damit die Angst verbunden, von einer negativen Mutter erdrückt und beherrscht zu werden. Wenn er seine Projektionen der Hexe zurückgenommen hat, dann entdeckt er, daß seine eigenen Stimmungen und Ängste destruktiv gewesen sind, und zwar nicht nur für seine Familie, sondern auch für alle anderen Menschen, mit denen er verkehrt. Er fühlt sich schuldig und ist zornig wegen der verlorenen Chancen in seinen Beziehungen. Es ist gut möglich, daß er sich zeitweilig zurückzieht und einer Depression anheimfällt; oder er rettet sich in die Tyrannenhaltung, die von Zornesausbrüchen und Wutanfällen geprägt ist. In jedem Fall muß er immer und immer wieder – sowohl durch Erfahrungen als auch durch rationale Erklärungen – davon überzeugt werden, daß seine Regression nirgendwo hinführt. Dieses »Nirgendwo« läßt sich im allgemeinen mit Verlust, Tod und Stagnation deuten.

Bei der Frau kreisen die Ängste vornehmlich um die Furcht, verlassen zu werden. Sie wird über ihren eigenen inneren Tyrannen erschreckt sein, der sie beherrscht und ihr das Gefühl suggeriert, sie werde allein bleiben. Sie hat gewöhnlich große Schwierigkeiten mit der Vorstellung, daß nur sie selbst ihre Entwicklung vollbringen kann, daß sie von ihr selbst gewollt werden muß und von ihrer Initiative abhängt. Problematisch ist für sie der Gedanke der Unterwerfung (nicht der Unterwürfigkeit), da sie lernen muß, sich ihrem eigenen Schaffensdrang sowie den zärtlichen und fürsorglichen Gefühlen ihres Partners zu »unterwerfen«. Es wird besonders überraschend für sie sein, daß sie ihm *zutrauen* soll, sich sowohl um die sexuellen Belange als auch um die des Haushalts zu kümmern. Sie *wünscht* zwar, er möge es tun, doch soll er es nur auf die Weise tun, wie sie es will; zudem fürchtet sie, sie sei es in Wirklichkeit »nicht wert«, in zartfühlender Weise unterstützt zu werden. Es ist gut möglich, daß sie sich durch Selbsthaß in ein verwirrtes und in viele Teile gespaltenes Selbst zurückgezogen hat. Anstatt sich an die Aufgabe zu machen, eine kraftvolle und begeisterungsfähige Frau zu werden (was wir zuweilen »sexy« oder »attraktiv« nennen), wird sie sich über ihren Mangel an Gaben beklagen (ihr Körper ist fett, sie hat Falten, ist alt und zu nichts nütze; sie hat keine gute Ausbildung, kann sich nicht gut artikulieren und anderes mehr). Sie muß als Mutter und als wissende Frau in ihren Stärken bestätigt werden. Auch muß man sie damit konfrontieren, daß sie, falls sie die genannte Aufgabe ablehnt, Verlust und Depression erleben wird.

In dieser Phase konzentrieren wir uns größtenteils auf praktische feministische Belange. Beim Doubeln oder in Empathiegesprächen nehmen wir Themen wie die Unterdrückung der Frau, die Unkenntnis über ihr sexuelles und

emotionales Leben, den Mangel an Bestätigung für betreu-
ende Tätigkeiten und die fehlenden Gelegenheiten, als
Frau Heroismus zu zeigen, auf.

Empathie, Autorität und Vertrauen

Wenn wir diese Phase erreicht haben, sind beide Partner
wieder »sie selbst«. Jeder hat eine authentische, eigene
Stimme gefunden und besitzt Vorstellungen darüber, wie
Intimität und Vertrauen wiederhergestellt werden können. Wir ermöglichen den Partnern, uns in Richtung des
von ihnen angestrebten Ziels zu führen – das heißt, uns zu
zeigen, wie sie ihr häusliches Leben und ihren Arbeitsalltag künftig gestalten wollen, um einer neuen Vertrautheit
in ihrer Beziehung Raum zu geben.

Wir wenden dann alle die von uns beschriebenen Strategien an, aber wir legen besonderen Wert auf das Lernen
von Neuem und die Erweiterung des Wortschatzes, dank
dessen den Dingen eine neue Bedeutung gegeben werden
kann. Die Partner werden die Erkenntnisse, die sie in ihrer
Therapie erworben haben, mit in ihren Alltag nehmen; sie
müssen ferner wissen, wie sie sich weitere unterstützende
Mittel suchen können und auch, wie sie die Fähigkeiten,
die wir ihnen vermittelt haben, in Zukunft anwenden können. Sie haben die Möglichkeit, sich einschlägige Bücher
und Hörkassetten zunutze zu machen und Vorträge zu
besuchen, in denen es um die Individuation durch die
Paarbeziehung geht. Auch sollen sie weiterhin in der Lage
sein, Videoaufnahmen, Rollentausch und Rollenspiel – die
Mittel, mit denen wir in der Therapie gearbeitet haben –
eigenständig einzusetzen. Wichtig ist, daß sie verinnerlichen, was sie in der Therapie gelernt haben.

Die Mittel, mit denen wir den Partnern zu helfen versuchen, ihre Therapie zu verinnerlichen sind: die Deutung ihrer Träume, das Vorschlagen einer Einzeltherapie (für einen oder beide Partner), falls es zweckdienlich erscheint, und der Rat, sich unterstützenden Netzwerken (wie für Kinderbetreuung, Kontakte mit gleichgesinnten Paaren) anzuschließen, die möglicherweise in der Wohnumgebung existieren.

Die Schlußsitzung sollte – im Idealfalle – einen festlichen Charakter haben. Das heißt nicht, daß man eine Party für das Paar veranstaltet, obwohl eine gehobene Stimmung durchaus angemessen sein kann. Vielmehr bedeutet es, daß das Therapeutenpaar eine Gelegenheit schafft, in der es sich mit dem Klientenpaar »vereinigen« kann, damit das Gefühl von gegenseitigem Lernen und vertrauensvollem Austausch zwischen den beiden Paaren entsteht. Wir sprechen im allgemeinen darüber, was wir von dem Klientenpaar gelernt haben und auf welche Weise die beiden Partner unser Leben bereichert haben. Wir entlassen sie dann mit guten Wünschen und erinnern sie daran, daß wir sie nach sechs Monaten bei einer Abschlußsitzung wiedersehen werden.

Abschlußsitzung

Wenn die Therapie erfolgreich war, sollte die Abschlußsitzung eher ruhig verlaufen. Wir führen sie wie eine Erstbeurteilung und lassen die beiden Partner miteinander darüber reden, was sie sich von dieser Therapiesitzung erhoffen. Wenn sie die Therapiearbeit verinnerlicht haben, werden sie etwa sagen: »Wir sind heute hierhergekommen, weil es so ausgemacht war, aber es gibt nichts zwischen uns, was wir nicht auch selbst regeln könnten.« Wie ein Hausarzt klopfen mein Ko-Therapeut und ich den Komplex ein wenig ab und prüfen, ob wir irgend etwas aktivieren können, was verborgen sein könnte. Wenn dies nicht der Fall ist, teilen wir es sofort mit und stellen ihnen »ein Gesundheitsattest« aus. Der Rest der Sitzung kann dann mit den Dingen verbracht werden, die das Paar zu tun wünscht.

Wenn die Partner auf eine frühere Phase der Therapie zurückgefallen sind, dann nehmen wir die Arbeit an diesem Punkt wieder auf. Wir planen zusätzliche Sitzungen, um an den Dingen zu arbeiten, die in den vergangenen sechs Monaten falsch liefen. Wir hören genau zu, wenn die Klienten uns sagen, »warum die Therapie nicht funktioniert hat«, damit wir beurteilen können, inwieweit unsere eigenen Unzulänglichkeiten als Therapeuten dazu beigetragen haben. Wir fragen uns dann zum Beispiel: Haben unsere eigenen Komplexe den Erfolg der Therapie vielleicht beeinträchtigt? Haben wir den Belastungen ihres Umfeldes, dem inneren Widerstand eines Partners oder den Verletzlichkeiten eines oder beider Klienten vielleicht nicht genügend Beachtung geschenkt? Dies ist dann immer ein Punkt, an dem wir uns als Therapeuten ernsthaft in Frage stellen und prüfen.

Nachdem die Therapeuten sich über ihre Einschätzung der Lage miteinander beraten haben, sollten sie dem Klientenpaar die Ergebnisse sofort mitteilen; dazu gehört auch, daß sich die Therapeuten zu ihrem eigenen Versagen oder ihrer Verantwortung für das, was schiefgelaufen ist, bekennen.

Im allgemeinen versuchen wir, unsere Arbeit mit Paaren auf sechs Sitzungen (mit einer nach sechs Monaten erfolgenden Abschlußsitzung) zu beschränken, denn wir glauben, daß Ko-Therapeuten im allgemeinen (und wir schließen uns da durchaus ein) dazu neigen, Aspekte ihrer Klientenpaare »auszuleben«. Würden sie den Kontakt mit einem Paar also nicht begrenzen, liefen sie Gefahr, dem

Klientenpaar ähnlich zu werden. Wird die Therapiezeit jedoch begrenzt, so hilft dies dem Therapeutenpaar, eine gewisse Distanz zum Klientenpaar zu wahren. Indem man die Paarbeziehung als *Rahmen* für die Therapie versteht, hebt man auch hervor, daß die wesentliche Arbeit innerhalb der Beziehung geschieht – und nicht zwischen den beiden Paaren.

SECHSTES KAPITEL

Die Integration archetypischer Komplexe

Um zu entscheiden, welche Strategie und welche Technik wir in der Psychotherapie anwenden, müssen wir uns zuerst einmal mit der *Person* des Klienten beschäftigen. Das bestehende Problem kann nicht angemessen verstanden werden, ehe wir nicht etwas über die persönliche Wirklichkeit des Klienten wissen. Welchen Bezugsrahmen bringt der Klient in die Behandlungssituation mit ein, und wie empfänglich ist dieser Mensch für die speziellen Methoden und den Therapiestil des Therapeuten?

Der Prozeß, in dem man einen Menschen für eine psychotherapeutische Behandlung beurteilt, ist vielschichtig. In der Anfangsbeurteilung für eine Paartherapie schenken wir der Entwicklungsfähigkeit der Partner und ihrer Bereitschaft, sich auf unsere einsichtsorientierten, auf Selbstbesinnung abzielenden Techniken einzulassen, besondere Aufmerksamkeit. (Im Anhang finden Sie ein Schema für eine Beurteilung von Entwicklung und Lebenskontext eines Klienten.) In diesem Kapitel wollen wir nur auf einen einzigen Aspekt eingehen: die Unterscheidung zwischen der *Identifizierung* mit einem unbewußten Komplex und dem gewohnheitsmäßigen *Ausagieren* unbewußter Komplexe.

Um diese wichtige Unterscheidung zu erklären, sollten wir noch einmal auf den frühkindlichen Prozeß der Individuation zurückkommen. Die persönliche Identität (Jungs »Ich-Komplex«) tritt nach und nach durch die De-Integration und die Re-Integration psychologischer Komplexe zutage. Die erlebte Einheit zwischen dem Selbst und dem Anderen – in Schöpfungsmythologien auf imagistische Weise als ein Kreis oder als ein Großer Ring dargestellt – de-integriert oder spaltet sich anfangs in affektive Schemata auf, die um die archetypischen Bilder herum gruppiert sind. Diese habe ich als archetypische Komplexe bezeichnet, womit ich andeutete, daß sie unbewußt und mit emotionaler, instinktmäßiger Energie erfüllt sind. Die gewöhnlichen Komplexe im ersten Lebensabschnitt sind die von Mutter, Vater, Gott (oder der Welt) sowie die vom Selbst und Nicht-Selbst. Der Komplex, der um die Erfahrung der Subjektivität, des Körper-Seins und der Handlungsfähigkeit gruppiert ist, ist archetypisch in bezug auf die Standardorganisation der menschlichen Persönlichkeit, die nach Kohärenz und Kontinuität strebt, wird aber persönlich, wenn der Identitätskomplex sich auf die Erfahrung bezieht, die ein Mensch macht, wenn er sich als Person unter anderen Personen erlebt. Diese Erfahrung, eine Person zu sein, ist von mehreren Kennzeichen geprägt, die sie von dem Wesen des Tierischen oder Göttlichen unterscheidet: Selbstbesinnung, persönliche Verantwortung, die eingestandene Erkenntnis, daß man imstande ist, Folgen vorauszusehen und sein eigenes Verhalten zu steuern, und das Wissen um die Endlichkeit des Lebens.

Diese Merkmale der persönlichen Identität bilden sich nach und nach heraus, gewöhnlich zwischen dem zehnten Lebensmonat und dem achten oder neunten Lebensjahr. Andere Charakteristika der persönlichen Identität (wie Geschlechtszuschreibungen) sind ebenso wichtig für das Verstehen der Persönlichkeit, aber die hier angeführten Merkmale sollen für unsere Diskussion genügen.

Indem ein Mensch eine persönliche Identität herausbildet, integriert er die Mutter- und Vaterkomplexe ins persönliche Bewußtsein, und zwar in Hinsicht auf die Tatsache, daß er selbst einmal Mutter oder Vater werden könnte, und ebenso in Hinsicht auf die Unterscheidung zwischen den archetypischen Komplexen und den Menschen, die ihn als Kind erzogen. Das Zurücknehmen und Integrieren von psychologischen Komplexen, die auf Mutter, Vater, Schwester und Bruder projiziert wurden, sind eine Voraussetzung für das Herausbilden einer eigenen Identität im Erwachsenenalter.

Bis die Mutter- und Vaterkomplexe zumindest teilweise in die persönliche Identität integriert sind, ist der Mensch nicht in der Lage, als verantwortliche und selbstkritische Person zu funktionieren. Statt dessen neigt er dazu, von unterbewußten Komplexen überwältigt zu werden und die archetypischen Bedeutungen der Komplexe auszuagieren. Die Hexen- und die Tyrannenrolle des negativen Mutterkomplexes sind Darstellungen der gewohnheitsmäßigen, emotional »besetzten« Schemata des Schreckliche-Mutter-Archetyps. Die Hexe identifiziert sich mit der Schrecklichen Mutter, und der Tyrann reagiert auf sie, als wenn sie der Drachen wäre, der bekämpft und getötet werden muß.

Wenn diese archetypischen Rollen immer wieder innerhalb des interpersonalen Feldes gespielt werden, treten sie an die Stelle von sexueller Erregung und gemeinsamen Interessen des Paares. Wenn das Problem in der Paarbeziehung tatsächlich innerhalb des interpersonalen Feldes der Beziehung liegt, werden die beiden Partner die Freiheit haben, anders zu agieren, wenn sie nicht zusammen sind und mit Menschen zu tun haben, die außerhalb ihrer Beziehung stehen. Wenn das Problem jedoch auch Entwicklungsschwierigkeiten auf seiten eines oder beider Partner mit einschließt, wird nichts darauf hindeuten, daß sie zu manchen Zeiten von dem Komplex befreit sind.

Wenn entweder einer oder beide Partner sich vollständig mit der Hexe/dem Tyrannen identifizieren und keine persönliche Identität haben, werden beide ständig dieselben Kommunikationsprobleme an den Tag legen, die sie in der Paarbeziehung haben. Anstatt das Ausagieren von Furcht und Wut auf die Paarbeziehung zu begrenzen, werden die Partner diese dann auch in anderen Situationen und mit anderen Personen ausagieren.

Unsere Beurteilungsmethode, die wir im Erstgespräch anwenden, ermöglicht uns, mit jedem Menschen gesondert ein einfühlsames Gespräch zu führen. Während des Gesprächs wird der Therapeut in der Lage sein zu beurteilen, inwieweit der Klient fähig ist, von dem Komplex frei zu sein und persönlich – das heißt, selbstkritisch und verantwortungsbewußt – auf die Belange der Behandlung zu reagieren.

In der Rolle der Hexe

Wenn eine Frau sich vollkommen mit der Hexenrolle im negativen Mutterkomplex identifiziert, verhält sie sich so, wie es für die erste Phase der Animusentwicklung typisch ist. Ihre Reaktion auf Männer ist grundlegendes Mißtrauen; sie ist nicht imstande, dauerhaft in objektiver Weise über sich selbst nachzudenken; und sie wird schnell deintegriert sein, wenn sie ängstlich ist. Wenn sie sich in diesem Zustand der De-Integration befindet, wird sie mit unterschiedlichen und sich zuweilen widersprechenden unbewußten Komplexen reagieren, und sie wird wegen der mangelnden Logik ihres Verhaltens nicht beunruhigt sein. Beispielsweise wird diese Frau sagen, sie wolle, daß ihr Ehemann ihr mehr im Haushalt helfe. Doch wenn man dann nachhakt und sie um Präzisierung bittet, erklärt sie unter Umständen, sie wolle im Grunde nicht, daß er »seine Nase in ihre Angelegenheiten stecke«. Obwohl eine die Hexe ausagierende Frau, die sich in einer späteren Phase der Entwicklung befindet, sich ebenfalls in einer so sinnwidrigen Weise äußern kann, wird sie das Ungereimte an ihren Aussagen einräumen, wenn der Therapeut sie darauf hinweist. Wenn dagegen eine sich mit der Hexe identifizierende Frau von dem Therapeuten befragt wird, wird ihr die Widersinnigkeit ihres Betragens höchstens oberflächlich bewußt sein; es ist aber auch möglich, daß sie keinerlei Zusammenhanglosigkeit in ihren Erklärungen erkennen kann.

Von großer Wichtigkeit bei unserer Form der Behandlung ist, daß die sich mit der Hexe identifizierende Frau nicht in der Lage ist, zwischen bildlicher und wortwörtlicher Realität zu unterscheiden. Beispielsweise kann eine solche Frau nicht zwischen »hören« und »zuhören« unterscheiden. So wird sie, wenn sie gefragt wird, ob ihr Ehemann ihr bei etwas, was sie ihm mitteilte, zugehört habe, etwa sagen: »Ja, er hat mich gehört.« Sie wird nicht imstande sein, irgendeinen Unterschied zwischen dem Gehörtwerden und dem Verstandenwerden zu erkennen. Metaphorische Ausdrucksformen von gefühlsmäßigen Zuständen entgehen ihrer Aufmerksamkeit oder verwirren sie; sie kann äußerst frustriert, ängstlich und deintegriert reagieren, wenn der Therapeut in metaphorischen Begriffen spricht, wohingegen sie selbst nur wörtliche verwendet.

In ihrer eigenen Entwicklung hat eine Frau, die sich mit der Hexe identifiziert, weder eine »emotionale Objektbeständigkeit« noch die dauerhafte Fähigkeit erlangt, ihre eigenen Gedanken und Gefühle von denen eines anderen Menschen zu unterscheiden, insbesondere eines ihr wichtigen Menschen. Sehr oft ist sie mit ihrer Mutter oder ihren

Schwestern »verschmolzen«, und sie berichtet, daß ihre Wertvorstellungen und Verhaltensweisen genau mit ihnen übereinstimmen. Sie erlebt ihre Gedanken und Gefühle als system- und grundlos, ihre Gefühle »bringen sie durcheinander«, und ihre Gedanken »stellen sich einfach ein«. Ihr Alltag ist geprägt von viel Hoffen und Bangen und passiver Abhängigkeit. Obwohl sie ihre aggressiven Gefühle vielleicht ausagiert, wird sie deren Bedeutung leugnen und ihre Handlungen nur als Reaktion, die von einem anderen Menschen hervorgerufen wird, bezeichnen. Beispielsweise schlägt sie ihre Kinder, weil »sie mich auf die Palme bringen«.

Anzeichen für ihre typischen Abwehrmechanismen gegen die De-Integration der Angst zeigen sich schon in dem ersten Gespräch, das für sie ziemlich angsteinflößend sein kann. Der Therapeut wird viele Beispiele dafür finden, daß sie Dinge gewöhnlich in gut und böse, richtig und falsch, freundlich und gemein einteilt. Ähnlich dazu wird der Therapeut eine »projektive Identifizierung« bei dieser Frau feststellen, da sie ihre eigenen Gefühle auf einen anderen Menschen zurückführt – häufig auf den Therapeuten – und dann darauf reagiert. Dies wird von Idealisierungen und Nachahmungen von Autoritätspersonen – gewöhnlich weiblichen – begleitet, da diese das persönliche Entscheiden und die Eigenverantwortung bei dieser Frau ersetzt haben. Sie handelt zum Beispiel auf eine ganz bestimmte Weise nur deshalb, weil ihre Mutter es tut und ihre Mutter »eine gute Frau« ist. Ihr Leugnen von Gefühlen, ja sogar von der materiellen Realität um sie herum, ist nur allzu offensichtlich und wird praktiziert, um weite Bereiche des Bewußtseins auszuschalten.

Eine Frau, die sich fast ständig mit der Großen oder Schrecklichen Mutter identifiziert, zeigt keine persönlichen Reaktionen, selbst wenn sie sich außerhalb des interpersonalen Feldes der Paarbeziehung befindet. Eine Frau, die nur zeitweilig die Hexenrolle spielt, wird sich nur im interpersonalen Feld damit identifizieren, in dem die Rolle gewohnheitsmäßig ausagiert wird. Sie wird diese Identität nicht ständig anderswohin mitnehmen. Wenn sie mit dem Therapeuten spricht, kann sie daher sogar im Hinblick auf ihr – durch ihre Identifikation mit der Hexe bedingtes – Verhalten selbstkritisch und verantwortungsbewußt sein. Wenn sie mit dem Therapeuten spricht, wird sie anpassungsfähiger wirken und besser imstande sein, zwischen metaphorischer und wörtlicher Realität hin und her zu wechseln und ihr eigenes Benehmen objektiver sehen. Gewöhnlich wird sie ihren Wunsch kundtun, sich von der Identifikation mit der Hexe zu lösen und sich von den gewohnheitsmäßigen Darstellungen des Komplexes – die nur in der Paarbeziehung zum Tragen kommen – zu befreien. Die Hexenrolle wird ihr »ich-störend« vorkommen, da sie nicht Teil ihrer persönlichen Identität ist.

In der Rolle des Tyrannen

Die Tyrannenrolle wird durchweg im Zusammenhang mit bestimmten Einstellungen und Verhaltensweisen eingenommen. Als Identitätszustand ist sie eine defensive Haltung, die aggressive und dominierende Verhaltensweisen gegen eine Kraft (gewöhnlich eine »weibliche« Kraft) mit einschließt, die als erdrückend erlebt wird. Der Tyrann reagiert auf die Schreckliche Mutter, die sein eigenes unbewußtes Gefühlsleben und zugleich die Macht des weiblichen Anderen – die Ursprungsmutter – ist. Der Bedrohung durch die Schreckliche Mutter, die den Tyrannen beherrschen und deintegrieren wird, wenn er sie nicht bekämpft, begegnet er mit körperlicher und emotionaler Mißhandlung.

Ist die Tyrannenrolle ein ständiger Identitätszustand, so zwingt sie einen Mann in vielen unterschiedlichen Situationen zu aggressivem, impulsivem, kämpferischem Verhalten. Er wird nicht in der Lage sein, zwischen Autorität und Aggression, zwischen liebevoller Anteilnahme und Dominanz und zwischen Gefühlen und Handlungen zu unterscheiden. Der Mann, dem die Tyrannenrolle zur Gewohnheit geworden ist, wird von seinen Impulsen und von den Ängsten vor diesen Impulsen gequält. Da die meisten dieser Impulse aggressiver und destruktiver Natur sind, bringen sie ihn in Schwierigkeiten. Er kann nicht begreifen, warum er oft als unangenehm bezeichnet wird, da er die Folgen seiner eigenen Handlungen nicht voraussehen kann und glaubt, daß sie immer gerechtfertigt seien. Ein solcher Mann lernt nur durch Belohnungen und Bestrafungen, die ihm sein Umfeld zuteil werden läßt; er ist weder durch Anerkennung noch durch Liebe zu motivieren. Da er anderen Menschen – besonders Frauen – nicht vertrauen kann, muß er sich ständig gegen zärtliche und liebevolle Gefühle wehren. Anstatt Gefühle der Zärtlichkeit zu erleben, fühlt er sich von Bedürfnissen getrieben, die befriedigt werden müssen, damit er überhaupt existieren kann. Da diese Bedürfnisse unerfüllbar zu sein scheinen, erwähnt er im Gespräch möglicherweise seine ständige Frustration, ja sogar die Angst vor seinen eigenen Gefühlen.

Wie die Frau, die sich in der Phase des Animus als fremder Anderer eingerichtet hat, verfügt auch der Mann, der sich mit dem Tyrannen identifiziert, nur über einen sehr begrenzten Wortschatz, um sein Gefühlsleben zu beschreiben. Er sagt eher von sich, er sei »in Ordnung«, »stocksauer« oder »ärgerlich«, als daß er sich als zornig, ängstlich, zufrieden oder froh bezeichnet. Ähnlich wie die Frau, die sich mit der Hexe identifiziert, benutzt er häufiger die Abwehrmechanismen der aufspaltenden, projektiven Identifikation und Verleugnung als andere Abwehrmechanismen gegen die Angst. Da er in einer Kultur, die männliche Aggression positiv bewertet, für sein »Macho-Image« und sein dementsprechendes Verhalten zuweilen Bestätigung bekommt, macht er eventuell auch die Erfahrung, daß die Gesellschaft seine gewaltsamen Reaktionen gegen Dominanz belohnt. In diesen Fällen kann er körperlich gefährlich werden, ohne Scham oder Angst wegen seines Verhaltens zu empfinden.

In den Therapiesitzungen ist der sich mit dem Tyrannen identifizierende Mann manchmal gefährlich – nämlich dann, wenn er zur De-Integration getrieben wird. Die Therapeuten können mit Hilfe eines Empathiegesprächs beurteilen, wie die Reaktionen eines solchen Mannes immer dann, wenn er sich »tyrannisch« verhält, aussehen. Wenn von körperlicher Mißhandlung oder sexuellem Mißbrauch der Partnerin oder der Kinder berichtet wurde, ist eine derartige Beurteilung unumgänglich. Selbst wenn das Tyrannenverhalten innerhalb der Paarbeziehung nur begrenzt ausgelebt wird, kann der Mann, wenn er von den Therapeuten herausgefordert wird, im Laufe der Therapie gefährlich für seine Partnerin werden. Der Grad, in welchem gewalttätige und ausfallende Verhaltensweisen für den Mann »nicht stimmig« sind, sollte ein wichtiges Merkmal sein, wenn es für die Therapeuten darum geht zu entscheiden, ob er für unsere Form der Paartherapie geeignet ist.

Im allgemeinen ist unsere Erfahrung, daß man einem Mann, der außerhalb der Paarbeziehung wiederholt gewalttätig wurde, ohne daß er Konsequenzen dafür hinnehmen mußte, ganz direkt sagen muß, er solle damit aufhören. Wenn der Mann eine eigene Identität hat, wird er diesem therapeutischen Rat sofort Folge leisten. Identifiziert er sich jedoch mit dem Tyrannen, wird er sich in sich selbst zurückziehen und den Anschein erwecken, als »verstecke« er sich vor der Anordnung der Therapeuten. Unsere Form der Therapie ist nicht angezeigt, wenn der Mann sich nicht bereit erklärt, mit dem Ausagieren seiner aggressiven Impulse aufzuhören.

Der Mann, der zeitweilig in der Paarbeziehung die Tyrannenrolle spielt, wird notgedrungen eine angsteinflößende Minderung seiner Selbstachtung erleben, wenn er durch die Therapeuten mit der Destruktivität seines Verhaltens konfrontiert wird. Zum Zeitpunkt der erstmaligen Konfrontation sollte er – ohne allzu strenge Ermahnung – auf seinem Weg der Änderung unterstützt werden. Wenn er geneigt ist, über sich nachzudenken, und wenn er nur innerhalb der Paarbeziehung die Tyrannenrolle zu spielen scheint und den Wunsch äußert, eine verantwortungsvolle Kontrolle über sein Verhalten zu erreichen, ist er für unser Therapiekonzept geeignet.

Die andere Seite der Tyrannenrolle ist das impulsive »In-sich-hinein-Agieren«, das heißt die Aggression gegen sich selbst. Dieses Art Verhalten schließt gewöhnlich Drogen, Alkohol oder Selbstmorddrohungen mit ein. Auch diese impulsiven Verhaltensweisen müssen anfänglich beurteilt und im Laufe der Behandlung beobachtet werden.

Der sich mit dem Tyrannen identifizierende Mann, der keine stabile persönliche Identität entwickelt hat, sollte gesondert behandelt werden; zudem ist ihm von einer Paartherapie unverzüglich abzuraten. Der den Tyrannen ausagierende Mann kann zwar mit unserer Methode behandelt werden, aber er ist seinen Impulsen viel mehr ausgesetzt als der sich mit dem Helden identifizierende Mann, der vielleicht gelegentlich den Tyrannen ausagiert.

Alternative Behandlungsformen

Wenn einer oder beide Partner keine persönliche Identität entwickelt haben, können ihnen andere Behandlungsformen empfohlen werden (entweder begleitend oder an Stelle der Paartherapie). Gewöhnlich behandeln wir die sich mit der Hexe identifizierende Frau und den sich mit dem Tyrannen identifizierenden Mann einzeln. Wenn beide ziemlich primitive Abwehrreaktionen haben und leicht durch Angst deintegriert werden, dann fahren wir nicht mit der Paartherapie fort. Wenn nur einer Entwicklungsprobleme hat, dann kann er einzeln behandelt werden, während beide an einem Paartherapieprogramm teilnehmen.

Wenn ein Mensch daran gewöhnt ist, sich mit einem Elternkomplex zu identifizieren oder dagegen zu reagieren, dann kann eine ganze Reihe von Behandlungsmethoden angewandt werden, um die weitere Entwicklung der persönlichen Identität zu fördern. Die meisten dieser Methoden sind eher »psychoedukativ« oder »manipulativ« als »einsichtsorientiert«. Der Leiter der Therapie ist der Therapeut, und ein vollständig kollaboratives symbolisches Feld wird nicht offen in die Therapie mit einbezogen. Der Therapeut kann das symbolische Feld überwachen und einschätzen, aber er wird dies dem Klienten nicht durch Worte mitteilen.

Der sich mit dem Tyrannen identifizierende Mann ändert sich wahrscheinlich durch Belohnungen und Bestrafungen, die ihm durch sein Umfeld zuteil werden. Daher sind interventive Verhaltensmethoden (eher Steuerungen durch den Therapeuten als ein Plan der Selbstkontrolle) am wirksamsten. Das geeignete Therapieverfahren besteht hier darin, dem Klienten zu mehr verbalen Fähigkeiten für seine ganz persönliche Art der Beschreibung von Ereignissen und Handlungen zu verhelfen. Dazu gehören das Lehren und das Belohnen von Ausdrucksweisen, um Gefühlszustände zu identifizieren.

Soziale Fähigkeiten und die Erkenntnis, daß Ansprüche und Forderungen nicht immer sofort befriedigt werden, können oft effizienter in einer strukturierten Gruppentherapie als in einer Einzeltherapie gelehrt werden. Zum Beispiel hat sich elterliches Verhaltenstraining schon oft als hilfreich erwiesen, wo es darum ging, gewalttätigen Männern zu zeigen, wie sie mit ihren Kindern umgehen konnten, ohne aggressiv auf deren schlechtes Betragen zu reagieren. Auch Fähigkeiten, die mit Geschicklichkeit zusammenhängen – wie das Führen eines Haushalts und Kochen – können gelehrt und entsprechend belohnt werden. Vielleicht ist das Wichtigste das Vermitteln von Vertrauen, indem man dem Klienten Gelegenheiten gibt, in einer geschützten Umgebung mit anderen zu sprechen und ihnen zuzuhören (gewöhnlich in einer Gruppe).

Ähnliche Formen der Behandlung können bei der sich mit der Hexe identifizierenden Frau angewandt werden, aber ihr kann auch mit anderen Methoden geholfen werden. Da sie gewöhnlich nicht das Problem hat, Dinge auf unangenehme, impulsive Weise auszuagieren (obwohl es vorkommen kann), kann sie für subtilere Interventionen wie die Realitätstherapie empfänglich sein, in der rationale Verhaltensweisen gelehrt und die Folgen des eigenen Betragens aufgezeigt werden. Sie kann lernen, sich ihre eigenen »Belohnungen« zu suchen und Bestrafungen zu vermeiden, indem sie die Reaktionen anderer voraussieht. Der Therapeut kann ihre konformen Verhaltensweisen, die Vertrauen verraten, durch Anerkennung belohnen. Man kann sie lehren, eher auf zwischenmenschliche als auf materielle Belohnungen zu vertrauen. (Der an das Tyrannenverhalten gewohnte Mann reagiert vielleicht besser auf konkrete oder materielle Belohnungen.) Gewöhnlich kann eine solche Frau den Unterschied zwischen lang- und kurzfristigen Zielen lernen und vermag sich selbst Ziele zu setzen, da sie in der Lage ist, zunehmend unabhängiger zu werden. Sie sollte darin bestärkt werden, sich eher mit Gleichgestellten als mit Autoritätspersonen zu identifizieren, und man sollte ihr nahelegen, Freundschaften zu schließen, insbesondere eine Vertrauensbeziehung mit einer »guten Freundin«, die nicht zu ihrer Herkunftsfamilie gehört.

Menschen, die mit Hilfe dieser mehr unterstützenden und edukativen Therapieformen behandelt werden, können durchaus imstande sein, an irgendeinem Zeitpunkt zur Paartherapie zurückzukehren. Eine modifizierte Form der Paartherapie ist der eher metaphorischen und imaginativen Form, die wir beschrieben haben, vorzuziehen. Hilft man Hexe und Tyrann, gleichberechtigte Partner bei der Erziehung ihrer Kinder oder beim Teilen anderer Tätigkeiten zu werden, so wird sie das ermutigen, den jeweils anderen als Person wahrzunehmen. Wenn die Klienten anfangen, sich durch die therapeutische Hilfe zu ändern, sollten sie noch einmal neu beurteilt werden, und zwar im Hinblick auf ihre Möglichkeiten, primär mit einer persönlichen Identität zu funktionieren.

Gelegentlich haben wir schon mit Menschen im mittleren Alter gearbeitet, die »Anlagen zur Entwicklung« zu besitzen schienen und ziemlich rasch auf die Art der Einzelbehandlung reagierten, die ich beschrieben habe. Doch wenn Menschen sich eine lange Zeit ihres Erwachsenenlebens mit der Hexen- oder Tyrannenrolle des negativen Mutterkomplexes identifiziert haben, brauchen sie gewöhnlich viel Zeit und Geduld, um diese Rollen in ihrer Persönlichkeit zu erkennen und zu integrieren.

Mit der Beurteilung der zukünftigen Entwicklung ist viel mehr verbunden, als ich in diesem Kapitel angedeutet habe. Um das kognitive, interpersonale und moralische Funktionieren beim Menschen zu beurteilen, muß der Therapeut eine ganze Reihe von Tätigkeiten, Gedanken und Verhaltensweisen (einschließlich der Träume) im Lebenskontext eines Menschen erforschen.

Im großen und ganzen sind Menschen für unsere Art der Paartherapie geeignet, wenn sie sich nicht vollständig mit der Hexen- oder Tyrannenrolle identifiziert haben. Ein zeitweiliges Annehmen dieser Rollen kommt in allen Entwicklungsphasen vor, selbst bei sehr individualisierten und integrierten Menschen. Indem der Therapeut eine dauernde Identität von einem zeitweiligen Ausagieren unterscheidet, hat er nur einen Bereich des interpersonalen Funktionierens beurteilt – die Reaktion des Klienten auf den archetypischen Mutterkomplex. Unserer Erfahrung nach genügt diese einmalige Einschätzung, um ein Urteil darüber zu fällen, ob der Klient für die Paartherapie geeignet ist. Natürlich kann der Therapeut bei dieser und anderen Behandlungsformen den Wunsch verspüren, auch andere psychische Funktionsbereiche zu beurteilen, um über die zukünftige Strategie und die anzuwendenden Techniken Entscheidungen zu fällen.

SIEBTES KAPITEL

Lebendigkeit durch Verbundenheit

Wir leben heute in einer Zeit, wo wir an den Erscheinungsformen von Kontinuität und Verbundenheit zweifeln. [...] Das Bewußtsein, daß wir uns in einem historisch einmaligen Dilemma befinden – Bedrohungen durch Atomwaffen, Umweltzerstörung und steigende Bevölkerungszahlen bei begrenzten Ressourcen –, hat ein Auslöschungsszenario riesigen Ausmaßes geschaffen. Diese Bedrohungen treten in einer Zeit auf, wo ... psychohistorische Erschütterungen bereits die Symbole, die sich um die Institutionen Familie, Kirche, Regierung und Erziehung ranken, untergraben haben.[1]

Wir werden täglich mit Bildern von Zerstörung und Desintegration konfrontiert, nicht nur durch unsere Medien, sondern auch in der Nachbarschaft und bei Familienmitgliedern. Aus solchen gesellschaftlichen Einflüssen entstehen massive Bedrohungen für die Stabilität, die Kontinuität und Integrität; auch können derartige persönliche Erfahrungen die Geschlechteridentität verunsichern. Nur ein verschwindender Teil unserer interpersonalen oder persönlichen Existenz scheint auf zuverlässige Weise an eine Tradition, eine vorhersagbare Zukunft oder auch nur an einen soliden symbolischen Kontext menschlicher Bedeutung gebunden zu sein. Die Entwicklung des Menschen innerhalb seines Lebenszyklus kommt einem oft vollkommen planlos vor, von sozialen und historischen

Umwälzungen beeinflußt, die unvorhergesehen und unvorhersehbar sind.

Ein Paar, das darum kämpft, wieder Urvertrauen, ein Gefühl für Lebendigkeit und eine Kontinuität des Seins aufzubauen, sieht sich in seiner Privatsphäre und in der Gesellschaft Hindernissen gegenüber, die oft unüberwindbar erscheinen. Die Partner tragen schwer an Entfremdung, Groll, Verletzung und Verzweiflung und können sich nur auf sehr wenige Richtlinien stützen, die einem zeigen, wie man aus dem Schmerz über das zerbrochene Vertrauen herausfindet und zu einem neuen Sinn in Leben und Beziehung kommen kann. Die Beobachtung, daß andere Paare sich trennen, daß vielerorts offenkundige Konflikte und Unzufriedenheit in langjährigen Beziehungen herrschen, sind nur einige Faktoren, die die Verzweiflung noch verstärken.

Alle Anregungen, die wir in unserer Paartherapiearbeit durch die Geschichte von Gawain und Ragnell erhalten haben, laufen dem kollektiven Trend, der in Richtung Desintegration geht, zuwider. Immer wieder waren wir verwundert über die emotionalen Ressourcen, die Paare für die Neubelebung ihrer Beziehung mobilisierten, nachdem sie erkannt hatten, wie aussichtsreich und sinnvoll sie war. Ehe die Partner eines sich mißtrauenden Paares einen Bedeutungskontext schaffen, der ihnen ganz klar einige Gründe für die Änderung ihres Verhaltens gibt, neigen sie meistens dazu, die »Wiederaufbauarbeit« der therapeutischen Intervention zu untergraben.

Unsere Hauptmethode beim Eintreten in einen symbolischen Kontext ist die Konfrontation mit dem Verlust. Wir haben herausgefunden, daß dieses Thema einen Weg in ein neues Bedeutungssystem eröffnet. Wenn Menschen den möglichen Verlust dessen, was sie in ihrer Beziehung hochhalten (wie Freundschaft, guten Sex, gemeinsame

Erziehungsaufgaben und gemeinsame Arbeit), gering-schätzen, haben sie sich immer noch nicht von ihren unrealisierbaren Kindheitswünschen lösen können. Die Konfrontation mit dem Verlust bewirkt, daß die blockierenden und entfremdenden Verhaltensweisen des negativen Mutterkomplexes – die im täglichen Leben in den Rollen von Hexe, Held und Tyrann zutage treten – schockartig unterbrochen werden. Die archetypische emotionale Erregung, die im Zusammenhang mit diesen Rollen steht, hat das Aufregende, das mit einem wirklich geteilten Leben verbunden ist, nach und nach zunichte gemacht. Durch das Anerkennen des Verlustes erhält die Erfahrungswelt des Paares wieder ihre persönliche Bedeutung, bei der es um menschliche Empathie, Verantwortlichkeit und das Wissen um die eigene Sterblichkeit geht.

Nachdem der Schock über den Verlust den erneuten Wunsch nach dem Erhalt der Beziehung geweckt hat, müssen die Partner sehr hart darum kämpfen, die symbolische Bedeutung (den »größeren Zusammenhang«) ihres gemeinsamen Lebens nicht zu verlieren. In einer Gesellschaft, die auf Individualismus, Trennung und Diskontinuität basiert, könnte man den Kampf um fortwährendes Vertrauen schon fast heroisch nennen.

Wie ich an früherer Stelle angedeutet habe, gründet sich Vertrauen in einer Bindung von Erwachsenen auf Gegenseitigkeit und Gleichberechtigung. Eine Beziehung zwischen Gleichgestellten – das archetypische Bild des Bruder-Schwester-Paares – ist das Modell für die Bindung zwischen Erwachsenen (und nicht die Bindung, die zwischen Eltern und Kind besteht). In der großangelegten Studie von Blumstein und Schwartz über amerikanische Paare fanden die Autoren heraus, daß einer der Hauptgründe, warum Paare zusammenbleiben oder sich trennen, der Wunsch der Frauen nach Gleichberechtigung ist.[2]

Bei den Untersuchungen der Bereiche Geld, Arbeit und Sex kam heraus, daß den Frauen – sowohl in lesbischen als auch in heterosexuellen Beziehungen – Gleichberechtigung wichtiger war als viele andere Faktoren in ihren Beziehungen. Männer in homosexuellen Beziehungen setzten Gleichberechtigung viel selbstverständlicher voraus als Menschen in anderen Arten von Paarbeziehungen.

Der Kampf der Frauen um Gleichberechtigung in der Partnerschaft wird oft als »Untergang« der Ehe gedeutet, als grundlegender Fehler unseres gegenwärtigen Familiensystems. Ich dagegen halte diese Deutung (die oft auf einem Ehemodell beruht, das sich auf Dominanz und Unterwerfung stützt, gewissermaßen als Ebenbild der Eltern-Kind-Bindung) für falsch und glaube vielmehr, daß der gegenwärtige Kampf um Gleichheit eine Quelle für neue Lebendigkeit in den Beziehungen ist. Da Frauen und Männer durch gegenseitigen Respekt und Vertrauen besser in der Lage sind, ihre Beziehung interessant zu gestalten, werden sie auch fähig, sich auf eine gemeinsame Sinngebung hinzubewegen.

Die Kraft zur Veränderung tritt in ehelichen Beziehungen vielleicht am offensichtlichsten bei der wachsenden finanziellen Verantwortung zutage, welche Frauen in der Familie oder Paarbeziehung tragen. Mit dieser Verantwortung geht eine neue persönliche Autorität und Aufgabenteilung einher. Blumstein und Schwartz sind der Ansicht, daß sich die Institution Ehe in der heutigen Gesellschaft schon aufgrund der Ablösung des Einverdienersystems geändert habe:

»In der Vorstellung von der Ehe hat es bereits Korrekturen gegeben, die sich möglicherweise als sehr folgenschwer erweisen werden. Heute zieht die Gesellschaft in Zweifel, ob die Ehemänner überhaupt die alleinige Machtbefugnis haben sollten. Bald wird es selbstverständlich sein, daß die arbeitende Ehefrau ein finanzieller Partner ist und einen wichtigen Anteil der Versorgerrolle des Mannes übernimmt. Dies gibt einer Frau mehr Macht, da früher viele Rechtfertigungen für die Arbeitsteilung eines Paares sich auf eine einzige Person, nämlich den Mann, stützten, der die Beziehung in eine bestimmte Richtung lenkte, da ja nur seine Arbeit das Überleben ermöglichte. Wenn er nun nicht länger der Hauptversorger ist, ist es gut möglich, daß er seine Berechtigung als alleiniger Entscheidungsträger verliert. […] Veränderungen wie diese modifizieren nicht einfach nur die Institution der Ehe; sie geben der Ehe selbst eine so drastisch veränderte Bedeutung, daß sie unter Umständen aufhört, die Institution zu sein, als die wir sie gekannt haben. Wir behaupten nicht, daß diese Änderungen besser nicht eintreten sollten. Wir sagen nur, daß die Institution, falls sie eintreten, zum Scheitern verurteilt ist und neu gestaltet werden muß.«[3]

Eine Bindung zwischen Erwachsenen, die von Gleichberechtigung und gegenseitigem Vertrauen geprägt ist, ist ein neues Modell für die Ehe. Gleichberechtigung als Grundlage für Vertrauen und eine gemeinsame Sinngebung impliziert eine vollständig andere Art der Beziehung als Dominanz, die auf Eigentumsrechten und den gesellschaftlichen Privilegien der männlichen Vorherrschaft basiert.

Die Veränderungen, die mit der Gleichberechtigung für die Ehe und das Familienleben verbunden sind, könnten enorm sein. Ein einzelnes Paar ist allerdings nicht imstande, sich im Alleingang einen neuen Weg zu bahnen und ein neues Modell für den Alltag zu schaffen. Die Diskontinuität und der Mangel an traditionsbedingter Unterstützung werden natürlicherweise von Ängsten vor Desintegration begleitet. Aus diesem Grund müssen Paare lernen, eine neue symbolische Verbundenheit mit einem größeren Bedeutungssystem herzustellen, das jenseits der legalen oder gesellschaftlichen Eheinstitution liegt. Will man Probleme lösen, die mit dem Urvertrauen zusammenhängen, ist es ganz wesentlich, daß man eine symbolische Verbundenheit mit dem Selbst und der menschlichen Gemeinschaft schafft.

Paare, die große Probleme miteinander haben, können nicht ohne weiteres dafür verantwortlich gemacht werden, daß sie ihre eigenen Idealbilder für Vertrauen und Gemeinschaft erzeugen. Sie müssen sowohl mit ihrer eigenen symbolischen Realität (durch Träume, Rituale, Kunst, Arbeit und Spiel) als auch mit gleichgesinnten Menschen in Verbindung treten. Idealerweise beinhaltet eine solche Gemeinschaft sowohl ein weitreichenderes Bedeutungssystem – einen spirituellen Kontext für die menschliche Entwicklung – als auch täglichen emotionalen Beistand, der immer notwendig ist, wenn man Veränderungen anstrebt.

Damit die Therapie erfolgreich ist, ist es ganz entscheidend, den Partnern eines Paares dabei zu helfen, daß sie sich an Träume erinnern und sie aufzeichnen, daß sie mehr Achtung vor der Phantasie im Denken bekommen und ihre Fähigkeit, spontan (intuitiv) zu handeln, kultivieren. Auch sollte ihr Wissen um mythische Symbole erweitert werden. Dies kann dadurch unterstützt werden, daß man bestimmte Bücher empfiehlt und auf Gruppen verweist, in denen man symbolische Seinsweisen lernt. Das Herausbilden einer symbolischen Verbundenheit mit dem Selbst und der Menschheit führt sowohl zu mehr Wissen über den menschlichen Lebenszyklus als auch zu mehr Zuversicht, die konfliktreichen Kämpfe bei der Entwicklung einer auf Gegenseitigkeit beruhenden Beziehung durchzustehen.

Ein anderer Weg, die Bedeutung des symbolischen

Kontextes für die Lebendigkeit in menschlichen Beziehungen zu verstehen, besteht darin, sie als Grundlage jedes psychologischen Handelns in den »Wurzeln« der lebenden Form zu sehen. Robert Jay Lifton spricht über die Herausbildung einer »fest verankerten Vorstellungskraft«, die notwendig sei, um in dieser Zeit der kulturellen Diskontinuität gesund zu leben.[4] Lifton stützt sich dabei auf seine Arbeit mit Überlebenden des Holocaust und zeitgenössischen Vertretern radikaler gesellschaftlicher Evolutionen und behauptet, daß Gefühle der Lebendigkeit und Gesundheit (oder »Ganzheit«) auf unserer Fähigkeit beruhen, die – zeitlichen, räumlichen und emotionalen – Bilder von unserem Selbst als intakt zu erleben. Die »Verankerung« unserer Bilder im Selbst hängt von unserer Fähigkeit ab, diese Bilder mit der persönlichen und kollektiven – sowohl biologischen als auch gesellschaftlichen – Geschichte in Zusammenhang zu bringen. Lifton meint zudem, daß die bewußte Verstandestätigkeit eine eher rückschrittliche oder begrenzte Form des Denkens im Vergleich zur unbewußten geistigen Tätigkeit ist. Um die unbewußte Vorstellungskraft mit dem bewußten Denken zu verbinden, muß ein Mensch Verbindungen zwischen den machtvollen Hinweisen, die Träume oder Ahnungen vermitteln, und den täglichen Aktivitäten der gesellschaftlichen und biologischen Wirklichkeit entwickeln. Lifton nimmt an, daß die Tatsache, daß wir unsere Träume vergessen, ein Ergebnis der Beschränkung der Vorstellungskraft ist, eine Art »Betäuben« oder »Abstellen« unserer ganzheitlicheren Gedankenprozesse.

Wenn die Träume unsere radikalsten und komplexesten Gedanken sind, dann hängt unsere Fähigkeit, sie zu nutzen, von der Bereitschaft ab, die symbolischen Bilder in das gewöhnliche Wacherleben in der interpersonalen Welt zu integrieren. Das Widerstreben vieler Menschen, ihren

Träumen »zu glauben« und sich selbst außerhalb der Grenzen von Zeit und Raum sich vorzustellen, kann durch einen therapeutischen und instruktiven Prozeß überwunden werden. Lifton berichtet von einem Forschungsprojekt, in dem er Menschen lehrte, Verbindungen zwischen einem Alltagsproblem und einer Traumreaktion herzustellen:

»Der Verlauf ist folgender: Die Versuchspersonen werden gebeten, sich in den Augenblicken vor dem Einschlafen auf ein bestehendes dringendes Lebensproblem zu konzentrieren, das eng verknüpft mit einem persönlichen Konflikt ist, und sich dann einen Traum herbeizuwünschen, der dieses Problem behandelt. Im Falle unserer Versuchspersonen verbinden sich die Bilder, auf die jemand sich konzentriert hatte, mit einem beherrschenden Thema eines Gesprächs, das kurz zuvor geführt wurde. Die Träume an sich unterscheiden sich natürlich sehr voneinander. Aber durch ihre Assoziationen sind wir übereinstimmend auf stark vorausschauende Muster gestoßen. Obwohl die Traumbilder sich in ihrem Inhalt gewöhnlich ziemlich stark von der Vorstellung unterscheiden, die der Träumer von seiner Sackgasse hat, können sie jedoch über den Weg der Assoziationen zu veränderten Perspektiven führen – Formen, die jenseits der Sackgasse sind, in der er sich zu befinden scheint.«[5]

Paare müssen die Fähigkeit entwickeln, ihre Träume und Phantasiegedanken (wie etwa intuitive Anregungen) in die täglichen Aufgaben des Lebens einfließen zu lassen. Dazu müssen sie einen symbolischen Kontext für das Verstehen unbewußter Gedanken entwickeln. Zu einem Kontext bekommt man über die Weltreligionen und mythischen Systeme Zugang, die in einer Vielzahl von rituellen und anderen kulturellen Formen zum Ausdruck kommen. Das Entwickeln eines Kontextes für die phantasievollen oder symbolischen Gedanken führt dadurch, daß das Selbst als intakt erlebt wird, zu einer gesteigerten Lebendigkeit und läßt mehr Hoffnung aufkommen, daß Kommunikations- und Gedankenprozesse Lösungen für Konflikte hervorbringen. Lifton schreibt:

»Ich habe in meiner Arbeit begonnen, Unterscheidungen zwischen relativ unverbundenen Bildern und einer – wie ich es nenne – verankerten Vorstellungskraft zu machen. Eine verankerte Vorstellungskraft ist besonders stark im Innovatorischen und hat ihre Wurzeln in den Lebensformen eines Menschen; und diese Wurzeln erlauben ein gewisses Maß an Freiheit beim Sich-Vorstellen von äußeren Dingen, aus denen neue Bilder (oder die Kombination von neuen Bildern) und schöpferische Formen entstehen sollen. Hierbei wird angenommen, daß keine Form vollständig neu sein kann, sondern daß sie ihre imaginative Verankerung in älteren Formen haben muß.«[6]

Die Verankerung der Phantasie im täglichen Leben und in der persönlichen Geschichte ist ein besonders anregendes Mittel, um neue Verbindungen in einer Paarbeziehung zu knüpfen. Indem die Partner eines Paares täglich bewußte und unbewußte Vorstellungen und Erfahrungen tauschen, können sie sich mit sich selbst, dem anderen und der menschlichen Gemeinschaft verbunden fühlen. Der symbolische Kontext oder die symbolische Verbindung – welche durch ein gemeinsames Bedeutungssystem des Paares und anderer Paare entstehen, die durch den Wunsch nach Gleichberechtigung miteinander verbunden sind – schafft eine Grundlage für Kontinuität in einer sich auflösenden Gesellschaft. Zudem führt diese symbolische Kontinuität, die in der gesellschaftlichen Realität begründet ist, zu neuen Formen gesellschaftlicher Realität und menschlicher Verbundenheit, die über den Rahmen des Paares hinausgehen.

Unser System, das Neubelebung und neue Verbundenheit in der Paarbeziehung fördert, beginnt mit dem Konfrontieren des Verlustes. Der Schock über die mögliche
Trennung, die als räumlicher, zeitlicher und emotionaler
Verlust des Selbst erlebt wird, bringt das Paar dazu, sich
selbst und den anderen neu zu beurteilen. In diesem Prozeß der Neubeurteilung legen wir den Akzent auf Tätigkeiten und Denkformen, die mehr Gleichberechtigung
und Gegenseitigkeit begünstigen. Diese wurzeln sowohl
in den archetypischen Bruder-Schwester-Bildern und in
den Modi und Ritualen, die zwischen Gleichrangigen
üblich sind, als auch im Wahrnehmen der Stimme der
Hexe.

Die Fähigkeit, in einer lebendigen, von gegenseitiger
Verbundenheit geprägten Liebesbeziehung zu leben,
scheint davon abzuhängen, ob es gelingt, ein Gefüge symbolischer Verbindungen zu schaffen, das über das Paar
und über die Einzelpersonen hinausgeht. Letzten Endes
scheint dieser Prozeß dazu zu führen, daß die Menschen
Vertrauen in etwas setzen, das über sie selbst hinausgeht
und ihnen bei persönlichen Verlusten, Diskontinuität und
Desintegration Kraft gibt.

Konkret bedeutet dies, daß man im täglichen Leben nie
den Glauben an die kleinen »Wiedergeburten« von Sinngebung verliert, die durch den zeitweiligen Verlust und die
Wiederherstellung von Vertrauen entstehen. Das Umfeld
des interpersonalen Vertrauens weitet sich von der persönlichen Erfahrung zu einer gemeinschaftlichen und symbolischen Kontinuität aus. Dies ist das weitreichende Ziel
und das Ideal, das unserem Paartherapiekonzept zugrunde liegt.

Die Geschichte von Gawain und Lady Ragnell

(Aus *The Maid of the North and Other Folktale Heroines*[1])

Vor langer Zeit, in den Tagen König Arthurs, war der vorbildlichste Ritter in ganz Britannien des Königs Neffe Gawain. Er stand in dem Ruf, der Tapferste im Kampf, der Klügste, der Höflichste, der Mitfühlendste und dem König gegenüber der Loyalste zu sein.

Eines Tages im Spätsommer hielt sich Gawain mit Arthur und den Rittern des Hofes in Carlisle, im Norden des Reiches, auf. Der König kehrte soeben von einer Jagd zurück und sah so blaß und mitgenommen aus, daß Gawain ihm sofort in sein Gemach folgte.

»Was ist passiert, Mylord?« fragte Gawain.

Arthur setzte sich schwerfällig nieder. »Ich hatte eine äußerst merkwürdige Begegnung im Inglewood Forest … Ich weiß gar nicht, was ich davon halten soll.« Und er erzählte Gawain, was geschehen war.

»Heute jagte ich einen großen weißen Hirsch«, sagte Arthur, »doch am Ende entkam er mir, und ich fand mich allein wieder, in einiger Entfernung von meinen Männern. Plötzlich stand ein großer, kräftiger Mann mit erhobenem Schwert vor mir.«

»Und du warst unbewaffnet?«

»Ja, ich hatte nur meinen Bogen und einen Dolch in meinem Gürtel. Er drohte, mich zu töten«, fuhr Arthur fort. »Und er schwang sein Schwert, als wolle er mich auf der Stelle niederstrecken. Dann lachte er ein gräßliches

Lachen und sagte, er wolle mir eine Chance geben, mein Leben zu retten.«

»Wer war dieser Mann?« rief Gawain laut. »Warum hätte er dich töten sollen?«

»Er sagte, sein Name sei Sir Gromer, und er wolle Rache für den Verlust seiner im Norden gelegenen Ländereien.«

»Ein Stammeshäuptling aus dem Norden!« rief Gawain aus. »Aber was ist denn das für eine Chance, von der er sprach?«

»Ich gab ihm mein Wort, daß ich ihn genau in einem Jahr, unbewaffnet, an derselben Stelle wieder treffen würde und die Antwort auf eine bestimmte Frage wüßte.«

Gawain begann zu lachen, aber er hielt abrupt inne, als er Arthurs Gesicht sah. »Eine Frage? Ist es ein Rätsel? Und du hast ein ganzes Jahr, um die Antwort zu finden? Das sollte nicht allzu schwer sein!«

»Wenn ich ihm die richtige Antwort auf die Frage: ›Was ist es, das Frauen über alles wünschen?‹ bringe, dann wird er mein Leben schonen.« Arthur machte ein finsteres Gesicht. »Er ist sich sicher, daß es mir nicht gelingen wird. Es muß es törichtes Rätsel sein, das niemand beantworten kann.«

»Mylord, wir haben ein volles Jahr, um im ganzen Reich nach Antworten zu suchen«, sagte Gawain zuversichtlich. »Ich werde dir helfen. Sicher wird eine der Antworten die richtige sein.«

»Zweifelsohne hast du recht – irgend jemand wird die Antwort wissen.« Arthur sah nun etwas fröhlicher aus. »Der Mann ist verrückt, aber als Häuptling wird er sein Wort halten.«

In den folgenden zwölf Monaten durchstreiften Arthur und Gawain das ganze Reich und stellten überall ihre Frage. Dann, endlich, rückte der festgesetzte Tag näher. Obwohl sie viele Antworten hatten, war Arthur in Sorge.

»Nun haben wir so viele Antworten – wie können wir wissen, welche die richtige ist?« fragte er verzweifelt. »Nicht eine von ihnen klingt zutreffend.«

Einige Tage bevor Arthur Sir Gromer wieder treffen sollte, ritt er allein durch den goldfarbenen Stechginster und die rote Heide. Der Weg führte zu einem Hain, in dem große Eichen standen. Arthur war tief in Gedanken versunken und schaute nicht hoch, bis er den Rand des Eichenwäldchens erreichte. Als er den Kopf hob, hielt er plötzlich erstaunt an.

Vor ihm stand eine grotesk anzusehende Frau. Sie war fast so breit wie groß, ihre Haut war grünlich, und unkrautartiges Haar bedeckte ihren Kopf. Ihr Gesicht wirkte mehr wie das eines Tieres als wie das eines Menschen.

Die Frau schaute Arthur mit furchtlosen Augen an. »Du bist Arthur, der König«, sagte sie mit einer rauhen, krächzenden Stimme. »In zwei Tagen mußt du Sir Gromer treffen und die Antwort auf eine Frage parat haben.«

Arthur wurde kalt vor Angst. »Ja … ja … das stimmt. Wer bist du? Woher weißt du das?« stammelte er.

»Ich bin Lady Ragnell. Sir Gromer ist mein Stiefbruder. Du hast die richtige Antwort nicht gefunden, nicht wahr?«

»Ich habe viele Antworten«, erwiderte Arthur kurz angebunden. »Und ich wüßte nicht, was dich meine Angelegenheiten angehen.« Er packte die Zügel und schickte sich an weiterzureiten.

»Du hast die richtige Antwort nicht.« Ihre Sicherheit erfüllte ihn mit dem Gefühl, verloren zu sein. Die rauhe Stimme fuhr fort: »Aber ich kenne die Antwort auf Sir Gromers Frage.«

Arthur wandte sich ungläubig und hoffnungsvoll zugleich um. »Ist das wahr? Verrate mir die richtige Antwort, und ich werde dir einen großen Sack voll Gold schenken.«

»Ich brauche kein Gold«, sagte sie kalt.

»Unsinn, gute Frau. Mit Gold kannst du alles kaufen, was du willst!« Er zögerte einen Augenblick, denn das riesige, groteske Gesicht mit den kalten, ruhigen Augen entmutigte ihn. Rasch sprach er weiter. »Was willst du dann? Schmuck? Land? Was auch immer du willst, ich werde dich gut bezahlen – das heißt, wenn du wirklich die richtige Antwort hast.«

»Ich kenne die Antwort, das verspreche ich dir!« Sie machte eine Pause. »Im Gegenzug verlange ich, daß Ritter Gawain mein Ehemann wird.«

Einen Augenblick lang schwieg Arthur betroffen. Dann rief er aus: »Aber das ist doch unmöglich! Du forderst etwas Unmögliches, Frau!«

Sie zuckte die Schultern und machte sich daran fortzugehen.

»Warte, warte einen Moment!« Wut und Panik überwältigten ihn, aber er versuchte, vernünftig zu sprechen.

»Ich biete dir Gold, Land, Schmuck. Doch ich kann dir nicht meinen Neffen geben. Er ist sein eigener Herr. Er gehört mir nicht, also kann ich ihn auch niemandem geben!«

»Ich habe nicht von dir verlangt, daß du mir den Ritter Gawain *gibst*«, wies sie ihn zurecht. »Wenn Gawain selbst sich bereit erklärt, mich zu heiraten, will ich dir die Antwort geben. Dies ist meine Bedingung.«

»Unmöglich!« stieß er hervor. »Ich könnte ihm nie einen solchen Antrag überbringen.«

»Für den Fall, daß du deine Meinung geändert haben solltest, werde ich morgen wieder hier sein«, sagte sie und verschwand in dem Eichenwald.

Verstört von der unheimlichen Begegnung, ritt Arthur langsam nach Hause.

»Mein eigenes Leben auf Gawains Kosten retten? Niemals!« dachte er. »Was für eine widerliche Frau! Ich könnte Gawain nicht einmal davon erzählen.«

Aber die nachmittägliche Luft war mild und voll lieblichem Vogelgesang, und das schicksalhafte Treffen mit Sir Gromer lastete schwer auf ihm. Er war innerlich zerrissen von der schrecklichen Alternative, der er sich gegenübersah.

Gawain ritt dem König vom Schloß aus entgegen. Als er Arthurs blasses, angespanntes Gesicht sah, rief er aus: »Mylord, bist du krank? Was ist geschehen?«

»Nichts …, überhaupt nichts.« Aber er brachte es nicht lange fertig zu schweigen. »Diese ungeheure Unverschämtheit dieser Frau! Ein Monstrum – das ist sie! Und dieses Geschöpf wagt es, mir Bedingungen zu stellen!«

»Beruhige dich, Onkel«, sagte Gawain geduldig. »Welche Frau? Wofür Bedingungen?«

Arthur seufzte. »Sie kennt die Antwort auf die Frage. Ich hatte eigentlich nicht beabsichtigt, es dir zu sagen.«

»Und warum nicht? Das ist doch eine gute Nachricht! Wie lautet die Antwort also?«

»Sie wird sie mir erst sagen, wenn ihre Bedingung erfüllt ist«, sagte der König bedrückt. »Aber ich versichere dir, ich weigere mich, ihren Vorschlag auch nur in Erwägung zu ziehen!«

Gawain lächelte. »Du sprichst selbst in Rätseln, Onkel. Wer ist diese Frau, die behauptet, die Antwort zu kennen? Wie lautet ihr Vorschlag?«

Als Arthur Gawains lächelndes, erwartungsvolles Gesicht sah, konnte er zuerst nicht sprechen. Dann erzählte der König mit abgewandtem Blick die ganze Geschichte, ohne etwas auszulassen.

»Lady Ragnell ist Sir Gromers Stiefschwester? Ja, in diesem Fall kann ich mir vorstellen, daß sie die richtige

Antwort kennt«, sagte Gawain nachdenklich. »Was für ein Glück, daß ich in der Lage bin, dein Leben zu retten.«

»Nein! Ich werde nicht zulassen, daß du dich opferst!« rief Arthur.

»Es ist meine Wahl und meine Entscheidung«, antwortete Gawain. »Morgen werde ich mit dir an dieselbe Stelle zurückkehren und in die Heirat einwilligen – unter der Bedingung, daß die Antwort, die sie uns gibt, richtig ist und dein Leben rettet.«

Am darauffolgenden Tag brach Gawain in aller Frühe mit Arthur auf. Doch nicht einmal die Begegnung mit der abscheulichen Frau von Angesicht zu Angesicht konnte ihn von seinem Entschluß abbringen. Ihr Antrag wurde angenommen.

Gawain verbeugte sich höflich. »Wenn deine Antwort am morgigen Tag das Leben des Königs zu retten vermag, werden wir heiraten.«

An dem schicksalhaften Morgen sah Gawain zu, wie der König eine Pergamentrolle in seiner Satteltasche verstaute. »Zuerst werde ich es mit all diesen Antworten versuchen«, sagte Arthur.

Den ersten Teil des Weges ritten sie gemeinsam, dann ritt Arthur allein und unbewaffnet, wie vereinbart, zum Inglewood, um Sir Gromer zu treffen.

Der große, kräftige Stammesfürst erwartete ihn schon, sein breites Schwert glitzerte in der Sonne.

Arthur las eine Antwort vor, dann eine weitere und dann noch eine. Sir Gromer schüttelte sehr befriedigt den Kopf.

»Nein, du hast die richtige Antwort nicht!« und er hob sein Schwert in die Höhe. »Du hast versagt, und nun …«

»Warte!« rief Arthur. »Ich habe noch eine Antwort: Was eine Frau mehr als alles andere wünscht, ist die Macht der

Souveränität über ihr Leben – das Recht, nach ihrem eigenen Willen zu handeln.«

Mit einem lauten Fluch ließ der Mann sein Schwert fallen. »Diese Antwort hast du nicht alleine gefunden!« rief er. »Meine verdammte Stiefschwester Ragnell hat sie dir gegeben. Diese freche Schlampe, die sich in alles einmischt! Ich werde sie mit meinem Schwert durchbohren ..., ich werde ihr den Kopf abschlagen ...« Er drehte sich um und rannte in den Wald, wobei er eine Reihe schrecklicher Flüche ausstieß, deren Echo hinter ihm herhallte.

Arthur ritt zurück zu der Stelle, wo Gawain mit der ungestalten Ragnell auf ihn wartete. Schweigend kehrten sie ins Schloß zurück. Nur die groteske Lady Ragnell schien in guter Stimmung zu sein.

Die Neuigkeit verbreitete sich rasch im ganzen Schloß. Gawain, der vorbildlichste Ritter im Lande, würde dieses häßliche Monstrum heiraten! Manche kicherten und lachten über dieses Schauspiel; andere sagten, Lady Ragnell müsse sehr große Ländereien und Güter besitzen; aber im allgemeinen herrschte fassungsloses Schweigen.

Arthur nahm seinen Neffen erregt auf die Seite. »Mußt du die ganze Sache denn jetzt sofort hinter dich bringen? Vielleicht könntest du sie aufschieben?«

Gawain schaute ihn ruhig an. »Ich habe mein Versprechen gegeben. Lady Ragnells Antwort hat dein Leben gerettet. Möchtest du etwa, daß ich ...?«

»Deine Loyalität beschämt mich! Natürlich kannst du dein Wort nicht brechen.« Und Arthur wandte sich ab.

Die Hochzeit fand in der Abtei statt. Danach saßen Gawain und die Lady an dem hohen Tisch neben dem König und der Königin, und das sonderbare Hochzeitsmahl begann.

»Sie nimmt auf dem Stuhl soviel Platz wie zwei Frauen ein«, murmelte Ritter Gareth. »Der arme Gawain!«

»Ich würde ein solches Monstrum auch um alles Land der christlichen Welt nicht heiraten!« antwortete sein Begleiter.

Ein beklommenes Schweigen breitete sich im Saal aus. Nur die häßliche Lady Ragnell zeigte gute Stimmung und einen guten Appetit. Während des ganzen langen Tages und Abends blieb Gawain liebenswürdig und höflich. Sein ganzes Verhalten seiner sonderbaren Braut gegenüber war von nichts anderem als freundlicher Aufmerksamkeit bestimmt.

Das Hochzeitsmahl neigte sich seinem Ende zu. Gawain und seine Braut wurden zu ihrem Gemach geführt und waren endlich allein.

Lady Ragnell schaute ihren Ehemann nachdenklich an.

»Du hast dein Versprechen treu und gewissenhaft gehalten«, bemerkte sie.

Gawain neigte den Kopf. »Es war meine Pflicht, Mylady.«

»Du hast weder Abscheu noch Mitleid gezeigt«, sagte sie. Nach einer Pause fuhr sie fort: »Komm zu mir, wir sind verheiratet! Ich erwarte, daß du mich küßt.«

Gawain ging ohne Zögern zu ihr und küßte sie. Als er zurücktrat, stand da eine schlanke junge Frau mit herrlichen grauen Augen und einem heiteren, lächelnden Gesicht vor ihm.

Er war so erschrocken, daß seine Kopfhaut prickelte. »Was für eine Hexerei ist das?« rief er mit heiserer Stimme.

»Bin ich dir in dieser Gestalt lieber?« fragte sie lächelnd und drehte sich langsam vor ihm einmal um sich selbst.

Doch Gawain wich argwöhnisch zurück. »Ich ... ja ... natürlich, aber ich verstehe nicht ...« Denn diese plötzliche offenkundige Hexerei mit ihren unbekannten Kräften verwirrte ihn und machte ihn beklommen.

»Mein Stiefbruder, Sir Gromer, hat mich immer gehaßt«, sagte Lady Ragnell. »Leider war er durch seine Mutter mit den Geheimnissen der Hexerei vertraut, und so verwandelte er mich in ein abscheuliches Monstrum. Er sagte, ich müsse in dieser Gestalt leben, bis ich den nobelsten Ritter in ganz Britannien dazu bewegen könnte, mich zur Braut zu nehmen. Er sagte, das wäre eine wahrhaft unerfüllbare Bedingung!«

»Warum haßte er dich so furchtbar?«

Sie schürzte belustigt die Lippen. »Er fand mich frech und unweiblich, da ich ihm trotzte. Ich widersetzte mich seinen Befehlen, die mein Eigentum und meine Person betrafen.«

Voll Bewunderung sagte Gawain zu ihr: »Du hast die ›unmögliche‹ Bedingung, die er dir auferlegte, erfüllt, und nun ist sein böser Fluch gebrochen.«

»Nur teilweise.« Ihre klaren grauen Augen blickten unverwandt in die seinen. »Du hast die Wahl darüber zu treffen, wie ich aussehen werde, mein lieber Gawain. Möchtest du mich des Nachts in dieser meiner eigenen Gestalt und in meiner vorigen Gestalt bei Tage? Oder möchtest du mich grotesk des Nachts in unserem Schlafgemach und in meiner eigenen Gestalt tagsüber im Schloß? Denk gut nach, ehe du deine Wahl triffst.«

Gawain schwieg einen Augenblick lang. Er kniete vor ihr nieder und berührte ihre Hand.

»Das ist eine Wahl, die ich nicht treffen kann, meine liebe Ragnell. Sie ist deine Sache. Wie du dich auch immer entscheidest – schön bei Tag oder schön bei Nacht –, ich werde es hinnehmen.«

Ragnell stieß einen langen, tiefen Atemzug aus. Das Strahlen auf ihrem Gesicht überwältigte ihn.

»Du hast richtig geantwortet, liebster Gawain, denn deine Antwort hat Gromers bösen Fluch vollständig gebrochen. Die letzte Bedingung, die er mir auferlegte, ist erfüllt! Denn er sagte, wenn mir nach meiner Hochzeit mit dem vorbildlichsten Ritter in Britannien mein Ehemann aus freien Stücken die Macht der Wahl, die Macht, nach meinem eigenen Willen zu handeln, zugestehen würde, wäre der böse Zauber für immer gebrochen.«

Und so begann die Ehe von Gawain und Lady Ragnell mit Wunder und Freude.

Psychosexuelle Beurteilung

Diese Beurteilung kann mit dem Paar oder mit den Partnern gesondert durchgeführt werden. Sie kann gleich zu Anfang in den Prozeß der Begegnung mit den Klienten mit einbezogen werden oder bei einem eigens dafür anberaumten separaten Treffen erfolgen. Wenn sexuelle Schwierigkeiten als Hauptproblem ausgemacht worden sind, ist eine spezielle Sitzung, die nur der psychosexuellen Beurteilung dient, gewöhnlich hilfreich.

Wenn sexuelle Probleme in der Geschichte eines Paares besonders auffallend sind, sollte man mit jedem Partner gesondert etwas Zeit verbringen, so daß jeder Partner für sich alle Ängste oder Verhaltensweisen offenbaren kann, die er vielleicht nicht in die Ko-Therapiesitzung einzubringen wagt. Doch denken Sie immer daran, daß Sie in der längerfristigen Arbeit mit einem Paar die Offenlegung von Geheimnissen in der Ko-Therapiesitzung fördern sollten. Es sollte keinerlei »privates Arrangement« zwischen einem der Therapeuten und einem der Partner des Paares bestehen.

Die folgenden Punkte können in beliebiger Reihenfolge angegangen werden, entweder als Teil einer allgemeinen Gesprächssitzung oder in einer gesonderten Sitzung. Uns geht es dabei viel mehr um Verhaltensbeschreibungen als um qualitative Urteile. Beispielsweise kann ein »gutes Sexualleben« alles mögliche meinen – von häufigem Sex bis hin zu der gegenseitigen Übereinstimmung, die sexuelle Beziehung nur auf bestimmte Arten des Sexualverkehrs einzuengen. Finden Sie eindeutig heraus, was die Menschen meinen, wenn sie Vorlieben oder Schwierigkeiten nennen. Wenn Sie sich mit einem Paar zu einer Ko-Therapiesitzung treffen, um dessen Sexualleben einzuschätzen, so ist es ratsam, mit jedem Partner ein Empathiegespräch zu führen, um umfassende, anschauliche Einzelheiten zu erhalten.

Ehe Sie eine Sexualgeschichte aufnehmen, sollten Sie eine Atmosphäre schaffen, in der Offenheit und möglichst wenig Angst herrschen. Dies können Sie erreichen, indem Sie die Beurteilung als eine »strukturierte Erfahrung« vorstellen und indem Sie Ihre Fragen auf eine sehr sachliche und fachgebundene Art stellen. Es wird die Spannung mindern, wenn Sie ausdrücklich darauf hinweisen, daß die meisten Menschen etwas ängstlich und verlegen sind, wenn sie mit Außenstehenden über ihr Sexualleben sprechen. Es ist im allgemeinen sehr schwierig, über empfundene sexuelle Dysfunktionen zu diskutieren. Wenn Sie eine sexuelle Dysfunktion – wie primäre Impotenz – erahnen, ist es unter Umständen nötig, den Betreffenden in einem gesonderten Gespräch zu befragen. Indem Sie die Angst vor verletzter Selbstachtung anerkennen und ein Klima der »Nicht-Schuld« schaffen, erhöhen Sie die Chance, das Problem im Gespräch zu erkunden und eine Weiterentwicklung zu begünstigen. Als Therapeut müssen Sie sowohl objektive Empathie als auch das Gefühl von Sicherheit und Sachkenntnis vermitteln.

Sexuelle Probleme

Wie stellt sich für jeden Partner des Paares das sexuelle Problem, das zwischen ihnen besteht, dar? Jeder sollte das wahrgenommene Problem hinsichtlich der damit verbundenen Verhaltensweisen beschreiben (beispielsweise das, was gesagt oder getan wird). Selbst Berichte darüber, wie oft ein Paar Intimverkehr hat, können innerhalb eines Paares unterschiedlich sein. Ein Partner berichtet zum Beispiel, sie hätten zwei- oder dreimal pro Woche Verkehr, wohingegen der andere behauptet, dies sei etwa zweimal monatlich der Fall. Jeder hat einen persönlichen Kontext, innerhalb dessen er das Problem und die Sexualgeschichte der Beziehung erlebt. Dieser persönliche Kontext wird die Schilderung prägen und beeinflussen.

Der sexuelle Vertrag

Welche Übereinkunft haben die Partner darüber, wie oft und unter welchen Umständen sie intim miteinander verkehren? Wo spielt sich das Zusammensein gewöhnlich ab? Wer regt es an? Wie wird der Wunsch nach Verkehr mitgeteilt? Versteht der eine Partner die Annäherung des anderen? Wie wird eine Ablehnung mitgeteilt? Wie ist der typische Ablauf des sexuellen Verkehrs? Unter welchen Umständen verändert sich dieser Ablauf? Manchmal besteht ein geheimer Vertrag, wonach nur ein Partner des Paares sexuelles Vergnügen empfinden soll – gewöhnlich der Mann –, da das Vergnügen im Austausch für eine ganz bestimmte Leistung (beispielsweise finanzielle Unterstützung) gewährt wird – ohne daß dies ausgesprochen würde.

Paare haben sehr unterschiedliche Verträge, was ihre sexuelle Intimität betrifft. Manchmal haben sie (bewußt oder unbewußt) eine Vereinbarung getroffen, wonach die sexuelle Befriedigung unter gewissen Umständen auch außerhalb der Beziehung stattfinden kann, beispielsweise wenn ein Partner sich auf Reisen befindet. Sex kann als Instrument zur Beherrschung des anderen (Kontrolle) oder auch als Tauschmittel für irgendeine andere Vergünstigung (zum Beispiel materielle Leistungen) eingesetzt werden. Während der Einschätzung sollte sich der Therapeut jeglicher Wertung über den gegenwärtigen Vertrag enthalten; vielmehr sollte dieser so klar wie möglich geprüft und verstanden werden. Beispielsweise kann einer der Therapeuten zu einer Frau sagen: »Sie und Ihr Mann scheinen beide darin übereinzustimmen, daß er mit anderen Frauen verkehren kann, wenn er Sie dafür Ihre kreativen Interessen verfolgen läßt.«

Vergessen Sie nicht zu fragen, welche Vorlieben im Intimverkehr zum Tragen kommen (zum Beispiel Fetische oder Masturbation). Zuweilen kommen Therapeuten diese Art von Vorlieben gar nicht in den Sinn, weil sie sich von ihren eigenen Vorstellungen des Sexualverkehrs nicht trennen können.

Gegenseitige Anziehung

Finden Sie heraus, wie sehr sich die Partner zueinander hingezogen fühlen. Sie können dies tun, indem Sie ganz offen Fragen darüber stellen oder indem Sie es unauffällig beobachten. Ihre Beobachtungen können Sie dem Paar mitteilen (müssen es aber nicht).

Wenn es um die Beurteilung der gegenseitigen Anziehung geht, dann sollten Sie auf die Übereinstimmung zwischen der Persönlichkeit und der Erscheinung eines jeden Partners achten. Achten Sie auch auf die allgemeine Übereinstimmung zwischen der »Macht des Äußeren« bei den beiden Partnern. Besitzen beide in gleichem Maße Macht durch ihr Äußeres – oder nur einer?

Sprechen Sie über Romantik. Was empfindet jeder Partner als romantisch und stimulierend? Wie wird diese Romantik geweckt? Welche Situationen und/oder Hilfsmittel werden begleitend eingesetzt – beispielsweise

Filme, erotische Bücher, aufreizende Kleider, Vibratoren?
Was ist der typische »Identitätszustand« für die sexuelle
Attraktivität bei jedem der Partner? Identifiziert sich einer
in der Phase der sexuellen Anziehung mit einer heroischen, kindlichen oder mütterlichen Haltung, oder verhält
er sich wie ein Spielkamerad?
Manchmal ist es hilfreich, sich Fotos anzuschauen, die
das Paar während der ersten Zeit der Beziehung zeigen, als
beide Partner sich vermutlich stark voneinander angezo-
gen fühlten. Sie können die mittlerweile eingetretenen
Veränderungen, die jeder Partner feststellt, mit dem Paar
erörtern.

Herkunftsfamilie

Wie gingen die Eltern mit Sex und Liebe um? Wie kamen
diese Dinge zur Sprache? Wie wurde über Sex gesprochen? Wie konnte ein Außenstehender wissen, was sich
bei den Eltern auf sexuellem Gebiet abspielte (was taten
die Eltern zum Beispiel, um ihre sexuellen Gefühle zu
zeigen)? Wie war das allgemeine sexuelle Klima in der
Herkunftsfamilie: offen, anregend, verschlossen, von Ver-
drängung oder von Verheimlichung geprägt, fröhlich, de-
primierend?
Was war die Hauptquelle sexueller Information in der
Kindheit: gleichaltrige Kameraden, Lehrer, Eltern? Welche Bilder wurden benutzt, um sexuelle Bedeutungen in
der Familie, der Schule, der Kirche und der Nachbarschaft
zu übermitteln?
Wie beschreiben die Partner ihr sexuelles Verhältnis?
Was weiß jeder Partner über Physiologie, Empfängnisverhütung, psychologische Aspekte und Anatomie? Wie geht
jeder Partner mit Fragen über das Sexualleben in der

gegenwärtigen Lebenslage um? (Oft sind Frauen über die weibliche Sexualität nicht wirklich gut informiert, obwohl sie vielleicht viel über die männliche Reaktionsweise wissen.)

Sexualgeschichte

Dies ist vom Standpunkt des Psychodynamik gewöhnlich der wichtigste Teil des Gesprächs. Ermitteln Sie, welche Erinnerungen jeder Partner an bestimmte sexuelle »Marksteine« hat:

- erster Kuß,
- Doktorspiele,
- Gespräche über Sex mit Gleichaltrigen,
- nächtlicher Samenerguß,
- Masturbation,
- Menstruation,
- sichtbare hormonelle Veränderungen,
- erste(r) Freund(in),
- erster sexueller Kontakt,
- erster Intimverkehr (unter welchen Umständen?),
- erste Liebe,
- Petting,
- heimlicher Sex.

Achten Sie besonders auf die implizierten oder nichtrationalen Kommunikationsebenen. Inwieweit empfand sich der Klient als »normal« und »richtig« im Vergleich zu Gleichaltrigen? Wenn zum Beispiel ein Mann keinen Geschlechtsverkehr hatte, bevor er einundzwanzig war, sollten Sie die Gründe dafür erkunden, denn damit steht er außerhalb der kulturellen Norm, die für Männer gilt. Für die Frau gibt es keine vergleichbare kulturelle Norm für den ersten Geschlechtsverkehr. Doch kann sich die Frau selbst eine Norm auferlegt haben, die von gleichaltrigen Kameraden und/oder den Eltern stammt. Die erste romantische Liebe und die erste sexuelle Begegnung wird gewöhnlich den Bedeutungskontext für das schaffen, was später folgt.

Gegenwärtige Paarbeziehung

Bitten Sie jeden Partner zu erzählen, wie sich Romantik und sexuelle Intimität in ihrer gemeinsamen Geschichte entwickelten. Die folgenden Punkte sollten dabei angesprochen werden:

- das erste Treffen,
- Entwicklung des Verhältnisses,
- die Erwartungen, die jeder an den anderen hatte,
- erster Geschlechtsverkehr,
- heimlicher Sex,
- Empfängnisverhütung,
- Unterschiede beim Sex vor und nach der Ehschließung,
- Flitterwochen oder erste Nacht als verheiratetes Paar,
- andere Ehen,
- Rolle der Kinder in bezug auf die sexuelle Intimität,
- Schwangerschaft und postnatale Sexualität,
- Ziele für die Zukunft,
- Treue, Homosexualität, Masturbation,
- Mitteilung intimer Gefühle,
- Kommunikation mit gleichgesinnten Paaren,
- allgemeine Häufigkeit des Intimverkehrs und die damit verbundenen Situationen (Tageszeit usw.).

Hemmnisse

Bestimmte situationsbedingte Faktoren hemmen das Sexualverhalten. Erkunden Sie mit den Klienten, wie sie die folgenden Faktoren einschätzen, die ihr sexuelles Verhältnis möglicherweise beeinträchtigen:

- körperliche Krankheit,
- Verantwortung für Kinder oder alternde Eltern,
- berufliche Verantwortungen,
- religiöse Gebote oder Überzeugungen,
- Alkoholismus,
- Drogenmißbrauch.

Sexuelle Dysfunktionen

Wenn Sie über typische sexuelle Dysfunktionen nicht Bescheid wissen, sollten Sie sich durch einschlägige Fachliteratur kundig machen. Sie können Fragen stellen, die für das Erkunden einer Dysfunktion von Belang sind (falls Sie sie anhand der psychosexuellen Beurteilung festgestellt haben). Eine sexuelle Dysfunktion zu offenbaren ist für den Klienten schwierig und sollte daher so fachkundig, so objektiv und so einfühlsam wie möglich gehandhabt werden.

Beurteilung der Entwicklung im Kontext

Zweierlei gedankliche Aktivitäten sind bei dieser Beurteilung beteiligt: die Beschreibung und die Analyse. Die Beschreibung betrifft die Fakten, Daten, Eindrücke (visuelle oder anderweitige) und die Geschichte eines Menschen in seinem Lebenskontext. Die Analyse betrifft die Anwendung theoretischer Bezugssysteme, um die Fakten in Bedeutungskategorien einzuordnen, die für die psychotherapeutische Arbeit relevant sind. Die Analyse versucht, die Fakten in eine Art dauerhafte »Wahrheit« einzuordnen, so daß der Therapeut einen symbolischen Kontext für die Behandlung herstellen kann.

Die folgenden Vorschläge zur Analyse von Fakten basieren auf unseren Ansichten über die Arbeit mit Paaren. Ich befürworte die Anwendung der Phasenentwicklungstheorie und eine Reihe verschiedener psychodynamischer Kategorien, wenn es darum geht zu verstehen, wie die jeweilige Persönlichkeit funktioniert. Meine Vorschläge sind einfache Anregungen, und die Analyse kann in jeder Weise erfolgen, die dem Therapeuten geeignet erscheint, um Beurteilung und Behandlung zu verbinden.

Nachstehende Reihenfolge wird dabei empfohlen: bestehendes Problem (Beschreibung) – persönliche Daten (Beschreibung) – Beurteilung der Person (Analyse) – Beurteilung des Problems (Analyse) – Anfangsziele der Behandlung – Behandlungsmethode – neuerliche Beurteilung des Problems (Analyse) – neuerliche Beurteilung der Person.

Persönliche Daten und Eindrücke werden im Kontext des bestehenden Problems gesammelt. Diese werden in ein Bedeutungsbezugssystem (gewöhnlich Entwicklung und Persönlichkeit) eingegliedert, und zwar innerhalb von Lebensgeschichte und -kontext der Person. Von dieser Warte aus stellt sich der Therapeut das »Problem« als psychotherapeutisches Projekt vor. Er formuliert Ziele, erstellt oft einen Zeitplan und fällt Entscheidungen über die Behandlungsmethode, die dem Problem und der Persönlichkeit des Klienten und den angestrebten Zielen Rechnung tragen. Diese können abgeändert oder als »vielleicht erreichbar« erst einmal hingenommen werden.

Im wesentlichen ist der Beurteilungsprozeß periodisch und fortlaufend; doch muß er gleich zu Anfang so sorgfältig wie möglich durchgeführt werden, damit die Therapie ein von beiden Seiten geteiltes Projekt ist. Nur durch eine spezifische Beurteilung können Klient und Therapeut(en) zu einer Übereinstimmung über die Gründe kommen, derentwegen sie sich in Sitzungen treffen und miteinander therapeutisch arbeiten.

Die folgenden Kategorien der Beurteilung geben einige Richtlinien für die Gesprächsform, in der dieser Prozeß verlaufen kann. Die Verwendung psychologischer Tests gehört nicht dazu, da wir solche Tests (selbst die jungianischer Ausrichtung) bei der Beurteilung von Menschen für eine Paartherapie nicht benutzen. Wenn eine umfassende Beurteilung notwendig wird, haben wir den betreffenden Klienten im allgemeinen bereits eine Einzeltherapie nahegelegt. Die hier angeführten Kategorien können als Leitkonzepte für die Beurteilung des individuellen Funktionierens eines Paares verstanden werden.

Informationen über die Identität: Alter, ethnischer Hintergrund, soziale Klasse, Arbeit oder Berufskarriere, Bildungsstand, Institution oder Person, die den Klienten überwiesen hat, sowie gegenwärtige Lebenssituation (Umfeld und die Menschen, die in diesem Umfeld leben).

Äußere Erscheinung: allgemeiner Gesundheitszustand, Größe, Gewicht, Kleidungsstil, Grad der Gepflegtheit, Eindrücke, die durch die äußere Erscheinung vermittelt werden (wie »studentisch«), Eindrücke, die man anhand von Körperbewegungen, Sprechweise und Gestik (zum Beispiel hoffnungsvoll, energisch, erschöpft, schwach) bekommt.

Bestehendes Problem: Fassen Sie mit den Worten des Klienten die Punkte zusammen, die als Grund dafür angegeben werden, daß er eine psychotherapeutische Behandlung wünscht. Verwenden Sie die Worte und Bilder des Klienten, um das bestehende Problem zu beschreiben, und verzichten Sie auf psychologische Termini, außer wenn der Klient sie selbst gebraucht.

Herkunftsfamilie und Entwicklungsgeschichte: Tragen Sie Fakten der Familiengeschichte zusammen (zum Beispiel wo der Klient geboren wurde und aufwuchs, bedeutende Verluste, wichtige Ortswechsel). Erfragen Sie wichtige Ereignisse aus der Schulzeit und die Beziehungen zu eventuellen Geschwistern.

Medizinische und psychiatrische Geschichte: Daten und Gründe für alle Krankenhausaufenthalte oder psychologische Behandlungen; ermitteln Sie, ob Drogen- oder Alkoholmißbrauch vorliegt oder vorlag. (Diese Information sollte im Zusammenhang mit allgemeinen Fragen über die Vergangenheit eruiert werden.)

Gegenwärtiges Beziehungsleben: Kinder, lebende Verwandte, Freunde, Kollegen; ermitteln Sie das interpersonale Gefüge oder Netzwerk, in das der Klient im Alltag integriert ist.

Beurteilung von Persönlichkeit und Entwicklung des Klienten: Analysieren Sie die typischen Abwehrmechanismen als Indikatoren für gegenwärtige Entwicklungsvorgänge; analysieren Sie charakteristische kognitive Muster als Indikatoren für die kognitive Entwicklung (verwenden Sie beispielsweise Piagets Formen der Gedankenoperationen, Loevingers Ich-Entwicklungsphasen oder Perrys Formen des intellektuellen Argumentierens). Analysieren Sie moralisches und ethisches Denken (beispielsweise anhand von Loevinger, Kohlberg oder Carol Gilligan), um einzuschätzen, welche Art von Motivation der Klient für Veränderungen einbringt – was motiviert diesen Menschen dazu, sich zu ändern: materielle Belohnungen, gesellschaftliche Anerkennung, Selbstverwirklichung?

Beurteilen Sie den allgemeinen Grad der Integration anhand der typischen Verhaltensweisen unter angsteinflößenden Bedingungen. Wie verteidigt sich dieser Mensch gegen Ängste, die während der Therapie geweckt werden? Wie empfänglich ist er für eine Desintegration, wenn er unter Druck steht? Welcher »Persönlichkeitsstil« drückt sich im Umgang mit der Angst aus, (zum Beispiel hysterisch, obsessiv, zwanghaft, depressiv)? Der Persönlichkeitsstil kann ebenso durch Bilder gekennzeichnet sein, die aus den Komplexen – Hexe oder Tyrann – herrühren. Diese Bilder können vorübergehend oder fortdauernd vorhanden sein. Die bewußte Persönlichkeit kann im Gegensatz zum unbewußten Stil stehen.

Beurteilung des Problems: Wie schätzen Sie angesichts all dieser gesammelten Daten und Ihrer Beurteilung der Persönlichkeit und Entwicklung des Klienten das Problem ein, das in der Psychotherapie behandelt werden soll? Formulieren Sie Ihre Vorstellungen in Begriffen, die direkt auf therapeutische Interventionen hinweisen (im Hinblick auf Bedeutung, Motivation und Empathie). Die Beurteilung des Problems sollte in einigen Sätzen klar und deutlich dargelegt werden. Das Problem, um das es in der therapeutischen Intervention geht, gehört zu einem größeren Komplex von Problemen, die sich aus dem Lebenskontext des Klienten ergeben. Nicht alle diese Probleme können in einer einzigen therapeutischen Intervention – ja nicht einmal in einer umfassenden mehrjährigen Analyse – behandelt werden.

Ziele der Behandlung: Welches sind die Ziele oder Erwartungen Ihrer therapeutischen Intervention angesichts der Daten, Ihrer Beurteilung des Klienten und der Beurteilung des Problems? Nennen Sie kurzfristige und langfristige Ziele, die innerhalb einer bestimmten Zeitspanne erreicht werden können. Diese Zielsetzung kann spätere Interventionen, die nicht zur unmittelbaren Psychotherapie gehören (zum Beispiel Persönlichkeitsumstrukturierung) mit einschließen.

Vereinbarung über die Behandlung: Die Ziele der Behandlung werden in die Sprache des Klienten »übersetzt« und in den Kontext des vorliegenden Problems gestellt. Diese Ziele werden dem Klienten so dargelegt, daß sie eindeutig sind und Mitgefühl mit der Situation des Klienten vermitteln. Über den Zweck der Zusammenkünfte zwischen Klient und Therapeut muß Übereinstimmung bestehen.

Beurteilung der Behandlung: die periodische Rekapitulation des Einschätzungsprozesses für die fortwährende Neueinschätzung von Problem, Klient und Zielen.

Anmerkungen

1. Perry, H. S.: *Psychiatrist of America: The Life of Harry Stack Sullivan*, S. 334.
2. Kuhn, T. S.: *Die Struktur wissenschaftlicher Revolutionen*.
3. Für die Erläuterung von Winnicotts Konzept von der »Kontinuität des Seins« siehe Davis, M. und Wallbridge, D.: *Boundary and Space: An Introduction to the Work of D. W. Winnicott.*
4. Bowlby, J.: *Bindung: Eine Analyse der Mutter-Kind-Bindung*, Band 1.
5. Sanday, P.: *Female Power and Male Dominance: On the Origins of Sexual Inequality*, S. 5.
6. Chodorow, N.: »Being and Doing: A Cross-cultural Examination of the Socialization of Males and Females«, in: V. Gornick und B. K. Moran (Hrsg.): *Woman in Sexist Society: Studies in Power and Powerlessness*, S. 290 f.
7. Es gibt verschiedene Versionen der Geschichte von Sir Gawain und Lady Ragnell, die berühmteste davon ist die Variante, die die Frau von Bath in Geoffrey Chaucers *Canterbury Tales* erzählt, die um das Jahr 1478 verfaßt wurde. Chaucers Version unterscheidet sich ziemlich deutlich von der offenbar ursprünglichen mittelenglischen Volksballade mit dem Titel *The Weddynge of Sir Gawain und Dame Ragnell*, die um das Jahr 1450 aufgezeichnet wurde und in einem Manuskript des frühen 16. Jahrhunderts erhalten ist. Dieselbe Geschichte wird, mit einigen Abänderungen, in

der Ballade *The Marriage of Sir Gawain* erzählt, die in Bishop Percys Foliomanuskript aus der Mitte des 17. Jahrhunderts enthalten ist. Eine weitere Version findet sich in Gowers *Confessio amantis* in der *Tale of Florent*.

Die Version, die ich verwendet habe, basiert teilweise auf der Erfahrung, die ich in meiner Arbeit mit Paaren gemacht habe, überwiegend jedoch ist sie einer Sammlung entnommen, die Ethel Johnston Phelps unter dem Titel *The Maid of the North and Other Folktale Heroines* herausgegeben hat (s. Anhang A). Ein bemerkenswerter Unterschied zwischen der Version von Phelps und der Originalversion (die in Donald Sands *Middle English Verse Romances*) ist Ragnells Aussage, daß Gawain willens sein muß, sie zu heiraten. In der mittelalterlichen Ballade bittet Ragnell einfach darum, daß Gawain ihr zum Mann gegeben werden möge. Sie erwähnt nicht, daß die Wahl, sie zu heiraten, von Gawain getroffen werden muß. Dies ist der einzige bedeutende Unterschied zwischen den beiden Versionen in bezug auf die Deutung, die ich gegeben habe.

8. Lewis, C. S.: *The Allegory of Love.*
9. Gutmannn, D.: »The Cross-cultural Perspective: Notes Towards a Comparative Psychology of Aging«, in: Birren, J. und Schaie, K. W. (Hrsg.): *Handbook of the Psychology of Aging.*

ZWEITES KAPITEL

1. Zwei Beispiele für feministische Kritik an der Jungschen Psychologie finden wir bei Christ, C.: »Some Comments on Jung, Jungians and the Study of Women«, S. 68–69, und bei Goldenberg, N.: »Jung and Feminism«, S. 443–449.

2. Jung, C. G.: »Seele und Erde«, in: *Zivilisation im Übergang, Gesammelte Werke*, Bd. 10.

3. Siehe beispielsweise Wolff, T.: *Strukturelle Formen der weiblichen Psyche.*

4. Jung, C. G.: *Aion. Beiträge zur Symbolik des Selbst, Gesammelte Werke*, Bd. 9/II.

5. Ders.: »Seele und Erde«, in: *Zivilisation im Übergang, Gesammelte Werke*, Bd. 10.

6. Ders.: »Über Wiedergeburt«, in: *Die Archetypen und das kollektive Unbewußte, Gesammelte Werke*, Bd. 9/I.

7. Ich möchte Dr. Demaris Wehr für ihre Einsichten und Beiträge zur Analyse des Jungschen Konzepts vom Animus danken. Sie hat die zentralen Gedanken und die Zitate aus Jungs Arbeit über das Animuskonzept beigesteuert.

8. Für eine Erörterung der Konzepte einer feministischen Therapie siehe Brodsky, A. M. und Hare-Mustin, R. (Hrsg.): *Women and Psychotherapy: An Assessment of Research and Practice.*

9. Broverman, I. K., Vogel, S. R., Broverman, D. M., Clarkson, R. E. und Rosenkrantz, P. S.: »Sex-role Stereotypes: A Current Appraisal«, S. 59–78.

10. Broverman, I. K., Broverman, D. M., Clarkson, R. E., Rosenkrantz, P. S. und Vogel, S. R.: »Sex-role Stereotypes and Clinical Judgment of Mental Health«, S. 1–7.

11. Siehe beispielsweise Eagly, A.: »Gender and Social Influences: A Social Psychological Analysis«, S. 971–981.

12. Siehe die Ausführungen über Feminismus und Jung'sche Psychologie bei Young-Eisendrath, P. und Wiedemann, F.: *Female Authority.*

13. Stevens, A.: *Archetypes: A Natural History of the Self*, S. 174–209.

14. Hare-Mustin, R. T., Maracek, J., Kaplan, A. G. und

Liss-Levinson, N.: »The Rights of Clients, the Responsibilities of Therapists«, S. 2–16.

15. Jung, C. G.: »Einige Aspekte der modernen Psychotherapie«, in: *Praxis der Psychotherapie, Gesammelte Werke*, Bd. 16.

16. Bowlby, J.: *Bindung – Eine Analyse der Mutter-Kind-Bindung*, Band 1.

17. Jung, C. G.: »Medizin und Psychotherapie«, in: *Praxis der Psychotherapie, Gesammelte Werke*, Bd. 16.

18. Stevens, A.: *Archetypes*, S. 89.

19. Jung selbst bezeichnet sie sowohl als Komplexe wie auch als Archetypen. Ich habe es am zweckmäßigsten gefunden, mir diese Persönlichkeitsanteile als Komplexe vorzustellen. Um es in bezug auf die Archetypen von Animus und Anima zu sagen: Man muß annehmen, daß ein spezielles archetypisches Bild mit jedem dieser Persönlichkeitsanteile assoziiert wird. Die archetypischen Bilder der männlichen und weiblichen Grundprinzipien können nicht mit Animus und Anima verbunden werden, da die Geschlechterdifferenzierung je nach Kultur und gesellschaftlicher Gruppe unterschiedlich ist. Das Konzeptualisieren von Animus und Anima als »Unterseite« oder ausgeschlossene Aspekte von der Geschlechteridentität eines Menschen erlaubt uns, diese Aspekte differenziert zu sehen, da sie sich nach und nach durch soziokulturelle Einflüsse entwickeln.

20. Sherif, C. W.: »Needed Concepts in the Study of Gender Indentity«, S. 376.

21. Siehe die Kapitel über die Animus-Entwicklung bei Young-Eisendrath, P. und Wiedemann, F.: *Female Authority*.

22. Loevinger, J.: *Ego Development*.

23. In welchem Verhältnis die Animus-Entwicklung zur

Psychopathologie steht, wird ausführlich in Young-Eisendrath, P. und Wiedemann, F.: *Female Authority*, erörtert.

24. Siehe Loevinger, J.: *Ego Development*. Die impulsive Phase der Ich-Entwicklung ist durch prä-operationales Denken und impulsives Ausagieren gekennzeichnet. Es wird nur in geringem Maße zwischen Gefühl, Gedanke und Aktion unterschieden, und das Selbst wird primär als etwas Handelndes verstanden. Die Folgen von Handlungen können nicht vorausgesehen werden, und die grundsätzliche Orientierung an Belohnung und Strafe wurde nicht verinnerlicht. Die von Selbstschutz geprägte Phase ist durch konkretes, stereotypes Denken sowie durch Wünschen und Fürchten gekennzeichnet. Verantwortungsgefühl und Schuld werden externalisiert, aber die grundlegende Folge von Belohnung und Strafe wird verstanden. Die hauptsächlichen Motivationen sind darauf ausgerichtet, Schmerz zu vermeiden und Lust zu erreichen. Zwischenmenschliche Beziehungen sind von Ambivalenz und Opportunismus gekennzeichnet. In der intimen Beziehung werden häufig sowohl Feindseligkeit als auch Aggression zum Ausdruck gebracht und projiziert. Das Selbst wird in bezug auf Handlung, Voraussicht und Vorwegnahme der Konsequenzen erlebt.

DRITTES KAPITEL

1. Roth, G.: *Feeding the Hungry Heart*, S. 3.
2. Siehe Sherif, C. W.: »Needed Concepts in the Study of Gender Identity«, S. 375–398. Sherif schreibt: »Neuere vergleichende Analysen von Geschlechterkategorien und Normen, die von Anthropologen durchgeführt

wurden (Quinn, 1977; Whyte, 1978), machen deutlich, daß die soziokulturelle Basis für ein Geschlecht keine einheitliche oder simple, naive Vorstellung ist.« Einem Zitat von Rosaldo (1980) zufolge ist das Geschlecht ein »komplexes Produkt aus unterschiedlichen gesellschaftlichen Kräften«, das sich in verschiedenen Gesellschaften und historischen Epochen unterschiedlich darstellt. Whyte (1978) behauptet, daß es – außerhalb eines speziellen kulturhistorischen Kontextes – keine allgemein gültige gesellschaftliche Kategorie für »Frauen« gibt (S. 377).

3. Bowlby, J.: *Bindung: Eine Analyse der Mutter-Kind-Bindung*, Band 1.
4. Alvarez, A.: *Life After Marriage: Love in an Age of Divorce*, S. 117–118.
5. Stevens, A.: *Archetypes*, S. 174–209.
6. Ebd., S. 187.
7. Ebd., S. 189.
8. Ebd.

VIERTES KAPITEL

1. Budman, S. H., Bennett, M. J. und Wisneski, M. J.: »An Adult Developmental Model of Short-term Group Psychotherapy«, in: Budman, S. (Hrsg.): *Forms of Brief Therapy*, S. 305–342.
2. Jaques, E.: »Death and the Mid-life Crisis«, S. 502–514.
3. Gutmann, D. G.: »Parenthood: A Key to the Comparative Study of the Life Cycle«, in: Datan, N. und Ginsberg, L. (Hrsg.): *Developmental Psychology*.
4. Bernard, J.: *The Future of Marriage*.
5. Piaget, J.: *Das moralische Urteil beim Kinde*.
6. Coleman, A. und Coleman, L.: *Earth Father, Sky Father: The Changing Concept of Fathering*, S. 73.

7. Money, J.: »Differentiation of Gender Identity«, S. 20.
8. Ebd., S. 13.
9. Harlow, H. F. und Harlow, M. K.: »Learning to Love«, S. 244–272.
10. Mead, M.: *Growing up in New Guinea, The South Seas: Studies of Adolescence and Sex in Three Primitive Societies*, Bd. 2.
11. Coleman, A. und Coleman, L.: *Earth Father, Sky Father*, S. 170.

Fünftes Kapitel

1. Thomas Allen ist außerordentlicher Professor für Beratungspsychologie am Graduate Institute of Education der Washington University, St. Louis.
2. Sager, C. J.: *Marriage Contracts and Couple Therapy.*
3. Goodheart, W.: »Theory of Analytic Interaction«, S. 2–39.

Siebtes Kapitel

1. Lifton, R. J.: *The Life of the Self: Toward a New Psychology*, S. 35.
2. Blumstein, P. und Schwartz, P.: *American Couples.*
3. Ebd., S. 320.
4. Lifton, R. J.: *The Life of the Self*, S. 101.
5. Ebd., S. 103.
6. Ebd., S. 101.

Anhang A

1. Siehe Kapitel 1, Anmerkung 7.

Bibliographie

Ausgewählte Literatur von C. G. Jung und H. S. Sullivan

Jung, C. G.: »Definitionen«, in: *Psychologische Typen, Gesammelte Werke,* Bd. 6.

Ders.: »Über die Psychologie des Unbewußten«, in: *Zwei Schriften über analytische Psychologie, Gesammelte Werke,* Bd. 7.

Ders.: »Über die Energetik der Seele«, »Die Struktur der Seele« und »Die transzendente Funktion«, in: *Die Dynamik des Unbewußten, Gesammelte Werke,* Bd. 8.

Ders.: »Bewußtsein, Unbewußtes und Individuation«, in: *Die Archetypen und das kollektive Unbewußte, Gesammelte Werke,* Bd. 9/I.

Ders.: »Seele und Erde«, in: *Zivilisation im Übergang, Gesammelte Werke,* Bd. 10.

Ders.: »Die Probleme der modernen Psychotherapie«, »Medizin und Psychotherapie« und »Ziele der Psychotherapie«, in: *Praxis der Psychotherapie, Gesammelte Werke,* Bd. 16.

Sullivan, H. S.: *Conceptions of Modern Psychiatry,* New York 1953.

Ders.: *Die interpersonale Theorie der Psychiatrie,* Frankfurt a. Main 1983.

Ders.: *The Psychiatric Interview,* New York 1954.

Ders.: *The Fusion of Psychiatry and Social Science,* New York 1964.

Allgemeine Literaturhinweise

Alvarez, A.: *Life After Marriage*, New York 1981.

Bernard, J.: *The Future of Marriage*, New York 1972.

Birren, J. und Schaie, K. W. (Hrsg.): *Handbook of the Psychology of Aging*, New York 1977.

Blumstein, P. und Schwartz, P.: *American Couples*, New York 1983.

Bowlby, J.: *Bindung. Eine Analyse der Mutter-Kind-Bindung*, München 1980.

Brodsky, A. M. und Hare-Mustin, R. (Hrsg.): *Women and Psychotherapy: An Assessment of Research and Practice*, New York 1980.

Broverman, I. K., Vogel, S. R., Broverman, D. M., Clarkson, R. E. und Rosenkrantz, P. S.: »Sex-role Stereotypes: A Current Appraisal«, in: *Journal of Social Issues*, Bd. 28 (1972).

Dies.: »Sex-role Stereotypes and Clinical Judgements of Mental Health«, in: *Journal of Consulting and Clinical Psychology*, Bd. 34 (1970).

Budman, S. (Hrsg.): *Forms of Brief Therapy*, New York 1981.

Christ, C.: »Some Comments on Jung, Jungians and Study of Women«, in: *Anima*, Bd. 3, Nr. 2 (1977).

Coleman, A. und Coleman L.: *Earth Father, Sky Father: The Changing Concept of Fathering*, Englewood Cliffs 1981.

Datan, N. und Ginsberg, L. (Hrsg.): *Developmental Psychology*, New York 1985.

Davis, M. und Wallbridge, D.: *Boundary and Space: An Introduction to the Work of D. W. Winnicott*, New York 1981.

Eagly, A.: »Gender and Social Influences: A Social

Psychological Analysis«, in: *American Psychologist*, Bd, 38 (1983).

Gilligan, C.: *Die andere Stimme*, München 1996.

Goldenberg, N.: »Jung and Feminism«, in: *Signs: A Journal of Women in Culture and Society*, Bd. 2, Nr. 2 (1976).

Goodheart, W.: »Theory of Analytic Interaction«, in: *The San Francisco Jung Institute Library Journal*, Bd. 1 (1980).

Gornick, V. und Moran B. K. (Hrsg.): *Woman in Sexist Society: Studies in Power and Powerlessness*, New York 1981.

Harding, E.: *The I and The Not-I*, Princeton 1965.

Hare-Mustin, R. T., Maracek, J., Kaplan, A. G. und Liss-Levinson, N.: »The Rights of Clients, the Responsibilities of Therapists«, in: *American Psychologist*, Bd. 34 (1979).

Harlow, H. F. und Harlow, M. K.: »Learning to Love«, in: *Scientific American*, Bd. 54 (1966).

Jaques, E.: »Death and the Mid-Life Crisis«, in: *International Journal of Psychoanalysis*, Bd. 46 (1965).

Jung, C. G.: *Gesammelte Werke*, Olten 1971.

Kohlberg, L.: »Development of Moral Character and Moral Ideology«, in: Hoffman, M. L. und Hoffman, L. W. (Hrsg.): *Review of Child Development Research*, Bd. 1, New York 1964.

Kuhn, T. S.: *Die Struktur wissenschaftlicher Revolutionen*, Frankfurt/Main 1973.

Lewis, C. S.: *The Allegory of Love*, Oxford 1936.

Lifton, R. J.: *The Life of the Self: Toward a New Psychology*, New York 1983.

Loevinger, J.: *Ego Development*, San Francisco 1976.

Mead, M.: *Jugend und Sexualität in primitiven Gesellschaften*, Bd. 2: *Kindheit und Jugend in Neuguinea*,

München 1981.

Money, J.: »Differentiation of Gender Identity«, in: *JSAS: Catalogue of Selected Documents in Psychology*, Bd. 6, Nr. 4 (1976).

Moreno, J. L.: *Psychodrama*, Bd. 1, New York 1972.

Moreno, J. T.: »A Survey of Psychodrama Techniques«, in: *Group Psychotherapy and Psychodrama*, Bd. 12 (1959).

Perera, S.: *Der Weg zur Göttin der Tiefe. Die Erlösung der dunklen Schwester: Eine Initiation für Frauen*, Interlaken 1988.

Phelps, E. J.: *The Maid of the North and Other Folktale Heroines*, New York 1981.

Piaget, J.: *Das moralische Urteil beim Kinde*, Stuttgart 1983.

Roth, G.: *Feeding the Hungry Heart*, New York 1982.

Sager, C. J.: *Marriage Contracts and Couple Therapy*, New York 1976.

Sanday, P.: *Female Power and Male Dominance: On the Origins of Sexual Inequality*, Cambridge 1981.

Sands, D. (Hrsg.): *Middle English Verse Romances*, New York 1966.

Searles, H.: »Phases of Patient-Therapist Interaction in the Psychotherapy of Schizophrenia«, in: *Collected Papers on Schizophrenia and Related Subjects*, New York 1965.

Sherif, C. W.: »Needed Concepts in the Study of Gender Identity«, in: *Psychology of Women Quarterly*, Bd. 6 (1982).

Stevens, A.: *Archetypes: A Natural History of the Self*, New York 1982.

Vaillant, G.: *Werdegänge – Erkenntnisse der Lebenslauf-Forschung*, Reinbek 1980.

Williams, D. L.: *Border Crossings: A Psychological Per-*

spective on Carlos Castaneda's Path of Knowledge, Toronto 1981.

Toni Wolff: *Strukturelle Formen der weiblichen Psyche*, Bern 1965.

Woodman, M.: *The Owl Was a Baker's Daughter: Obesity, Anorexia Nervosa and the Repressed Feminine*, Toronto 1980.

Dies.: *Heilung und Erfüllung durch die Große Mutter: Eine psychologische Studie über den Zwang zur Perfektion als Folge ungelebter Weiblichkeit*, Interlaken 1987.

Young-Eisendrath, P. und Wiedemann, F.: *Female Authority: Empowering Women through Psychotherapy*, New York 1987.

Liebe – Ehe – Partnerschaft

Aaron T. Beck
Liebe ist nie genug
Mißverständnisse über-
winden, Konflikte lösen,
Beziehungsprobleme
entschärfen · dtv 35082

Alexandra Berger,
Andrea Ketterer
**Warum nur davon
träumen?**
Was Frauen über Sex
wissen wollen
dtv 20017

Barry Dym,
Michael L. Glenn
**Liebe, Lust und
Langeweile**
Die Zyklen intimer
Paarbeziehungen
dtv 35132

Erich Fromm
Die Kunst des Liebens
dtv 36102
**Liebe, Sexualität und
Matriarchat**
Beiträge zur
Geschlechterfrage
dtv 35071

Karl Grammer
Signale der Liebe
Die biologischen Gesetze
der Partnerschaft
dtv 30498

Hugh Mackay
**Warum hörst du mir
nie zu?**
Zehn Regeln für eine
bessere Kommunikation
dtv 36546

Anne Wilson Schaef
Die Flucht vor der Nähe
Warum Liebe, die süchtig
macht, keine Liebe ist
dtv 35054

Peter Schellenbaum
**Die Wunde der
Ungeliebten**
Blockierung und Verle-
bendigung der Liebe
dtv 35015
Das Nein in der Liebe
Abgrenzung und Hingabe
in der erotischen
Beziehung
dtv 35023
**Aggression zwischen
Liebenden**
Ergriffenheit und Abwehr
in der erotischen
Beziehung
dtv 35109

Laurie Schloff,
Marcia Yudkin
Er sagt, sie sagt
Die Kunst, miteinander
zu reden
dtv 36529

Die Entdeckung der weiblichen Psyche

dtv

dialog & praxis
Märchen – psychologisch gedeutet

Eugen Drewermann
Lieb Schwesterlein, laß mich herein
Grimms Märchen tiefenpsychologisch gedeutet
dtv 35050

Eugen Drewermann
Rapunzel, Rapunzel, laß dein Haar herunter
Grimms Märchen tiefenpsychologisch gedeutet
dtv 35056

Verena Kast
Mann und Frau im Märchen
Märchen psychologisch gedeutet
dtv 35001

Verena Kast
Wege zur Autonomie
Märchen psychologisch gedeutet
dtv 35014

Verena Kast
Wege aus Angst und Symbiose
Märchen psychologisch gedeutet
dtv 35020

Verena Kast
Märchen als Therapie
dtv 35021

Verena Kast
Familienkonflikte im Märchen
Märchen psychologisch gedeutet
dtv 35034

Gerlinde Ortner
Märchen, die Kindern helfen
Geschichten gegen Angst und Aggression und was man beim Vorlesen wissen sollte · dtv 35065

Gerlinde Ortner
Neue Märchen, die Kindern helfen
Geschichten über Streit, Angst und Unsicherheit, und was Eltern wissen sollten · dtv 35103

Ingrid Riedel
Die weise Frau in Märchen und Mythen
Ein Archetyp im Märchen
dtv 35098

dtv

Hilfe zur Selbsthilfe

dtv

Frauenleben

Oskar Maria Graf
**Das Leben meiner
Mutter**
dtv 12381

Angelika Schrobsdorff
**„Du bist nicht so wie
andre Mütter"**
Die Geschichte einer
leidenschaftlichen Frau
dtv 11916

Ruth Klüger
weiter leben
Eine Jugend
dtv großdruck 25106

Anna Wimschneider
Herbstmilch
Lebenserinnerungen
einer Bäuerin
dtv großdruck 25059

Christian Graf von
Krockow
Die Stunde der Frauen
Bericht aus Pommern
1944 bis 1947
dtv 30014

Marion Yorck von
Wartenburg
Die Stärke der Stille
Erzählung eines Lebens
aus dem deutschen
Widerstand · dtv 30090

Inge Deutschkron
**Mein Leben nach dem
Überleben**
dtv 30460

Verena Kast
Die beste Freundin
Was Frauen aneinander
haben · dtv 35091

dtv

Frauen, die Geschichte machten

Régine Pernoud
**Königin der
Troubadoure**
Eleonore von Aquitanien
dtv 30042

**Herrscherin in
bewegter Zeit**
Blanca von Kastilien,
Königin von Frankreich
dtv 30359

Heloise und Abaelard
Ein Frauenschicksal
im Mittelalter
dtv 30394

Christine de Pizan
Das Leben einer
außergewöhnlichen Frau
und Schriftstellerin im
Mittelalter
dtv 30631

Jean Markale
Isabeau de Bavière
Biographie
dtv 30633

Gertrud Fussenegger
Maria Theresia
dtv 30419

Isabel de Madariaga
Katharina die Große
Das Leben der russischen
Kaiserin · dtv 30562

André Maurois
**Das Leben der
George Sand**
dtv 30456

Jutta Rebmann
Fanny Mendelssohn
Biographischer Roman
dtv 20081

Elizabeth Gaskell
**Das Leben der
Charlotte Brontë**
dtv 20048

Eva Weissweiler
Clara Schumann
Eine Biographie
dtv 30334

Françoise Giroud
**Das Leben der
Jenny Marx**
Biographie · dtv 30632

dtv